Fake Putin, ich und das versteckte Krokodil

– 200 Geschichten aus 200 Ländern –

Sag mir ein Land und ich erzähle Dir eine Geschichte. So geht es mir wenn ich Leute auf meinen Reisen um die Welt treffe. Und: Wenn einer eine Reise tut, so kann er was erzählen, heißt es im Volksmund. Nun, seit ca. 10 Jahren fliege ich um die ganze Welt, mit dem Ziel, alle Länder bereist zu haben. Intensiv. Schnell. Ab und an sehr effektiv bzw. effizient. Das ganze betreibe ich als Hobby-Reisender: Ich habe weder Sponsoren, noch arbeite ich einem Reisunternehmen. Ich arbeite ca. 40 Stunden pro Woche und komme auf etwa 30-40 Urlaubstage im Jahr. Deshalb: In meiner Urlaubszeit schaffe ich es so an die 30 Länder jährlich. 20 davon sind dann im Schnitt neue Staaten auf meiner Liste. Getreu dem Motto „Neu ist immer interessanter" versuche ich es zu vermeiden, immer in dieselben Staaten zu reisen. Denn das würde Budget und (Urlaubs-)Zeit verschwenden.

Na ja. Verschwenden hört sich ziemlich negativ an. Aber bei der Absicht, alle Länder dieser Erde zu bereisen, ohne große Auszeiten zu nehmen, muss das schon gehen. Ausnahmen von der Regel gibt's natürlich. Familienbesuche, Hochzeiten oder Todesfälle. Da muss ich halt hin – muss ja von meinen Reisen berichten. Zudem versuche ich dabei immer noch eine gute Figur zu machen: Ich unterrichte Judo in der Steppe von Kirgistan, fliege zu Honeymoon-Trips auf die Seychellen, mache einen Ironman-Triathlon in Australien oder einarmige

1

Liegestütze in Machu Picchu. Irgendwas geht immer. Und von einigen meiner Abenteuer handelt dieses Buch.

Jedes Kapitel ein Land. Mal persönlich, mal nah dran, mal schnell, mal kurz oder lang. In einzelnen Ländern war ich halt länger, öfter oder auch intensiver. Das Wichtigste jedoch: Es gibt immer eine Geschichte zu erzählen. Und damit nichts verloren geht: Alphabetisch geordnet.

So wie ich immer wieder auf dem Sprung bin, ist auch der Text: Schnell erzählt, abgehackt und manchmal nicht im besten Goethe- oder Schillerstil. Ich konzentriere mich halt mehr auf die besten Preise für meine Trips, träume von neuen Reisezielen oder sitze schon wieder auf dem Rennrad und trainiere. Trotzdem oder gerade deshalb: Viel Spaß!

© 2020
Herstellung und Verlag: BoD – Books on Demand,
Norderstedt
ISBN: 978-3-7519-4961-3

Afghanistan – Bombenstimmung am Hindukusch

„Nichts ist gut in Afghanistan", sagte mal eine evangelische Pastorin. Das klingt zu pauschal. Durchaus gibt es Lichtblicke. Man muss sie nur entdecken. Als Soldat und Privatperson hatte ich das Vergnügen mehrmals in das Land an den Hindukusch zu fliegen. Somit erspähte ich doch einige Highlights. Nicht umsonst ist das Land berühmt aus Zeiten des Hippitrails mit kurzberockten Damen während der 1960iger Zeiten.

Kabul als Geburtstagsgeschenk

Doch als dann die Sowjets einmarschierten, scheiterten und sich die Taliban einnisteten, änderte sich einiges. 2006, pünktlich zum Geburtstag, flog ich zum ersten Mal nach Kabul. Männer mit grimmigen Gesichtsausdruck, Kinder meist barfuß und Frauen unter dem Totalschleier Burka versteckt huschten durch die Straßen. Die Landschaft rund um Kabul - karg, staubig. Überall gepanzerte Fahrzeuge, Eselskarren und die Gewissheit die nächste versteckte Bombe lauert um die Ecke. Mulmig wäre da geprahlt.

Maniküre beim Bombenalarm

Erster Turn 5 Monate in Uniform. Zusammen mit der Zivilbevölkerung. Im Team internationale und lokal Zivilisten. Neuland für mich. (Die können ja nicht mal stramm stehen). Und beim Bombenalarm während unsereiner in schicker Uniform sein Geraffel – Helm, Waffe, Schutzweste zusammenkramt, macht sich die werte, zivile Mitarbeiterin erstmal die Fingernägel nach dem Motto, in der Ruhe liegt die Kraft. Wenn schon tot, dann wenigstens als schöne Leiche.

Taktikunterricht auf der Bettdecke

Die Soldaten unter uns waren da nicht so abgebrüht. Manche konnten das Missverhalten der eigenen Truppe nicht verwinden. Mein portugiesischer Stubenkamerad aus dem Seecontainer (10 Quadratmeter) erzählte mir immer wieder aufgeregt am Abend mit kleinen Panzern wie man hätte besser und sicherer fahren sollen. „Das kann doch so und so nicht gehen. Das ist ja alles falsch", echauffierte er sich. Aber in der bunt zusammengewürfelten internationalen Truppe gab es halt unterschiedliche taktische Ansatzpunkte. Bis die alle vereinheitlich sind, war die Mission für den einen oder die eine schon vorbei.

Party, Party

Für die Masse der Kameraden in meiner unmittelbaren Arbeitsumgebung sollte das schon vor Weihnachten sein. Trotz aller Unterschiede waren wir doch eine Familie irgendwie, so dass ich ein Weihnachtsfest mitten im November initiierte. In verrückten Ländern macht man halt verrückte Sachen. Das ganze lief ab mit Dekoration, Weihnachtsmusik, Wichteln sowie Weihnachtsmusik. Feiern und Feuern schweißt halt zusammen. Zwei Wochen später gab es dann noch eine typisch amerikanische Party mit Bürgern, Bonanza movie, und Sandwiches. Als dann noch ein befreundetes amerikanisches Team mit dem Mega Ami Jeep, dem Hummer, ankam und vier adrette Soldatinnen ausstiegen, war der Tag perfekt.

Panzer-Diesel reinigt den Magen

In komplizierten Lagen reichen einfache Lösungen. Es muss nicht immer alles perfekt sein. Beispielsweise war ich in einer Gefechtspause unterwegs mit einem Trupp. Da gab es Kaffee aus einer 0,2 Liter Wasser Flasche. „Wie haben Sie denn den Kaffee da reinbekommen", fragte ich den Soldaten. „Ganz

4

einfach, ich nutzte den Öl – Trichter" Praktische Ansatz. Aber danach wollte keiner mehr Kaffee haben. Verständlich.

Krönender Abschluss bei der Heimreise. Meinte doch einer der Veteranen im Flieger: „Ein Pilot hätte mal beim Wiedereintritt in deutschen Luftraum gesagt: An alle Damen hier: Sie sind jetzt alle wieder hässlich." Ich glaube der Pilot wurde gefeuert.

Tipps Afghanistan:

1. Besuch des Königspalasts in Kabul. Sieht so aus wie der Reichstag. Kein Wunder beide hatten auch den gleichen Architekten.
2. Kandahār – Am besten an vorderster Talibanfront. Kandahār ist fast wie in Stalingrad. Nur später.
3. Freitagnachmittags ab nach Mazar – e Sharif. Da gibt es dann das Pferde-Hammel Polo, genannt Buzkashi. Wie im Film Rambo 3 ringen zwei Reiterparteien um ein Hammel.

Albanien – Bunker und Burgen

Man sagt, es gibt in Albanien mehr Bunker als Einwohner. Dank des Verfolgungswahns von Enver Hodscha kurz nach dem Zweiten Weltkrieg verfügt das kleine Land auf dem Balkan über ausreichend Schutz bei einem Überfall.

Zudem hat Albanien nette Menschen, schicke Landschaften und viele Burgen. Hier bieten sich in den Restaurants super Gelegenheiten an, sein Mittagessen mit herrschaftlichen Ausblick zu genießen.

Tipps Albanien:

1. Übernachtung in einem Bunkerhotel. Da fühlt man sich gleich wie im Kalten Krieg.
2. Als Souvenir gibt es zahlreiche Bunker-Aschenbecher. Tolles Mitbringsel für die rauchenden Freunde.
3. Die vielen kleinen Landsitze und Burgfestungen sind reichhaltig mit Restaurants für die Touristen ausgestattet. Der Lohn: Deftige Küche samt traumhafter Ausblicke über die bergigen Landschaften.

Algerien – Eine Handvoll Dollar

Kurz vor 10 am Abend. Keine Sau auf dem Airport. Keine Wechselstube offen. Polizei – Fehlanzeige. Nur dreiste Ganoven so schien es waren noch da und warteten auf Beute. Waren es Taxidriver oder Kleinkriminelle? Oder beides? Man weiß es nicht.

Mit einer Handvoll Dollar in der Tasche sowie Reserve Euros ging es tapp, tapp zum Ausgang. „You want a Taxi?", fragte einer der Männer. Ich lehnte zunächst forsch ab. Ich hatte die Hoffnung auf eine bessere Variante. Ein offizielles Taxi oder einen Geld Cash Automaten.

Halunken in der Nacht

Doch nix da. Ein kalter Hauch wehte durch die Eingangshalle. Zu der späten Stunde gab es nichts mehr. Kein Geschäft war mehr geöffnet. Kein offizieller Taxisstand, Polizist oder sonst was. Somit Mut zum Risiko. Ich musste dem Taxi-Ganoven kleinbeigeben. Ich willigte in seine Chauffeurdienste ein. Sogleich kramte der Taxler sein Telefon hervor und nuschelte in Französisch-Arabisch etwas hinein. Ich glaubte im falschen

Krimifilm gelandet zu sein und sah mich schon kalt gemacht von vier oder fünf algerischen Halunken in der Nacht.

Mit dem Ganoven auf du und du

Doch als der Taxler dann seinen Autoschlüssel unter dem vorderen linken Reifen hervorkramte und meinte, das wäre sicherer wegen möglicher Polizeikontrollen, war mir klar, dass ich heute Nacht nicht ausgeraubt werde. Denn wenn ein Kleinkrimineller seine Tipps und Tricks dir einfach so mitteilt, dann kann er entweder nicht ganz helle sein oder nicht ein Gewalttäter. Oder halt beides. Zudem versteckte er etwa 1000 Euros im Fußraum seines Autos. Oh Mann.

Tipps Algerien:

1. Für das Abenteuer: Allein in die weite Wüste. Dann klappt es auch mit dem Kidnapping.
2. Für die Hauptstadt am besten ein billiges Taxi mieten und dann das Sightseeing selbst durchführen.
3. Französisch- Arabisch mix vorab einzustudieren hilft, um sich mit den Leuten zu verständigen.

Ägypten – Kaufen, kaufen und an den Kunden denken

Jeder in Kairo will einem irgendetwas verticken. Und wenn man nicht mitspielt, werden die Verkäufer böse. Nicht mit mir! Kein Augenkontakt. Nix verstehen und wenn nach der Sprache gefragt wird, einfach sagen, man sei aus Südafrika. Da sind die anderen erstmal baff.

Zum Glück gibt's die Pyramiden ja fast umsonst.

Tipps Ägypten:

1. Pyramiden, aber es soll bessere Pyramiden in Las Vegas geben.
2. Tal der Könige.
3. Kairo – Großstadmoloch. Manche Leute stehen drauf.

Äthiopien – Goldkarte strandet im Drehkreuz

„Hallo, hallo lassen Sie mich durch ich bin Vielflieger mit Goldkarte", meinte doch ein forscher älterer Herr bei Landung und nach stundenlanger Verspätung in Addis Abeba Airport. Doch insgesamt hatten mehrere Flieger einen Delay. Lediglich zwei Flughafenbedienstete waren das Empfangskomitee nachts um 2 Uhr für die vielen, vielen Reisenden. Der nassforsche Vielflieger, der immer noch mit seiner Statuskarte wedelte, ging im Getöse der Wartenden unter.

Du kommst hier nicht rein

Das Drehkreuz Afrikas ist Addis Abeba. Als Vielreisender muss man da durch. Dort trifft sich die Welt. Arme und reiche Menschen, Saubere und Ungewaschene. Jubel, Trubel, Heiterkeit im Durchgangsverkehr. Und bei Überfüllung ist ein kleines Chaos unausweichlich. Somit zeigte sich hier erneut: In der Not hilft auch kein privilegierter Flugmeilenstatus. In der Not hilft Ruhe und Schicksalsergebenheit. Denn dann sitzen alle im gleichen Boot bzw. im Flughafen fest. Endlich gab es dann doch noch Hilfe. Viele Fluggäste erhielten einen Hotelgutschein und wurden dann mit Kleinbussen in diverse Hotels gebracht.

Afrikanische Genüsse

Am Morgen beim Frühstück die lokale Leckerei: Injasha. Dieses Fladenbrot wird auf einer großen runden Platte serviert. Wie in vielen Ländern der Welt isst man dieses Gericht mit den Fingern. Unzählige Dips und Soßen warten drauf mit dem Fladenbrot vermengt zu werden. Denn dieses ist eigentlich sehr geschmacksneutral. Nach dem Futter gibt's dann natürlich eine starken Kaffee. Meist kann man seinen Löffel in die Tasse eintauchen und dieser bleibt einfach so stehen. Stark, starker, äthiopischer Kaffee. Der hat es in sich. Der macht wach für die nächsten Tage.

Die Schönheit(en) Ostafrikas

Leckeres Essen, starker Kaffee, und bildschöne Menschen. Frauen zumal. Schmale Grazien mit einem Schimmer auf der Haut. Und kein Gramm zu viel. Was muss ich sagen Top 5 Beautys in der Welt. Doch bevor es zum Heiraten geht, muss man sich mit der Religion beschäftigen: Orthodox. So wie in Serbien und in Russland. Aber doch irgendwie anders. Klingt komisch, ist aber so.

Tipps Äthiopien:

1. Essen und Trinken. Da kommt Freude auf.
2. Offene vulkanische Feuerquellen im Süden. Gibt klasse Bilder für die Social Media.
3. In Axum und Lalibella gibt es in Stein gehauene Monumente und Kirchen.

Äquatorialguinea – Taxi-Killer-Kommando

Wenn man schnell irgendwo hinfliegt und meist am nächsten Tag wieder auf dem Absprung ist, dann lohnt sich meist eine Abholung vom Airport vorab mit dem Hotel zu arrangieren.

Bei diesem Trip standen fünf Länder in vier Tagen auf dem Programm. Bei fast allen Hotels ging die Sache gut. Bei E-Mail oder Telefon Abholung bestätigt. Sicher ist sicher. Hier in Äquatorialguinea selbst mit Chef Fahrer. Quasi der Chef fährt selbst. Zur Abholung der übliche Smalltalk: Was gibt's zu sehen, was zu erleben, wie viele Leute leben hier, wo will man hin, wo kommt man her. Tri tra tralla.

Kein Fahrer – viel Panik

Da auch nur eine kurze Nacht bevorstand, gleich mal den Taxler für den nächsten Morgen gebucht. Alles kein Problem, so der Chef. Doch oh Schreck. Am Morgen, früh um 4 Uhr keiner da. Der Rezeptionist war auch nicht in der Lage einen Taxidriver anzufunken. Die Minuten verrinnen. Flieger war gebucht. Sicher keine Alternative da, schließlich gibt's noch Anschlussflüge. Selbst Kumpels wurden aus dem Bett geklingelt, um den blöden Touri zum Airport zu bringen.

Dann die Rettung! Ein anderer Hotelgast mit Mietwagen wollte zwar nicht zum Airport. Aber er wollte los. 50 Dollar zum Airport, wo das Taxi sonst nur zehn Dollar gekostet hätte, sicherten den Drive und den Flug. Am Airport erfuhr ich, dass seit gestern alle Taxifahrer im Streik waren, weil ein Fahrer überfallen und gekillt wurde. Na killen hätte ich an diesem Morgen auch gekonnt. Zwar nicht einen Fahrer, sondern unter Umständen den Hotelbesitzer.

Tipps Äquatorialguinea:

1. Kirchen, Kathedralen, Stadien – alles wo man Musik erleben und Sport anschauen kann.
2. Immer einen Fahrer zum Airport auf Tasche haben, falls mal wieder einer um die Ecke gebracht wird, und die gesamte Taxifahrergewerkschaft streikt.
3. Das zentrale Sportstadium lohnt sich als Unterkunft. Essen, Trinken, Schlafen, Trainieren. Alles in einem Abwasch.

Andorra – Ski und Shopping gut

Nach Andorra kommt man zum Skifahren oder zum Shoppen oder beides. Von Barcelona ist es nur ein Katzensprung, oder besser gesagt: nur eine kurze Bustour, nach Andorra.

In meinem Fall: Ich wollte weder shoppen noch Skifahren. Nur den Länderpunkt. Stumpf ist Trumpf. Eine Nacht reicht auch hier. Trotzdem ein wenig auf die Skipiste mit Schneemobil, heißem alkoholischem Getränk, und schöne Schneefotos für die sozialen Medien machen. Abends dann lecker spanisches Dinner in der winterlichen Altstadt. Und dann am nächsten Tag wieder zurück nach Barcelona.

Tipps Andorra:

1. Nach einem kalten Tag auf der Skipiste sorgen warme Thermalbäder für die wohltuende Entspannung. Danach am besten in ein Restaurant in der pittoresken Altstadt.
2. Ski und Rodel gut.

3. Besonders zur Weihnachtszeit lohnt sich ein Abstecher, um noch das ein oder andere Schnäppchen zu ergattern.

Angola – 80 Dollar Taxi

Angola zählt zu den interessanteren Ländern der Welt. Ein afrikanisches Land kolonialer Prägung. Doch weder die Franzosen noch die Engländer trieben hier ihr Unwesen, sondern die Portugiesen waren hier.

Zudem gehörte das Land zu den kommunistischen Ländern im Kalten Krieg. Aus Reiseperspektiven wurden wie in anderen Staaten auch die Visa-Bestimmungen in den letzten Jahren merklich gelockert. Einher ging dieser Lockerungsprozess mit einem dramatischen Anstieg der Kosten, speziell für Hotel - Übernachtungen. Damit reiht sich Angola in die profunde Liste von teuren Pflastern in der Welt: Norwegen, Island, Japan, Dschibuti, Schweiz.

Tipps Angola:

1. Viel Glück bei der Buchung eines billigen Hotels. Da ist die Auswahl sehr eng.
2. Für Läufer ist die Strandpromenade ideales Spielfeld. Viele lokale Lauffreunde genießen den Morgenrun beim Sonnenaufgang.
3. Die Festung hoch oben in der Hauptstadt ist mittlerweile ein Museum. Ein toller Rundumblick sowie die Exponate laden zum Besuch ein.

Antarktis – Angstgebrüll im ewigen Eis

Wie unterbricht man ein Gespräch unter Deutschen? Richtig: HITLER! Alles schweigt. Wie geht das mit US-Amerikanern? Genau: TRUMP. Besonders macht diese Sache Spaß, wenn man kurz nach der für Trump siegreichen Präsidentschaftswahl für mehrere Tage zusammen mit Amerikanern auf einem Kreuzfahrtschiff schippert. Am besten ans Ende der Welt – in die Antarktis.

Upgrade in der Eistruhe

Dafür buchte ich als Vielreisender natürlich die billigste Kategorie: Dreifachbelegung im Innern des Schiffes. Ohne Fenster. Rund 6.000 US-Dollar, plus 800 noch mal on top für den Zubringerflug, inklusive 5-Sterne-Aufenthalt. Zudem sollte es für mich noch eine Campingübernachtung geben, sowie einen einfachen Klettertag. Doch rund drei Wochen vor Abflug nach Südamerika erhielt ich ein 4.000-US-Dollar-Upgrade: Zweierbelegung mit Fenster. Super! Somit konnte ich theoretisch eine weibliche Begleitperson mitnehmen. Da mal wieder als Single unterwegs, startete ich mehrere Anfragen im Freundes- und Sportlerbereich. Doch die Entschuldigungen reichten von „kein Urlaub", „zu teuer" bis hin zu „andere Reisepläne". Wer nicht will, der hat schon. Mittlerweile glaube ich zu wissen, dass die Absagenden nie wieder solch ein Angebot erhalten werden – geschweige denn jemals nur in die Nähe der Antarktis gelangen werden. Knapp sieben Jahre Reiseerfahrung haben hier wohl ihre Spuren hinterlassen. Somit ließ ich mich überraschen, wen mir denn dann die Reiseleitung auf die Kabine stecken würde.

13

Reiseneuling trifft auf Weltenbummler

Gleich beim Einchecken in das obligatorische 5-Sterne-Hotel in Buenos Aires, eine Nacht, bevor es aufs Boot ging, lernte ich auch meinen Kabinengenossen kennen: Billy aus den USA. Da er erst Anfang 20 war, taufte ich ihn „Billy the Kid", nach dem amerikanischen Revolverhelden. Der junge Investmentbanker hatte zuvor erst drei oder vier Länder bereist und war somit ein Reisegreenhorn. „Warum nicht gleich die Antarktis?", entgegnete er mir, als ich nach seinem Grund fragte. Ich dachte nur, dass er nach dem Trip nur noch zum Mount Everest fliegen könne, um sich zu steigern. Um die nächsten zehn gemeinsamen Tage angemessen zu starten, wies ich mich als Buenos-Aires-Experte aus: Argentinien ohne Wein und Steak – ginge gar nicht. Ebenso buchte ich für uns beide eine Sightseeing-Tour mit dem Bus sowie einen Steakabend.

Exzellenter Bordservice

Nach dem kurzen Zubringerflieger von Buenos Aires nach Ushuaia (Stadt des Ablegehafens) die erste positive Überraschung gleich zu Beginn an Bord: Die „Ocean Endeavour" – ein Exkursionsschiff – stellte sich schnell als gehobene Klasse heraus. Denn der Service war erste Sahne. Zweimal am Tag kam die Reinigungskraft auf die Kabine und säuberte das Zimmer. Jedes Mal wartete ein kleines Stück Schokolade auf dem Kopfkissen, wenn ich das Zimmer betrat. Es sind die kleinen Dinge beim Reisen, die die Welt bedeuten können. Außerdem war die Bewirtung im Restaurant vorzüglich. Denn jedes Dinner war ein À-la-Carte-Essen mit der Auswahl von je drei Vorspeisen, Hauptgängen und Desserts. Weine und Bier waren inklusive und wurden schnell nachgefüllt. Meine fitnessbedingte Ein-Glas-pro-Tag-Regel konnte ich bereits am zweiten Tag vergessen. Eine Flasche pro Tag pro Dinner sollte es dann schon sein. Ich bin halt ein sozialer

Trinker. Je besser die Reisegesellschaft – desto mehr Genuss. Dem Restaurantchef gab ich das Kompliment: „Ich habe Pinguine, Schnee und Eis erwartet – jedoch nicht diesen exzellenten Service."

Abenteuergeschichten vom kalten Kontinent

Hier in der Antarktis konnte ich zum ersten Mal überhaupt Stand-Up-Paddle Boarding erleben, mich im Eisklettern versuchen und sogar eine Nacht auf dem Eis in einem Schlafsack verbringen. Doch das Highlight wartete am dritten Tag. Wir machten halt in einer ruhigen Bucht. Es war windstill. Bester Sonnenschein. Blauer Himmel. Keine einzige Wolke ließ sich blicken. Billy the Kid raunte mir zu: „Heute gibt's den Polar Plunge, ab ins kalte Wasser." Erst wusste ich nicht so recht, was er damit meinte. Doch dann war alles klar. Schnell in den Bademantel und die Badehose drunter und auf den Weg nach unten. Dort standen bereits im Schiffsinnern viele aufgeregte Bordgäste. Alle wollten sich die einmalige Gelegenheit nicht entgehen lassen. Ich dachte nur: „Wenn selbst die alten Herrschaften reinspringen, muss ich das wohl auch tun." Wasser – zudem noch kaltes – ist ja nicht mein Metier. In Riad gehe ich freiwillig nicht unter 24 Grad Wassertemperatur in den Pool. Aber hier? Der soziale Druck. Genau – wenn alle springen, springe ich auch.

Angstgebrüll im ewigen Eis

Dann endlich war ich an der Reihe. Ich machte einen Satz nach vorn. Schrie. Hatte ich doch ein bisschen Bammel. War aber gesichert durch eine Leine um meinen Bauch. Sicher ist sicher. Ein kleiner Angstschrei und dann platsch. Aus guter Erfahrung begann ich instinktiv mit Schwimmbewegungen, machte somit schnell gut 20 Meter. Dachte jedoch plötzlich, dass es doch ganz kühl wurde und ich schnell wieder raus wollte. Zudem erinnerte ich mich, dass nach etwa zwei Minuten Herzstillstand einsetzen könnte. Und da wollte ich doch schnell raus.

Das beste Restaurant der Welt

Was mich dann erwartete, war umwerfend. Auf dem Achterdeck hatte die Crew ein BBQ eingerichtet. Ein Grill brutzelte, der Jägertee gluckerte, die Sonne brannte hernieder, der eiskalte Wind schnitt ins Gesicht – auf dem Teller Steaks, Würstchen und dampfende Kartoffeln. Um das Boot herum: Schneebedeckte Berge, gesäumt mit kleinen und großen Eisbergen. Seichte Musik im Hintergrund. Herrlich! Après-Ski in der Antarktis.

Weiteres Highlight des Trips: Die Übernachtung im Schlafsack außerhalb des Schiffes auf Eis und Schnee in der Antarktis. Scheinbar ging die Sonne nie unter. Zum Glück, denn da blieb genug Licht für den Hochzeitantrag eines amerikanischen Paares. Trotz der Kälte wurde einem warm ums Herz.

Südpol – Am kältesten Arsch der Welt

Auf dem Weg zurück nach Argentinien erzählten die Crew Mitglieder Zoten aus vergangen Tagen. Der Älteste an Bord war einmal Südpol Expeditionsleiter. Er berichtete von 10 Monaten in fast voller Dunkelheit Der einzige Doktor hatte ein Magenproblem und musste sich bei vollem Bewusstsein selbst operieren. Er gab einem Techniker die Aufgabe im Notfall einzugreifen. Klar. Im Endeffekt machen Techniker und Operateur ja eh die gleichen Sachen. Das Wort „wunderbar" im Zusammenhang mit Reisen zu verwenden, ist nach diesem Trip sehr schwer. Denn die Zehn-Tage-Tour ans Ende der Welt bringt das Reisen auf das nächste Niveau.

Tipps Antarktis:

1. Man war nur in der Antarktis wenn man den Polar Plunge gemacht hat. Rein ins kalte Wasser, schnell wieder raus und dann zum Apres' Ski auf dem Achterdeck des Kreuzfahrtschiffes.
2. Videodokumentation der Pinguin-Autobahnen machen. Die kleinen Racker watscheln so niedlich. Da bleibt kein Auge trocken. Herz erwärmend.
3. Fast kompletter Tag ist hell. Wer da schläft ist selbst schuld. Denn die Landschaft ist einmalig und gehört auf Film und Foto gebannt.

Antigua und Barbuda – Judo Wurf auf brasilianisch

Meine Reisebegleitung und ich buchten vor Ort eine Sightseeing Tour. Tolle Landschaft mit Bergen und Beaches. So sollte der Tag rumgebracht werden. Im Kleinbus eine Gruppe aus Brasilien. Englisch rudimentär. Dafür umso mehr strahlende Gesichter. Beim Plausch über Martial Arts ging die Sonne auf.

Gut gefallen, ist gut getrunken

Denn dann zeigte sich, dass die Brasilianer neben Caipiriniha trinken, Karnevalfeiern und Fußballspielen auch Kämpfer sind. Namentlich gibt es in Brasilien das Capoeira eine Mischform aus Tanzen und Selbstverteidigung. Doch der Companero aus Brasilien hatte auch Ahnung vom Judo. Somit gab es dann eine Social Media gerechte Performance am Strand von Antigua. Zur Belohnung reichte ich ihm dann Rum aus der großen Flasche – typisch für die Karibikinseln. Prost!

Tipps Antigua:

1. Stingray City sagt man, sei genial, um zu schwimmen und zu schnorcheln. Und natürlich, um die riesen Fische zu bestaunen.
2. Wie bei vielen Top Inseln im Pazifik oder in der Karibik dürfen Sunset Cruises, am besten mit dem Katamaran nicht fehlen.
3. Wer er es schneller mag, ab auf die Jetskis.

Argentinien – Maradona Tango Show ohne Señoritas

„Wie begeht ein Argentinier Selbstmord? Er steigt auf seinem eigenen Ego empor und springt runter". Das ist ein geläufiger Witz, der in Traveler kreisen die Runde macht. Doch auch bei einschlägiger Lektüre fällt auf: Der Argentinier ist sehr selbstbewusst und wird in Südamerika nicht immer gern gesehen. Klingt nach den Deutschen jenseits des Atlantiks.

Das Beste Südamerikas

Einen Test dazu machte ich mal auf einer Expat Party in Skopje, Mazedonien als ich einen Gaucho zur Rede stellte, was es denn mit dem Selbstwertgefühl so auf sich habe. „Na wir sind doch besser als die anderen in Südamerika" Aha. Im Fußball jedenfalls nicht. Da haben die Brasilianer meist die Nase vorn. Selbst Uruguay hat bereits zweimal die WM gewonnen. Trotzdem Wein, Rindfleisch und Tango sollen ja nicht schlecht sein. Deshalb: Ab in den Süden und der Sonne hinterher!

Im Hexenkessel des Tangos

Drei Nächte Argentinien. Die Heimat von Maradona. Mein Held der Fußball-WM 1986. Er gewann quasi die WM im Alleingang. Er ist gottgleich. Mit Ecken und Kanten und mit der besagten Hand. Es gäbe angeblich eine ihm gewidmete Religion in Argentinien. Deshalb wollte ich in Buenos Aires auch in das Fußballstadion samt Museum. Ebenso Tangoshow, Wein und argentinisches Steak. So der Plan. Dürfte reichen für drei Tage.

Bei Ankunft am Abend Check für Wein und Steak in einem herrlichen Restaurant am Hafen. Die Nacht war kurz, denn am frühen Morgen wollte ich die Stadt erkunden. Zu Fuß und per Sightseeing-Hop-On-Hop-Off-Bus. Wie immer bei meinen Städtetrips. Will mich dann überraschen lassen und dann dort länger verweilen, wo es mir gefällt.

Hoppla hopp ins Himmelbett

Nach dem morgendlichen, mehrstündigen Fußmarsch durch die argentinische Hauptstadt war ich erst mal platt. Hungerast – würde mein Radsportidol Jan Ullrich sagen. Deshalb flugs in ein Café und Kohlenhydratauffrischung samt Koffeinschub. Nebenbei betrieb ich Kartenstudium und machte den Schlachtplan für die weitere Tagesgestaltung. Prompt erspähte ich im Augenwinkel eine adrette Blondine, die interessiert herüberguckte. Scheint nicht alle Tage vorzukommen, dass jemand noch Karte und fast noch Kompass als Reisender verwendet. Mein Touristenspanisch half auch hier den Erstkontakt herzustellen und relativ schnell nach dem Abbacken der touristischen Highlights der City eine Verabredung in ein kleines Restaurant für den Abend klarzumachen. Von hier ging es dank Rotwein und anderer Spirituosen motiviert in eine Bar meiner To-do-Liste, und als das Taxi kam, endete die Fahrt in meinem Hotel. 4-Sterne-

Doppelzimmer ist halt doch besser als ein 8-Mann-Hostel.
Scheint so, dass, wenn ich alleine reise, ich nie alleine bin.

Aus Erfahrung gut

Spätnachmittag wieder in Buenos Aires. Tangoshow. Pro
Tischpärchen gab's 'ne Flasche Tinto (Rotwein). Ich Glückspilz!
Señorita wollte nicht mitkommen. Tausendmal gemacht. Alles
für mich. Top! Ich konnte hier jedoch keine Finisher-Qualitäten
zeigen, sondern leerte den Wein nur zu 80 Prozent. Aber ist
auch ganz gut. In der Show traf ich, bevor es losging, eine
Portugiesin, die sich von den ganzen Reisen beeindruckt zeigte
und mir Avancen machte. Hm. Wie bei der 90er-Jahre-
Herzblatt-Show musste ich mich jetzt entscheiden – entweder
portugiesischer Neuerwerb oder auf Nummer Sicher die
argentinische Señorita der letzten Nacht? Ich zog die sichere
Variante vor und kehrte heim ins Himmelreich des 4-Sterne-
Hotels. Für künftige Trips nach Argentinien wäre hier somit ein
sicherer Hafen ausgemacht.

Tipps Argentinien:

1. Ab in den Süden von Argentinien: Patagonien. Geile
   Gegend plus Ushuaia ist einmaliger Hafen, der
   mitunter auch Backpackern den Trip in die Antarktis
   ermöglicht.
2. Tango, Wein, und Fußball – Buenos Aires für einen
   Tag.
3. Interner Flug zu den Iguazu Wasserfällen. Sie zählen
   neben den Victoria-Fällen und Niagara Fall zu den
   spektakulärsten der Welt.

Armenien – Schlechtes Bier – schöne Frauen

Was ist der Unterschied zwischen Armenien und Georgien? In Armenien schnell erkannt: Das Bier ist schrecklich. Dafür sprechen einen die Frauen an. Im wahrsten Sinne des Wortes. Alltagssexismus lässt grüßen. Somit liegt die Schönheit in der Hand des Biertrinkers. Klassische Schönheiten, die aus Armenien stammen wie Kim Kardashians, Cher,...

Tipps Armenien:

1. Climbing Mount Aragat, den höchsten Gipfel des Landes.
2. Mehrgange Menü mit lokaler Tanzshow.

Aserbaidschan – Kaffe Latte in der Ruine

Altstadt Café mit Ausgrabungen. Mitten in der Hauptstadt Baku. Während in Deutschland meist eine Abgrenzung um Ausgrabungsstätten gemacht wird oder sogar ein Museum daraus entsteht, gibt es hier sogar Business-Möglichkeiten, die inmitten der Ausgrabungen angesiedelt sind.

Keine Absperrungen, aber lecker lokale Köstlichkeiten und im Hintergrund scheinen die Gold erleuchtenden Fassaden der Innenstadt – alles dank reichhaltiger Gasvorkommen und deren kommerzielle Ausbeutung.

Tipps Aserbaidschan:

1. Die Hauptstadt Baku ist ein Mix aus Ausgrabungsstellen und Prunkpromenade. Da kriegt man beides: Glanz und Gloria.
2. Die Kaukasus Region außerhalb der City lädt zum Hiken ein.
3. Die Türkisch angehauchte Küche lasst Istanbul wachwerden.

Australien – Surfen, bis der Arzt kommt

Ein Surflehrer ohne Sixpack ist kein Surflehrer! – Diese These galt es zu testen beim Flug nach Australien. Bondi oder Manley Beach – Hauptsache, Traumstrand in Sydney. Und wenn man schon mal in Australien ist, gehört es sich auch, einen Surf Kurs zu machen.

Besonders wenn man aus der brandenburgischen Provinz kommt und sonst eher zu Fuß unterwegs ist. Genauso wie in der „Baywatch"-TV-Serie der 90er Jahre waren die Surflehrer maßgeschneidert. Langes blondes Haar, wettergegerbte und sonnengebräunte Haut. Und natürlich der Waschbrettbauch. Ha, da ist er also der Sixpack.

Feierdekadenz in downunder

Es scheint so, dass alle Teenager der angloamerikanischen Interessensphäre nach Australien strömen, um Party zu machen. Es gibt unzählige Angebote von Surfcamps mit Beachaufenthalten, Partybooten und sonstigen Offerten. Nebenbei gibt es immer Sauforgien – das kulturelle Bindeglied der westlichen Dekadenz. Genau wie im Kölner Karneval lautet das Motto: Da simmer dabei. Ja, das ist prima. Eins, zwo –

22

gesoffen. Ok. Das war das Motto des Oktoberfestes. Aber Bier ist Bier und Schnaps ist Schnaps.

Tipps Australien:

1. Surfkursus. Dann klappt es auch mit der ordentlichen Strandperformance.
2. Südlich von Perth im Westen des Landes auf nach Margerit River. Das ist die Weinregion Australiens. Alle paar Kilometer gibt es Weingüter, bei denen man sich durchtrinken kann.
3. Die tollsten Städte: Perth – Familien, Sydney – Business City und Melbourne eher das Partyzentrum des Landes.

Bahamas – Marathon Muschelgewinner

Was gibt es Besseres als ein Land zu Fuß zu erkunden? Am besten schnell, schnell beim Marathon. Anfang des Jahres gibt es im Tropenland Bahamas eine tolle Küstenstrecke zu belaufen. Relativ flach, relativ schnell.

Der sterbende Schwan bei McDonalds

Bei diesem Trip 2018 kombinierte ich USA, Bahamas, Jamaica, Haiti, French Guyana sowie Guyana. Dabei fungierte Bahamas mehrere Male als Flughafendrehkreuz. Somit reiste ich mehrmals ein. Einmal spät abends angekommen, nächtigte ich sogar auf dem Airport auf einer Bank. Zum Glück war die Halle offen und es war nicht so kalt. Doch bei Ankunft stellte sich ein Hungergefühl ein und siehe da, ein McDonalds-Restaurant hatte noch Licht an. Der Inhouse-betrieb hatte jedoch geschlossen. Lediglich der Drive-in-Schalter war offen. Somit spazierte ich da rein und bestellte forsch mein Fast-Food-

23

Dinner. Ha, nix da. Ohne Auto, kein Futter – so die Auskunft. Ich markierte den sterbenden Schwan bzw. den Hungerleider vorm Herrn und mir ward geholfen bzw. das Burger Menü gereicht.

Marathon Laufen wo immer es geht

Das sollte sich dann bezahlt machen. Denn der Marathon stand noch aus. Mit Katalin, die den Halbmarathon – den ersten in ihrem Leben – zu absolvieren hatte. Alles eine spannende Sache. Und warum Bahamas? Wieso denn nicht ein Land und einen Marathonlauf abhaken? Mehr und mehr Läufer streben ein solches Doppelpack an. Und es gibt verrückte Leute, die auf jeden Kontinent versuchen, einen Marathon zu finishen. Selbst am Nordpol soll es einen entsprechenden Lauf geben. Hat man alle diese Kontinentalen und den am Nordpol gemeistert – das nennt man dann Marathon Grand Slam. Teuer, aber voller Erfahrung.

Der Muschelterrorist am Flughafen

Da der Marathon im Januar stattfindet, gilt es den Weihnachtsspeck mitzuschleppen. Ich habe zwar von der Qualifikation in Boston geträumt, also 3,15 oder schneller. Aber nach der Party die ganze Nacht die Woche zuvor, gab es nur 3:30 im Endresultat. Trotzdem habe ich eine Muschel als Belohnung für den 2. Platz in der Altersgruppe gewonnen. Was für eine Überraschung. Dann bin ich 2 Wochen lang zwischen Haiti, Suriname, Französisch-Guyana, Kaimaninseln und Miami hin und her geflogen. Das einzige Problem: Ich reiste nur mit Handgepäck. Die Muschel durfte bei einer Sicherheitskontrolle da nicht mit rein. Die scharfen Ecken konnten ja als Waffe genutzt werden. Ich glaubte, meine scharfe Zunge wäre gefährlicher. Doch diese Waffe blieb stumpf, schließlich konnte ich die Sicherheitsbeamten nicht von der Ungefährlichkeit der Muschel überzeugen.

Tipps Bahamas:

1. Ein Besuch im ansässigen Luxushotel bekannt aus dem James Bond Film Casino Royal ist ein Muss. Wenigstens zum Social Media gerechten Fotoshooting sollte man mal hin.
2. Schwein haben kann man auch in Bahamas. Es gibt diverse Buchten mit super Stränden, an denen Schweine aller Art tummeln.
3. Der Marathon zu Beginn des Jahres ist flach, schnell und bietet große Chancen eine Muschel als Trophäe zu gewinnen.

Bahrain – Jetskipower im Diggers

Man war nicht in Bahrain, wenn man nicht im Diggers war. In diesem englisch angehauchten Pub warten chinesische Damen auf entsprechende zahlungsfreudige Kundschaft. Aber die Musik sei toll, wie mir immer wieder versichert wird. Ja, genau. Klingt so wie: Ich kaufe den Playboy wegen der tollen Artikel. Egal – Bahrain ist halt das Vergnügungsparadies des Mittleren Ostens.

Party Place Bahrain

Deshalb wieder mal hin: Diesmal wieder Party, Party, Party. Parallel zu meinem Reisehobby organisierte ich nebenbei etwa alle zwei Wochen Dinner für die Ausländergemeinde in Riad. So lernte ich immer wieder sehr nette Leute kennen und lieben. Doch irgendwann wollte ich mehr und begann kleine Feten ins Leben zu rufen. Meist mit sehr chilliger, relaxter Atmosphäre, um den Tag ausklingen zu lassen. Also bei bestem Sonnenuntergang.

Jubel, Trubel, Heiterkeit

Erstmalig wollte ich das Format auch im Nachbarland Bahrain antesten und verabredete mich mit etwa 20 Kollegen, Freunden und Bekannten aus Riad, Bahrain und UAE. Ich beorderte die Leute zu einem Beachclub. Eintritt 20 Euro. Live-DJ, kleine Strandbar sowie Jetskis zum Mieten. Plan war: von 14:00 Uhr bis ca. 20:00 Uhr Essen, Trinken, Jet Ski fahren und eine gute Zeit haben. Die Sonne hoch am Himmel, im Hintergrund die Skyline von Bahrain, Alkopops im Schädel und mit fetziger Hiphop-Musik das Wochenende genießen. Frauenrate 50 %, was auch nicht immer vorkommt, und dann mit den Jet Skis und 1,5 Promille im Blut das Leben genießen. Ein bisschen Spaß muss sein.

Sundowner at its Best

Nach ca. drei Stunden Vollgaudi ging uns langsam die Puste aus. Gleiches galt für die Sonne, die sich dem Tiefpunkt näherte und lange Schatten warf. Deshalb: flugs die Sonnenliegen ins flache Wasser bugsiert und mit der Feierschar Richtung Sonnenuntergang gedreht und das Kaltgetränk genossen. Schon klar, dass an dem Abend nicht mehr allzu viel ging. Denn der Alkohol und die heiße Sonne knallten den Schädel weg. Zwar machten wir noch einen kleinen Abstecher in eine Roof top-Bar. Doch die Wodka Red Bull zündeten nicht wirklich, weshalb auch schon um kurz vor elf die Lampen ausgingen. Gute Nacht, Marie!

Champagner-Brunch marsch, marsch!

Als notorischer Frühaufsteher hielt ich es nicht lange im Bette aus und trommelte einzelne Mitstreiter auch aus den Federn. Bereits um etwa zehn Uhr morgens gab es den Frühschoppen in der Poolbar des Hotels. Prost! Irgendwoher hatte ich spitzgekriegt, dass es im Radisson Blu für knapp 50 US-Dollar ein All-Yous-Can-Eat-Buffet mit Champagner gibt. Das wollte ich mir nicht entgehen lassen. Mit zwei, drei Mitstreitern machten wir uns im Taxi auf den Weg. Gleich dabei das Gepäck, um vom Futtertrog dann schnurstracks zum Flughafen zu düsen. Planung ist alles.

Essen, was das Zeug hält

Bei Ankunft im Radisson Blu offenbarte die Eingangshalle in der Tat einer reichlich gedeckten Tafel, die keine Wünsche offenließ. Das sollte wahrlich das Highlight werden. Egal ob Dubai, Abu Dhabi oder Bahrain. Freitags gibt es in größeren Hotels im Nahen Osten solche Champagner-Brunches inklusive Bier und ausgesuchten Weinen. Da lohnt es sich, zwei, drei Tage vorher Diät zu machen. Denn dann kann man das ganze Futter besser genießen.

Gläser-Auffüllung schneller, als die Polizei erlaubt

Noch bevor das Glas fertig geleert war, gab es schon die nächste Ladung. Live Music einer Band wechselte mit einem Elektro-DJ. Passend dazu: Nur etwa zehn Meter neben den Tischen und der Musikanlage gab es einen kleinen Pool mit Schwimmelementen. Champagnerglas schwuppdiwupp in die Hand und auf die Luftmatratze. 35 Grad. Sonne pur. Das schlägt ein. Ich kam sogar auf die Idee, Feldversuche zu machen, wie denn die optimale Füllmenge des Champagnergleises sein muss, damit das Glas entweder nicht untergeht oder nicht umkippt, wenn ich es neben mir im Wasser schwimmen lasse. Ergebnis: 30–70 %. Insgesamt ist ein solches Gelage besser als der Ballermann auf Mallorca und im Ganzen sicher auch günstiger. Zumindest für den Tag. Ein Geheimtipp bei einem Besuch im Nahen Osten auf jeden Fall.

Tipps Bahrain:

1. Jeden Freitag gibt es den Champagne Brunch im Radisson Blu Hotel. All You Can Drink and Eat während die Live Band oder Live DJ beste Musik spielen und man sich den einen oder anderen Cocktail auf einem Floaty im Hotelpool hinter die Binde kippen kann.
2. Beach Club Feeling.
3. Souk und Moschee, Formel 1 Rennstrecke laden auch Nicht-Rotlicht-Viertel-Ambitionierte ein.

Bangladesch – Mit dem Teaboy durch den Terrorverkehr

In Dhaka wird man im Straßenverkehr gekillt, ohne dass man es merkt. Das dachte ich jedenfalls als mich einer meiner Teaboys aus dem Büro durch die hektische Hauptstadt Dhaka führte. Ein sogenannter Teaboy ist eine Servicekraft, die Kaffee, Tee, und Leckerlis im Großraumbüro an die Tische der Mitarbeiter bringt. Gehaltstechnisch sicher im unteren Bereich kriegt er nicht viel.

Armer Schlucker hosted reichen Schnösel

Doch als der gut situierte deutsche Expat in der Heimat des Teaboys auftauchte und ein Treffen arrangierte, war Mister Teaboy, Johir, ein super Gastgeber: Stadtbesichtigung durch die knatternde Gemengelage aus Lastkarren, Motorrädern, Schwerlasttransportern und, und, und. Zudem gab es eine Einladung in eine örtliche Shopping Mall samt Dinner und T-Shirt. Alle Ablehnungsversuche schlugen fehl. Er wollte sich so toll präsentieren wie nur möglich. Ich dachte nur: Oh man ich krieg pro Stunde mehr als er in der pro Woche oder Monat? Und trotzdem war er gastfreundlich und stolz auf sein Land. Das ist die Gastfreundschaft in Bangladesch.

Tipps Bangladesch:

1. Ein Besuch des Cox Basars in Dchidagong ist sehr zu empfehlen. Local Spirit pur.
2. Wer den Straßenverkehr in Dhaka überlebt, der überlebt jeglichen Straßenverkehr in der Welt.
3. Ganztagesausfluge nach Sonargaon der alten Hauptstadt sollte bei einem Trip nicht fehlen.

Barbados – Beachfußball im Sonnenuntergang

In der Karibik gibt es Trauminseln, bei dem schon beim Namen Urlaubsfeeling aufkommt: Jamaika, Bahamas, und natürlich Barbados. Auf meiner Karibikkreuzfahrt durften diese Inseln nicht fehlen. Während in anderen benachbarten Inselstaaten Hiking, Walking sowie Dschungelxkursionen auf dem Programm standen, war Barbados als Badetag vorgesehen. Ein bisschen Relaxation mit diversen Schwimmtraining sollte ja auch mal gut tun.

VIP Massageliegen

Besonders entspannend ist es, wenn man beim Sonnenuntergang Leute beim Beach Fußball bewundern kann. Hacke, Spitze, ein, zwei, drei. Nebenher gibt's Strandmassagen, coolen Rum und Lounge Musik. Und zum Essen wartet ein lokaltypischer Flying Fish. Alles zusammen wird dann durch die feminine Reisebegleitung ins rechte Licht und Set Up arrangiert – passend für das Fotoalbum oder besser für Social Media Community. Da es bei der Kreuzfahrt meist recht teuer ist mit dem Wifi aber in jedem Hafen auf dieser Kreuzfahrt diverse Internetkaffees gibt, hocken die ganzen Wifi-Social-Media Anhänger jeden Tag kurz vor Sonnenuntergang und Schiffsablegung rund um das Boot in Nähe eines Hotspots, um der Welt die tollsten Videos und Fotos zusenden. Das Motto ist quasi: Ich bin dann mal weg, und ihr seid alle dabei.

Tipps Barbados:

1. Ein entspannter Strandtag ist immer drin. Vorher natürlich darf eine Katamaran-Schnorchel Tour nicht fehlen.
2. Wer es abenteuerlich mag, dem ist eine 4x4 Jeep Safari angeraten. Flora und Fauna warten auf die Entdecker.
3. Eine City Tour von Bridgetown inclusive der Highlights Harrisons Cave sowie Bathseba Beach rundet einen Besuch von Barbados ab. Karibischer Rum ist natürlich auch mit von der Partie.

Belgien – Mit Tim und Struppi in Waterloo

„Ich wollt, es wird Nacht oder die Preußen kämen", sagte Wellington in der Schlacht um Waterloo 1815. Ja und die Preußen erschienen auf dem Schlachtfeld. General Blücher rettete die Engländer und die Franzosen unter Napoleon wurden geschlagen.

Waterloo – unweit von Brüssel der Hauptstadt von Belgien heißt eigentlich La Belle Alliance. Aber weil die Engländer gewannen und bekanntlich Geschichte von Siegern geschrieben wird, heißt es nun mal Waterloo.

Mittendrin statt nur dabei

Nichtdestotrotz lohnt sich ein Besuch eines Freilichtmuseums eben dort an Kampfes Stelle. Auf einem Hügel kann man sich in die Zeit von Napoleons Untergang bei Waterloo zurück versetzen. Man steht quasi inmitten des Schlachtfeldes und hat einen 360 Grad Rundumblick und sieht die Truppen aufmarschieren, Kugeln fliegen, Fahnen flattern und Geschütze donnern. Einmalig!

Pommes und Bier zum Wohlfühlen

Ansonsten gibt's über Belgien nicht viel. Klassisches Durchmarschland für die Deutschen im Ersten und Zweiten Weltkrieg. Wohl deshalb gibt's in Brüssel ein EU und NATO Hauptquartier. Die unzähligen Diplomaten und Journalisten im Gepäck können sich in der eher unansehnlichen Stadt mit belgischen Pommes und Bier das Leben schöner machen. Hat man 3,8 im Tee stellt man sich neben Mannekken Piss und tut es ihm gleich.

Tipps Belgien:

1. Es wird immer vom deutschen Bier gesprochen. Doch viele Biertrinker schwören auf das belgische Genussmittel neben den Pommes, Schokolade und Waffeln natürlich.
2. Als europäisch Interessierter lohnt sich ein Abstecher in die Hauptstadt Brüssel samt Parlament, wer es eher historisch mag, fährt an Ort und Stelle von Napoleons Schlachtenniederlage 1815 bei Waterloo.
3. Das Atomium in Brüssel ist wie der Eifelturm in Paris. Ein Selfie ist ein Must für jeden ambitionierten Touristen.

Belize – Haifisch im Wasser, Schwein auf dem Grill

Und der Haifisch, der hat Zähne. Und viele Haifische haben viele Zähne. Und viele Haifische schwimmen um mich herum. Wirklich? Ist das nicht gefährlich? Ich denke dabei an den Film „Der weiße Hai". Der Tour-Guide beruhigte mich: „Alles ok. Die sind friedlich". Genau, die wollen nur spielen. Ja, ja. Aber bei diesem Schnorcheltrip wurde mir schon ganz anders in Belize.

Das tiefe dunkle blaue Loch

Eigentlich ist Belize berühmt für das blaue Loch. Eine tiefe Höhle, die viele Taucher der Welt anzieht. Aber als notorischer Nichttaucher wäre ein Tagestrip dorthin rausgeworfenes Geld, sagte der Tour Anbieter noch. Deshalb nur die kleine Variante mit Schnorcheln. Doch selbst das war toll. Denn die zahlreichen Haifische gibt's sonst nur bei Tauchgängen in anderen Gegenden der Welt zu bestaunen. Kristallklares, warmes Wasser gesäumt mit einer reichhaltigen Unterwasserlandschaft. Einmalig. Und am Abend gibt es noch weitere Leckereien. Die Schweinefleischliebhaber kommen dabei vollsten auf ihre Kosten. Denn Schweine werden hier gerne gesehen. Besonders am Grillspieß und später auf dem Teller.

Tipps Belize:

1. Haifisch schnorcheln oder gleich zum Blauen Loch zum Abtauchen.
2. Weniger Belize City und mehr Cay Calker.
3. Wer es mag: Schwein am Stück zum Dinner.

Benin – Venedig Afrikas

Ghana, Togo, Benin, Nigeria – 4 Länder durch eine 500 Kilometer lange Küstenstraße miteinander verbunden. Da kann man relativ schnell wieder Länderpunkte sammeln, dachte ich.

Mein Haus, meine Frau, mein Kanu

Der Trip begann in Ghana mit einem gebuchten Touristenführer samt privatem Auto. Von dort an der Küstenstraße Richtung Osten durch Togo durch. Dort machten wir dann halt an einer Art Fluss Landschaft. Hier stiegen wir um in ein langes Kanu mit Motorantrieb. Wir fuhren zu einem Fischerdorf, das nur auf dem Wasser liegt. Fast jeder Haushalt dort hat ein Boot. Autos gibt es nicht. Die Shops, Häuser, etc. sind alle auf dem Wasser errichteten Gebäude. Einfach, aber praktisch. Ich übernachtete in dem einzigen Hotel vor Ort. Natürlich war das auch auf Stelzen im Wasser erbaut. Einfach und gut. Am Morgen gab es dann einen herrlichen Blick auf das wilde Gewusel auf dem Wasser. Denn gegenüber war quasi eine Wassertankstelle. Da legten die zahlreichen Boote, Flosse und anderen schwimmenden Konstruktionen an, um Trinkwasser zu tanken. Am besten bleibt man hier mehrere Tage, dann kann man sicher auch mit rausfahren zum Fischen. Noch besser: Man steuert eines der kleinen Wasserfahrzeuge selbst.

Tipps Benin:

1. Ein bis zwei Übernachtungen im Stilt Village im Osten des Landes. Das bunte quirlige Treiben der Boote inmitten der Häuschen ist einmalig.
2. Stadtrundfahrt in Cotonou.
3. Für alle Länder-sammler gilt: Ghana, Togo, Benin, Nigeria lassen sich easy peasy kombinieren da alle

Länder entlang der Küstenstraße auf 500 Kilometer aufgereiht sind.

Bhutan – Der Geist des Chilis im Tigernest

In Bhutan sei Happiness Staatsdoktrin, las ich in diversen Reiseführern. Assoziiert man Happiness mit freudestrahlenden Gesichtern scheint das nicht weit her zu sein. Alle gucken hier ein wenig verkniffen drein. Das Ganze erinnert ein wenig an die Japaner.

Hoch hinaus zum Kopfstand der Spiritualität

Ich erwartete noch mehr Spiritualität als in Nepal. Zumal das sogenannte Tigernest – eine alte Mönchsbehausung in gebirgigen Höhen – sehr anschaulich und schon sehr gottesnah daherkam. Zum Glück sollte ein Trip dorthin mit in meiner Viertagestour sein. Natürlich rechnete ich mir aus, dass ich dort entweder Liegestütze oder Hand- bzw. Kopfstand machen könnte für diverse Fotos versteht sich.

Feuer im Topf

Optisch einmalige Landschaften mit vielen Bäumen und hohen Bergen. Sehr malerisch. Die Menschen natürlich asiatisch verschmitzt. Das Spirituelle und das Glückliche vermisste ich hier jedoch. Dennoch war ich positiv überrascht. Als Liebhaber der scharfen indisch-pakistanischen und mexikanischen Küche kam ich hier auf meine Kosten. Denn in fast jedem Gericht sind feurige Chilischoten eingearbeitet. Ob nun Reis oder reine Fleischgerichte. Überall Chili! Da ist Feuer drin!

Im Laufschritt hoch zum Tigernest

Highlight des Trips war natürlich die Exkursion zum besagten Tigernest. Dazu hieß es am Fuße eines Berges etwa fünf Kilometer zu laufen. Meinen Tour-Guide fragte ich, ob ich denn daraus einen Berglauf machen könne. Und wir vereinbarten, uns oben zu treffen. Schließlich gäbe es ja nur einen Weg. Somit würden wir uns nicht verlieren. Da ich im Marathontraining war, staunte der Guide nicht schlecht, als ich von dannen sprintete. Oben angekommen eröffnete sich mir ein einmaliger Blick über das unter dem Tigernest liegende Tal. Bei leichtem Sonnenschein und 20 Grad entschied ich mich für einen Kopfstand mit Hintergrund des Klosters. Bam. Dann eine schnelle Tour durch die Anlage. Ein, zwei Fotos – das war's.

Das Feuer der Gastfamilie

Dann ging es wieder bergab. Auf zu einer Gastfamilie. Dort wurden bereits die Steine für ein Steinbad fertig gemacht. Nach dem Berglauf eine Wonne in der Wanne, sozusagen. In einem Holzschuber nahm ich in lauwarmem Wasser Platz. Die über dem offenen Feuer erhitzten Steine kamen dann am Fußende in einen abgetrennten Bereich. Diese Steine erhitzten dann das Wasser. Während ich es mir in der Hitze mit einem Buch gemütlich machte und ungefähr eine Stunde sitzen blieb, floh mein Guide aus der benachbarten Wanne nach nur zehn Minuten. Das anschließende Abendessen gestaltete sich so: Chili mit Reis und Fleisch. Die Kinder des Hauses sangen in Landessprache ein, zwei Lieder zur Unterhaltung, was mich an das Minikonzert in Kirgistan erinnerte. Ich dachte nur wieder: Hier bin ich Mensch, hier darf ich sein. Frei nach Goethe. Während viele meiner Arbeitskollegen sicher nur in 5-Sterne-Hotels übernachten, fand ich das Reisen in dieser Form am angenehmsten – auch wenn ich nur kurze Zeit mit dieser Familie verbrachte.

Tipps Bhutan:

1. Finden der inneren Ruhe im Tigernest.
2. An dem leckeren, aber scharfen Essen kommt man in dem kleinen Staat nicht vorbei. Chili Marsch!
3. Ein Bad im Steinbad ist natürlich heiss, heiss, heiss. Aber bei angenehmer Abkühlung dann entspannend.

Bolivien – Kamera gestohlen

Oh Schreck, oh Schreck. Die Kamera war weg. Wenn man rund um die Welt tourt, verbinden sich positive als auch traumatische Erlebnisse mit einzelnen Orten. In Bolivien erste Mal ever beklaut worden. Der mit zig Landesflaggen verzierte all countries travel Rucksack war offen.

Der Reißverschluss des kleinen Backbacks war geöffnet und der Inhalt entleert bei Ankunft in der bolivianischen Hauptstadt. Die wasserdichte Kamera sowie some Reserve cash und Klamotten – weg. Deshalb wurde der Kurzabstecher in Bolivien von diesem Verlust geprägt. Um den monetären downfall zu kompensieren, verzichtete ich auf die sonst für jeden Touri quasi obligatorische Tour zu den Salzseen, die an Szenen aus The Last Jedi aus dem Star Wars Universum stammen.

Tipps Bolivien

1. Ein Besuch der Salzseen for Selfie Fotos.
2. Titicacasee See
3. Bei Abenteuer und Landschaftstrips gibt es zur Abwechslung auch die Städte wie La Paz.

Bosnien – Interview auf der Massagebank

Sarajewo. Olympische Spiele 1976. Oder Massaker Anfang der 1990iger Jahre. Zwei Jahre. Zwei Ereignisse. Beide gegensätzlich. Das eine friedliches Messen der Sportwelt, das andere Hauen und Stechen und Massakrieren. Wohl deshalb engagierte sich die Bundeswehr neben anderen Nationen in dem Land. Grund genug einen Abstecher in diese Stadt zu machen.

Soldaten Wohngemeinschaft zur Friedenssicherung

Dort produzierte ich als Schreiberling ein, zwei Stories über die sogenannten Liaison Observation Teams – Quasi Wohngemeinschaften von Nato-Soldaten inmitten der Bevölkerung. Ein Trupp von vier, fünf Soldaten unterschiedlicher Nationalität kümmert sich um die jeweiligen Sorgen und Nöte der lokalen Bevölkerung. Flagge zeigen, helfen und unterstützen – für Strom, Wasser und Sonstiges sorgen. Bei einem Interview war ein alter Herr mit Esel dabei. Der iahte zwischendurch und hatte bald genug und trottete von dannen. Wohlgemerkt: Er iahte, denn Esel wiehern nicht.

Happy Ending in Form of Story-Telling

Nebenher lernte ich dort zwei fesche Masseurinnen kennen. Nach getaner Massagearbeit gab es noch ein Happy Ending. Nicht was Sie jetzt denken, sondern zwei Interviews auf der Massagebank. Beide schilderten ihre Kriegserfahrungen. Während eines der Mädel nach Deutschland über Stock und Stein und Widrigkeiten stolperte, blieb die andere im zerbombten Sarajevo. Dort ging sie weiterhin zur Schule. Unter der Erde – geschützt vor Heckenschützen und sonstigen bad guys. Die Show musste halt weitergehen.

Tipps Bosnien:

1. Wer sich mit der Geschichte Bosniens beschäftigt, stellt sich die Frage, wie denn Nachbarn sich mir nix, dir nix einfach so massakrieren konnten. Mitten in Europa zu Beginner der 1990iger Jahre, während in anderen Ländern die Love Parade gefeiert wurde.
2. Die alte Brücke von Mostar.
3. In Sarajewo gibt es aus historischen Gründen auch eine Belagerung Sightseeingtour. Geschichte hautnah.

Botswana – Wassersafari mit Alligatoren

Sambia, Simbabwe, Botswana – 3 Länder in 4 Tagen. Alles machbar, da der Anflughafen Livingstone im Dreiländereck liegt. Eigentlich gibt's noch den kleinen Caprivizipfel aus kolonialer Vergangenheit von Namibia. Doch das westafrikanische Land gab es erst ein paar Tage später.

Wasserelefanten und Krokodilalarm

Nach dem Besuch der Victoriafälle beiderseits der Grenze (Sambia, Simbabwe) düsten Christian und ich für einen Tag nach Botswana. Auf zur Safari. Bei Afrika denkt man eher an Steppe, Wüste und Trockenheit. Doch in Botswana gibt es jede Menge Wasser. Deshalb war diese Tour eine Kombination aus Jeep und Boots-safari. Einmalig anzusehen, wenn die zahlreichen Elefanten bis an die Wasserläufe des Deltas zum Trinken gehen oder auf kleinen Halbinseln dahindösen – immer auf der Hut vor Alligatoren die im Wasser treiben und auf Beute warten.

Tipps Botswana

1. Wassersafari mit Boot und jede Menge Tiere, die man so nicht am oder im Wasser vermutet.
2. Botswana lässt sich gut kombinieren mit Nachbarländern wie Namibia, Sambia und Simbabwe.
3. Das Gelbfieber Impfbuch sollte immer mitgeführt werden. Denn sonst gibt es bei diversen Airlines kein Boarding.

Brasilien – Verblendung in Gelb-Grün

„Wie? 4 Tage Sao Paolo? Da reicht Ihnen ein Tag, um erschossen zu werden", meinte ein befreundeter Schuldirektor aus Deutschland, bevor es ab nach Sao Paolo ging. Ein Ex-Soldat ergänzte: „Sao Paolo ist gefährlicher als Mazar-i Sharif in Afghanistan". Und eine Polizistin fügte noch hinzu: „Nehmen Sie sich vor den Brasilianerinnen in Acht. Die wollen alle nur einen europäischen Mann."

Karnevalsgöttinnen in Rio

Aber schnell wurde mir vor Ort klar: Karneval, Caipirinha, knackige Körper – so das Credo am Zuckerhut. Oh, mein Gott. Was wird nicht immer geredet von den Bikinischönheiten an der Copacabana. Weit gefehlt. Total übertrieben. Ich war für vier Tage in Rio und Sao Paulo. Die Frauen dort – nicht mal unter den Top Ten in der Welt.

Heißer, Heißer, tanze Samba mit mir

Klar, gut: im Fernsehen beim Karneval, wenn alle Schönheiten aus den Favelas zusammengekarrt werden und dann noch adrett zurecht geputzt TV-tauglich gemacht sind und uns das Fernweh packt. Ja, dann meine Damen und Herren: Dann halten wir Brasilianerinnen für Göttinnen! In der Realität jedoch: mitnichten. Totale Enttäuschung. Bei normalem Tageslicht nachmittags um drei unter der Woche auf den Straßen gibt es in Äthiopien, Weißrussland/Ukraine, Frankreich/Italien/Libanon, Japan/Thailand eher heiratsfähige Damen als in Brasilien. Zumindest können die Herren Fußball spielen. Fünfmal Weltmeister sind die Fakten. Zudem nur ein Wort: Pelé. Wer will da noch widersprechen? Ach ja. Caipirinha, zweites Wort. Darauf lasse ich auch nichts kommen.

Tipps Brasilien

1. Rio und Sao Paolo Beach Fußball mit den Locals.
2. Caipiriniha und Cevice.
3. Amazonas Areal mit den indigenen Stämmen.

Brunei – Proteinshakes und Biltong

In Zeiten von tausenden von Diäten und religionsspezifischen Ernährungsanforderungen gilt es für den Reisenden entsprechend vorzusorgen. Beim Brunei Trip war ich mit Texas Clint, einem ambitionierten Bodybuilder unterwegs.

Das bedeute: Low Carb und viel Protein. Am besten mit selbst mitgebrachten Proteinpulver. Die Flasche Whiskey als Ami Cowboy war natürlich auch im Gepäck. Achja, Biltong sowieso. Getrocknete Fleischsticks und Fleischbrocken a la Südafrika geben viel Protein und wenig Kohlenhydrate.

40

Daneben gab es natürlich auch weitere Kost: Sightseeing in dem streng muslimischen Land mit viel goldenen Palästen in der Hauptstadt sowie etwas schleimiges asiatisches Food von der Straße. Trotzdem probierten wir nach stundenlangen Gymsessions, Pool is cool chilling Whiskey Verkostungen auch lokale Köstlichkeiten. Über die Expat-Plattform internations.org hatten wir eine Reiseführerin aufgetan, die uns in die lokalen Köstlichkeiten und Gebrauche einführte.

Tipps Brunei:

1. Obacht Brunei ist eines der strengsten muslimischen Länder. Deshalb immer züchtig angezogen umhergehen.
2. Außerhalb der Hauptstadt lohnen sich eine River Cruise und ein Besuch der Water Village.
3. Fotoshootings des Palasts sind ein Muss.

Bulgarien – Pitstop wider Willen

Unterwegs mit einem Amerikaner Sam. Uncle Sam quasi. Serbien, Mazedonien, Rumänien und Bulgarien. 4 Länder eine Woche mit dem Auto. Das sollte passen. Jedes Land quasi mit zwei Nächten, balkanesischen Köstlichkeiten sowie jede Menge Landschaft, Serpentinen, Kirchen, Seen, Städte, Dörfer.

Autofahrt pro Tag sollte 4 Stunden betragen. Enough time for Sightseeing in the rest of the day. Doch als der Ami meinte, man wäre schon mal hier, da könnten wir doch gleich noch Moldawien und Albanien mitmachen, ließ ich mich nicht lumpen und machte flugs eine Alternativplanung.

Kurz und gut

Bei ca. 7 Stunden Fahrtzeit pro Tag könnte das klappen aber nur wenn der deutsche autobahnerprobte Driver das Heft bzw. das Lenkrad in die Hand nimmt. Die Amis juckeln ja eh nur mit knapp 100 km/ h in den Weiten Amerikas rum. Da kommen sie ja mit den vielen Balkan-Kurven nicht so klar. Logische Konsequenz: Weniger Zeit in den einzelnen Ländern, mehr Zeit im Auto und an Landesgrenzen. Deshalb reichte es für Bulgarien nur zu einer kurzen Umfahrung von Sofia inklusive Tankstop und zwei verregneten Fotos von einer Kreuzung.

Tipps Bulgarien:

1. Die Rosen sind weltberühmt.
2. Das Schwarze Meer ist super zum Planschen.
3. Wer in die älteste Stadt Europas gehen will, ist in Plovdiv genau richtig. Hier gibt es auch eine Skisprungschanze.

Burkina Faso – Reiter des Krokodils

Das Land kannte ich bereits oberflächlich. Im wahrsten Sinne des Wortes. In meiner Kindheit hatte ich, warum auch immer, unzählige Briefmarken aus Burkina Faso. So friedlich wie die schönen Marken auch waren, so gefährlich war dieses westafrikanische Land jetzt eingestuft. Deshalb galt auch bei diesem Trip nur knapp zwei Tage in einem Rutsch mit mehreren Nachbar Ländern.

Holterdiepolter ins Straßencafé

Gleich bei der Ankunft im Hotel: Das Burkina Bier zur Begrüßung. Den Geschmack des Landes gibt es sofort zu

Beginn. Ich buchte adhoc einen Fahrer, mit dem ich durch die Umgebung fuhr. Schlammige Pisten im Ort mit kleinen ärmlichen Häuschen mit Besuch in einem lokalen Museum zwecks Fotosessions. Dabei machte das Auto nicht den besten Eindruck. Ein alter Toyota mit zersplitterter Frontscheibe. Immerhin, denn die seitlichen Fenster waren gar nicht mehr vorhanden, sondern nur notdürftig durch Plastikfolie ersetzt. Der Motor sprang erst beim dritten Mal an. Die Blinker fehlten, die Seitenspiegel auch defekt. Aber das scheint hier typisch zu sein. So holprigere Straßenfahrt, so lauschig der Lunch. Wir hatten ein cozy Plätzchen in einem Straßencafé. Wenn ich gewusst hätte, dass es dort zwei Wochen später einen Anschlag gab, hätte ich da sicher einen Bogen drum gemacht.

Der Ritt auf dem Krokodil

Ich besuchte dann einen örtlichen Krokodil Park. Viele Ansichtsexemplare gab es und einen kleinen Tümpel wo der Guide mit einem lebenden Huhn wild in der Gegend des Wassers rumfuchtelte, um diverse Krokos aus dem Wasser zu locken. Er deutete mir an, mich dann auf das Vieh zu setzen für die Fotos. Doch Sicherheit ist die Mutter der Porzellankiste und ich machte lieber Fotos von dem Guide, der reitenderweise das Tier unter Kontrolle hatte.

Bungeejumping in Afrika

Nach wilder Fahrt sollte ich eine Massage haben. Kurioser Weise gab es die Dame auf die Stube und mir schwante, dass es sicher ein Happy Ending offer geben würde oder halt mehr. Dollarstärke wäre trumpf. Doch wie ein finnische Kollege mir mal sagte: „Was haben afrikanische Frauen und Bungeejumping gemeinsam? Wenn der Gummi reißt, dann ist Schluss mit lustig." Soweit wollen wir es nun nicht kommen lassen und nutzten nur die physiotherapeutischen Maßnahmen.

Tipps Burkina Faso:

1. Die Moschee von Bobo Diooulasso sieht einmalig aus. Fast wie ein Igel. Nichts im Vergleich zu den Bauten in Istanbul, Saudi Arabien oder anderen muslimischen Ländern.
2. Für die Wagemutigen unter uns, sollte ein Ritt auf dem Krokodil nicht fehlen. Gibt klasse Bilder für die daheim gebliebenen und im worst case auch etwas fürs Krankenhaus.
3. Safaris bieten sich wie in vielen anderen afrikanischen Ländern auch an.

Burma – Pagodenglanz am Morgen

Es war noch dunkel am Morgen. In der Ferne war Geschrei von Affen zu hören. Langsam kroch die rötliche Sonne über den Palmenhainen empor. Die gold-gelben Tempeldächer spiegeln das Licht der Sonne wieder. Das Strahlen und die Wärme der Sonne nehmen mit jedem Moment zu. Das gleißende Licht blendet das Augenlicht. Dieses ganze Lichtspektakel auf Foto einzufangen – vermessen. Dennoch der Versuch ist da.

Morgenstund' hat Fotogold im Objektiv

Langsam kommen immer mehr Leute: Touristen, Reisende, Einheimische und das bunte Treiben zwischen den schimmernden Bauten nimmt zu. Mehrere Stunden verbringe ich in den Tempelanlagen und nehme die Atmosphäre auf. Ich werde Teil von ihr. Das Umherlaufen wird hier mühelos erledigt. Mirnichtsdirnichts geht es immer weiter. Ohne richtigen Plan, ohne richtiges Ziel. Ich lasse mich treiben. Irgendwo richtig

Stadtzentrum, in das wilde Chaos. Trekkerkarren, Lastesel, Unmengen an Menschen.

Tipps Burma:

1. Heiss-Luftballon über Bagan, kann man kombinieren mit dem ansässigen Marathonlauf. Das gibt eine Finisher Medaille und bleibende Eindrücke vom Land.
2. Wichtig immer genug cash dabei zu haben, denn Kreditkarten sind nicht gern gesehen. Im Gegensatz zu Schweden wo man schon bald nicht mehr weiß, was es denn bedeutet in cash zu bezahlen.
3. In der Yangoon gibt es für eine gute Summe abendliche Street Food und Market Walking Touren. Geht natürlich auch günstiger jedoch mit weniger insight. Dafür aber mehr Abenteuer.

Burundi – Mitmach-Judo am Denkmal

Hier also war Sir Livingstone, der englische Entdecker. Am Monument ihm zu Ehren spielten mehrere Kinder und waren an meinen Fotoaufnahmen interessiert. Ich sagte meinem Fahrer, ob er nicht die Kinder für eine Judo Session gewinnen wollte. Sogleich machte ich mich an Trainerarbeit und machte Warmup, Stretching und zeigte den Kids die Basics in den judospezifischen Fall-Übungen.

Nackter Finger und weiße Männer

Nach etwa 20 Minuten beendete ich das Ganze, schließlich wollten wir noch weiter fahren. Da die Kinder sicherlich weder TV noch Internet haben, gibt's dann sicherlich zu Hause jede Menge zu erzählen von irgendeinen fremden Weißen, der sie zum rumtollen angeregt hatte. In der Tat gibt es in einigen afrikanischen Ländern für „Weißer Mann" einen speziellen Begriff, den meist die Kids wenn sie Touristen sehen, dann mit dem Finger zeigend, schreien.

Charity für die Welt

Das Kinder Judo weckte in mir die Idee bei künftigen Trips ähnliche Sachen zu machen. Hier kam mir die Erleuchtung: Reisen und etwas Gutes tun. Die Kids haben ja sonst nix. Ausbildung ist die beste Bildung. Kostet nichts, gibt aber wieder was zurück – Kinderlachen und große Augen. Noch während ich darüber nachdachte und mit meinem Fahrer über diese Idee plauderte, machte er den Vorschlag ein ansässiges Waisenzentrum zu besuchen. Dort konnte ich zwar kein Judo lehren, jedoch mit dem Leiter über dessen Arbeit dort sprechen. Sicherlich müsste ich bei anderen Reisen vorab mit diversen Institutionen einen Plan machen und für ca. eine Woche vor Ort sein, um Unterrichte im Judo zu geben sowie von meinen Lessons learnt von den Weltreisen zu berichten.

Tipps Burundi:

1. Wenn man plant mir nichts dir nichts über die Grenze ohne gültiges Visum zu marschieren, empfiehlt es sich, stets das passende Schmierkleingeld in gepflegten US-Dollar Noten dabei zu haben. Ein ortskundiger sprachlicher menschlicher Assistent tut auch Not, um die Grenze zu überqueren.
2. Für den normalen Touristen eignen sich eher Stadt-Touren in Bujumbura und zu den Nationalparks.
3. Ein Tagestrip gibt es auch zur Quelle des Nils, einem der längsten Flüsse der Welt.

Chile – Skiausbildung in den Anden

Bei meinem sommerlichen Südamerika Trip hatte ich einen Chilenen in Peru kennen gelernt. Den wollte ich bei meinem Aufenthalt doch gleich besuchen. Zwar Hotel gebucht – will ja den Leuten ja nicht auf den Keks gehen, zumal man dann immer noch eine Flexibilität hat.

Flachlandtiroler auf den Gipfeln Südamerikas

Bevor es zu seiner Geburtstagspartie ging, schnell noch auf die Piste. Die Skipiste. Als Flachlandtiroler aus dem Berliner Umland kannte ich nur Skilanglauf. Hügel gab es nicht. Deshalb rauf in die Anden. Zwei Stunden Autobusfahrt von Santiago. Soviel Schnee hatte ich mein Lebtag noch nie gesehen. Der Kleinbus zuckelte durch die Winterwunderlandschaft und erklomm Anhöhe um Anhöhe. Die Serpentinen wurden immer enger. Links runter wartete der Tod, rechts die steile Schneewand. Mal rutschten wir, mal glitten wir. Das „Vater unser" war mein ständiger Begleiter bei dieser Tour.

Apre Ski und Rodel gut

Endlich angekommen gab es die Klamotten. Die Sprache in Hochlatinloverspanisch. Mit meinem Taxidriver-Vamos-a la playa-spanisch kam ich dennoch gut zurecht: Ich brauchte nur den Bewegungen meiner anderen Ski-Anfänger-Buddys zu folgen und ab geht's. Wedel, wedel, hopsasa. Immer wieder in den kalten, feuchten Schnee. Trotzdem hat es Spaß gemacht und das Apre-skiwarm-Getränk schmeckte somit umso doller. Am Abend ging es dann zur Geburtstagsparty mit Reward drinking and dancing. Das hatten wir uns redlich verdient. Nicht alle Tage macht man seinen Ski-Anfängerkurs in den Anden am anderen Ende der Welt.

Tipps Chile:

1. Die Gletscher im Süden des Landes sind sehr majestätisch und geben ein einmaliges Fotomotiv.
2. Ski- und Rodel gut, heißt es in den Anden rund um Santiago.
3. In Patagonien verpackt man sich am besten winddicht. Da bläst immer ein starker Wind.

China – Hoch hinaus in Hongkong

Eine Woche Singapur und Hongkong im Frühjahr 2011. Kannte ich vorher nur aus dem Fernsehen. Nachdem Beirut den Vorzug vor dem asiatischen Stadtstaat erhalten hatte, sollte es im Frühjahr 2011 der Fall sein. Die ehemals britische Kronkolonie Hongkong würde mir ohne Einreisevisum den chinesischen Länderpunkt bescheren. Zusammen mit einem jungen Kollegen machte ich mich an die Planung.

Gewusst wie, spart Energie und Geld

Schnell fand ich heraus, dass es am günstigsten ist, bei einem Dreiecksflug gegen den Uhrzeigersinn zu fliegen. Also Riad-Singapur-Hongkong-Riad. Andersherum wäre es rund 400 Euro teurer – bei gleichen Reisedaten. Das wollte ich mir für die Zukunft merken.

Klein, aber fein

In Hongkong wurden wir von der Wucht der schmalen Häuserschluchten fast erschlagen. Winzige Fenster zeugten von kleinen Wohnungen. Aber hoch hinaus ging es in den Himmel. So war auch unser Hotelzimmer mit knapp zehn

48

Quadratmetern recht spärlich – bot aber jeglichen Komfort. Die ersten beiden Tage verbrachten wir alkoholisiert in diversen Bars und Nachtclubs und tagsüber besuchten wir bei Nebel und Regen die City und die historischen Stätten mit den großen Buddhas, um mal abzuschalten.

Machen Sie Ihre Einsätze

Von Hongkong war es nur ein Katzensprung nach Macao, der ehemaligen portugiesischen Kolonie. Heute eher als Las Vegas des Fernen Ostens verschrien. Deshalb wollten wir es dort mal mit dem Zocken probieren. Im goldenen Casino waren wir fast die Einzigen. Ich versuchte, beim Roulette das System zu durchschauen und einen gewissen Trend auszumachen. Nach etwa zehn Minuten hatte ich immer noch nichts gesetzt, während mein Mitstreiter bereits 200 Euro eingesackt hatte. Nun denn. Mehrere Stunden und Drinks später hatte ich etwa 100 Euro als Gewinn zu verzeichnen, während mein Kumpan schon etwa 500 Euro eingestrichen hatte. Auch eine Möglichkeit die Reisekasse aufzubessern.

Mit Mercedes zum chinesischen Bier

Bei einem neuerlichen Besuch Chinas, diesmal in Schanghai, bestätigte sich, dass Vorurteile, nicht immer politisch korrekt sein müssen. Bei einem gemütlichen Spaziergang durch Food Street wurde ich just zu 2 Pärchen eingeladen Bier zu trinken. Ja, Alkohol verbindet die Menschen weltweit – egal welche Sprache. Woher ich denn komme, wollten sie wissen: Deutschland, Germany, Bayern München, Merkel, Schweinsteiger – nichts half. Dann malte ich einen Mercedesstern auf die Servierte und dann war alles klar. Prost!

1. Als Marathon Läufer ist der Marathon an der Chinesischen Mauer ein Muss.
2. Hongkong und Schanghai.
3. In China gibt es scheinbar alles auf den Tisch was sich bewegt. Hunde, Skorpione, Affen etc. Wer es mag, soll es versuchen. Muss man aber nicht. Siehe Corona.

Costa Rica – Champagner für alle

Beim Boarding: 5 Crewmember und drei Fluggäste. Per Zufall erhielt ich ein Business Class upgrade. Strange flight to Costa Rica. Natürlich bekam ich Champagner in der Business-Klasse. Aber wenn man halt nicht in Reichtum groß geworden ist und dann per harter Arbeit und Glück unverhofft es geschafft hat – in diesem Fall Business class – dann kann man auch für andere etwas Gutes tun.

In diesem Fall orderte ich Champagner für die beiden einzigen Passagiere in der Economy klasse. Denn die Pulle Schampus ist eh offen und wir hatten den Flieger für uns ganz alleine. Teile und herrsche. Diesmal wohl eher: Teile und trinke. Prost!

Tipps Costa Rica

1. Ein Regenwald ohne Regen ist kein Regenwald. Deshalb immer dabei: Ein ultraleichter Regen-Poncho. Der hält das Gröbste ab. Wo Jack Wolfskin für hunderte Euro versagen, da hilft das 5 Dollar Model und macht dicht.
2. Ansonsten ist Costa Rica berühmt für seine Strände, Vulkane und Diversität der Flora und Fauna.

3. Abenteuer gibt es auch: Zip-Lining ist eine Aktivität in Arenal oder Monteverde.

Cook Inseln – Das Paradies ganz weit weg

Eine weitere Flitterwochenreise voraus: Cookinseln. Politisch noch zu Neuseeland gehörend, zählen sie laut Wikipedia zu den 'Ausreißern' und haben eine eigene Autonomie. Wenn Du nach Rarotonga auf den Cookinseln fliegst, überschreitest Du die Datumsgrenze. Also fliegst Du tatsächlich in der Zeit zurück. Ich denke Quatschwissen. Aber schon genial irgendwie.

Trauminseln zu Traumpreisen

Nach einer kurzen Nacht in einer Mittelklassewohnung auf der Hauptinsel geht es los zu einem luxuriösen Tagesausflug zur Trauminsel Aitukui. Schnorcheln, Schwimmen, Sonnenbaden, Essen, Trinken - die wichtigsten Aktivitäten dieses Tages. In der Tat ein guter Trainingstag. Für einen geistig entspannenden Kurzbesuch in einem 5 Sterne VIP Hotel mit privaten Pools und kristallklarem Wasser in der Lagune. Ein paar 1000 Dollar pro Nacht. Bam!

Die Königinnen der Dinner Show

Später machten wir eine Bootstour mit BBQ an Bord. Zum ersten Mal gegrillte Bananen. Hatte noch nie so eine schöne Kohlenhydratladung. Bei der Rückkehr wartete eine traditionelle Dinner Show mit leckerem Essen und leckeren Tanzköniginnen auf uns. Diese präsentierten die lokale Kultur und Lieder. Sie beziehen das Publikum in Tanz und Gesang mit

51

ein. Als typischer Deutscher ist einem erst nach mehreren Maß Bier auf dem Oktoberfest oder nach zig Kölsch beim Karneval zum Tanzen zu mute. Deshalb gab es eher Schunkelfotos aus der Reporterperspektive.

Tipps Cook Islands:

1. Tagestrip zur einsamen Trauminsel Fanufatu und einen Heiratsantrag machen.
2. Eine Kulturshow der Locals samt Essen, Trinken, Trallala darf nicht fehlen.
3. Schnorcheln und Tauchen – Top Aktivitäten nach dem Sonnenbaden am Strand.

Dänemark – Grönlands Zauber

Als ich einem Freund vor meinem Abflug erzählte, es ginge für mich nach Island, meinte er, ich müsste unbedingt nach Grönland. Zumindest für einen Tagestrip. Okay. Zwar kein eigenes Land (gehört zu Dänemark), aber immerhin etwas Besonderes und dazu ein bewohntes Territorium. 400 Euro für zwei Stunden Flug, vier Stunden Aufenthalt und wieder zwei Stunden zurück. Nicht billig.

Kaiserwetter in Konigslanden

Aber ist halt Grönland. Schon aus der Luft zeigte der Wettergott, dass er es gut meinte. Die Sonne hoch am klaren, blauen Himmel und unter uns die zahlreichen kleinen und großen Eisflächen samt Schneelandschaften und Wasser. Top. Und die Luft: Klar und rein. Als sandsturmgeplagter Expat in Saudi Arabien werden hier einem die Lungen durchgespült.

Luftfilter naturell

Der blaue Himmel war bei Landung noch viel schöner als in der Luft. In Kombination mit dem Wasser, dem Restschnee und dem Eis – einmalig. Als Flachlandbrandenburger hatte ich es ja nicht so mit dem weißen Zeug, und bei dem milden Winter in der ostdeutschen Provinz gab es nicht viel. Doch die vier Stunden in Grönland: der Hammer! Die knapp 400 US-Dollar Flug- und Aufenthaltskosten: jeden Cent wert! Der Tipp schlechthin! Wer länger bleibt, kann mit Schlittenhunden sich anfreunden und diverse Trips buchen – gezogen von jaulenden Vierbeinern.

Tipps Dänemark:

1. Hundeschlittenfahrten – als Tagestripp oder über mehrere Tage. Da lernt man seine Angst vor Hunden zu überwinden. Zwangsweise. Denn ohne das Mensch-Husky zusammenarbeiten geht es nicht voran. Ob Husky will, oder nicht.
2. Grönland ist komischerweise mit mehr Schnee und Eis gesegnet als Island (Iceland), das wiederum sehr grün daherkommt. Der Klimawandel oder verwirrte Namensgeber lässt grüßen.
3. Ähnlich wie in Norwegen gibt es hier eine Unmenge an Fjorden an der Küste. Diese verwinkelten Buchten eignen sich hervorragend für Bootstouren und einmaligen Fotos.

Demokratische Republik Kongo – Eintrittsgeld für Killerkommandos

„Hey wenn Du mich über die Grenze bringst, dann bezahle ich Dinner", sagte ich zum Fahrer in Burundi. Mein Hotel

lag nämlich in unmittelbarer Grenznähe zum Nachbarland. Da die kongolesische Botschaft in Burundi mir das Einreisevisum verweigerte, probierte ich die in Afrika oft gängige Extrabezahlung mit diversen Dollars, um trotzdem mal den Grenzposten besichtigen zu können.

Der Puls steigt, der Finger lang am Abzug

Wir näherten uns der Grenze. Ein Schlagbaum, eine kleine heruntergekommene Baracke, 20 mit Kalaschnikows bewaffnete Uniformierte. Dazwischen ein wenig Zivilvolk. 35 Grad. Hitze. Ich schwitze umso mehr. Filme wie „Lord of War", „Last King of Scotland" etc. schossen durch meinen Kopf. Medienkonsum prägt.

Der Greenback ist das Schmieröl der Welt

Natürlich war ich das einzige Bleichgesicht vor Ort. Zwar trug ich keinen Armani-Anzug, Rayban-Sonnenbrille oder Rolex Watch, sondern hatte wilden Bartwuchs, Laufschuhe, Fleecejacket, und eine Trekking Hose. Aber Weiß ist natürlich total im Kontrast. Mein Driver kriegte von mir extra 100 US-Dollar, den Schmierstoff für den Grenzübertritt.

This is Africa!

Ein aufgesetztes, aber bestimmtes Lächeln half beim Warten im kleinen Häuschen am Grenzposten. Ich wusste raus aus Burundi und wieder rein – beides tricky und ohne gültiges Visum aber mit valider Valuta. T.I.A. – This is Africa. Ein mehr oder minder bekannter Satz aus „Black Diamonds" mit Leonardo Di Caprio. Dann endlich ein freundlicher Grenztruppler nahm sich meiner an. Ronaldo – so sein Name. So wie die großen brasilianischen und portugiesischen Stars. Fußball Talk folgte. Die Anspannung legte sich. Hätte es einen Fußball am Grenzposten gegeben wir hätten sicher unsere Fußballfreunde gehabt. Nach einem gemeinsamen Foto ging es wieder zurück nach Burundi zu meinem Fahrer und dann sogleich zum Mittagessen. Ich hatte meinen Länderpunkt und mein Fahrer sein gefunden, sprich bezahltes Essen.

Tipps Demokratische Republik Kongo:

1. Das ehemalige Zaire gilt als zweitgrößtes Land Afrikas und nicht gerade als Touristen Hotspot, da ein militärischer Konflikt im Osten des Landes nicht sehr einladend ist.
2. Trotz allem Konfliktpotential ist das Land gesegnet mit Nationalparks und diversen Bergen zum Sightseeing.
3. Safaris – was sonst. DRC ist Afrika Baby!

Deutsche Demokratische Republik – Mit der Pappe zum Silbersee

„Ich kann von mir behaupten durch ein gesamtes Panzerbataillon Geburtshilfe genossen zu haben". Ok so schlimm war es nicht wie es in den ersten Zeilen von Thomas Brussigs Wenderoman (Helden wie wir) zu lesen. Aber die Sowjet Panzer prägten das Leben in der DDR und zeugten von begrenzten Reisemöglichkeiten.

Icke, icke bin (fast) Berliner

„Auferstanden aus Ruinen und der Zukunft zugewandt". So lauteten die ersten Zeilen der Nationalhymne der Deutschen Demokratischen Republik. Oder kurz: Ostdeutschland. Ja im Osten groß geworden. Potsdamer mit Berliner Dialekt. Icke wa. Als Ossi gab es nicht viel ins Ausland zu reisen. Ok. Das befreundete kommunistische Ausland im Osten Europas gab es als Möglichkeit. Aber wenn das Elternhaus nicht das richtige Parteibuch samt Ersparnissen hatte, blieben lediglich Ostseestrand und Baggersee. Oder die Bücher von Karl May.

Der Schatz im Silbersee

Selbiger nahm mich früh auf die Reisen zum Schatz im Silbersee in den Westen Amerikas oder durchs wilde Kurdistan. Kalle May weckte in mir die Sehnsucht in die weite Welt. Oder zumindest das Unbekannte zu entdecken. Als Kind war das mein Wunschtraum: Entdecker und Forscher. Deshalb lernte ich fleißig und war Klassenbester. Streber? Vielleicht. Aber als indoktrinierter Sprössling glaubte ich mit guten Leistungen alles richtig zu machen. Später Abitur, Studium vielleicht in Moskau beim großen sowjetischen Bruder.

Weltreise zur Ostsee

Und Real life Reisen? Am Wochenende an den Baggersee um die Ecke mit der Pappe, dem Trabant, dem gängigen Transportmittel der Ossis. Oder halt Ostsee. Ganz weit weg. Denn mit dem Trabant, der nur mit Rückenwind 100 Kilometer pro Stunde erreichte, war der holprige Weg über die Autobahnen, die seit Hitler nicht mehr repariert worden waren, eine Mördertour. Achja Ferien- und Trainingslager gab es auch: 2 Wochen Kinderlandverschickung mit Betreuung mit Spiel, Spaß und spannenden Abenteuern.

Doch mit 13 Jahren ohne Auslandserfahrung kam alles anders. Die Mauer musste weg. Und wir waren das Volk und das Reisen in andere Länder begann.

Tipps DDR:

1. Um das DDR- Feeling wieder zu erleben, gibt es mehrere Kinofilme wie „Das Leben der Anderen", „Wir können auch anders", „Sonnenallee", Good bye Lenin".
2. Wer den Osten nochmal fast ganz nahe kommen will, der muss nach Transnistrien fliegen. Denn dort scheint das Ost-Flair noch erhalten.
3. Trotz des Untergangs der DDR gibt es immer noch diverse sogenannte Ostprodukte wie Nudossi, Spee, Spreewaldgurken. Gut geeignet, um sich über die damalige Qualität zu informieren.

Deutschland – Wir können alles, außer Oxford English

Die Deutschen wissen nicht alles, sie wissen alles besser, so wird immer wieder behauptet. Zudem nörgeln sie halt ständig rum. Sie sind Weltmeister darin quasi. Sie beschweren sich im Urlaub am Strand, dass dieser zu sandig wäre. Oder gilt das nur für die West-Deutschen? Die sogenannten Besserwessis?

Wind of Change

Das sollte ich als gebürtiger Kommunist im Osten mit ca. 13 Jahren erfahren. Denn dann fiel die Mauer. Und es änderte sich alles. Die Wende ging ruck zuck. Fernsehen an. Heimlich Westfernsehen. Demos in Leipzig. Ausreise. 100 Deutsch Mark Begrüßungsgeld. So jedenfalls die Fanfaren aus dem Flimmerkasten.

Mit den Eltern ging es dann zu einem der spärlichen Ausflüge nach Berlin. Doch nicht wie immer zu Broiler und Grilleta (ostdeutsch für Hähnchen und Hamburger), sondern ab in den Westen der Stadt. Legal. Pro Nase 100 Deutsche Mark gab es als Begrüßungsgeld. Westberlin – Westdeutschland. Glitzer, Glitzer in den Schaufenstern auf dem Kudamm. Bitterkalt war es. Leichter Schneefall. Mama kaufte sogleich Handschuhe und irgendein elektronisches Spielzeug. Toll.

Berliner Luft von oben

Doch Berlin hat noch mehr zu bieten. Die Stadt, die man daran erkennt, dass die Frauen hässliche Brillen tragen und selbige Metropole arm aber sexy sei, ist nicht gerade eine Wirtschaftsmetropole. Sie ist billig und kulturell sehr gut. Wer nicht die Berliner Love Parade am ersten Juliwochenende jedes Jahr miterleben durfte, der hat nicht gelebt. Ich schätze mal sowas wie Karneval in Rio, Burning Man in Nevada oder Woodstock. Aber halbnackte technotanzende Menschen in aller Öffentlichkeit mitten in Deutschland, die zu dieser eigentlichen Demonstration zu Mottos tanzten wie: Friede, Freude, Eierkuchen oder andere fand ihres gleichen. Die Berline Clubszene a la Berghain oder Tresor - weltweit einmalig.

Wer es ruhiger mag: Solar. Eine Bar und ein Restaurant in einem. Und das ganze hoch über der Stadt in der 14. Etage. Der Tipp: Wachtel! Eine Etage weiter oben ist eine coole Bar mit tollem Blick über die City. Geschichten aus Berlin und aller Welt lassen sich hier am besten austauschen. Das Date mit der Liebsten ist natürlich hier auch möglich.

Deutsche Bierglückseligkeit

In München steht ein Hofbrauhaus und es gibt das alljährliche Oktoberfest mit bis zu 6 Millionen Gasten aus aller Welt. Da gibt es Schweinshaxen, etc. und Bier. Man kann aber auch als Vegetarier und nicht Trinker auf seine Kosten kommen:

58

Blattsalat und Apfelschorle oder eine alkoholfreie Maß Bier. Zudem sieht die Maß Apfelsaftschorle fast so aus wie die richtige. Bei den Feierkumpanen fällt das dann auch nicht weiter auf. Der Geheimtipp, um als Antialkoholiker mitzufeiern und den Niedergang des Geisteszustandes der anderen live mitzuerleben.

Essen, Trinken, Trallala auf den Weihnachtsmarkten

Im Winter gibt es ähnliche Köstlichkeiten auf den unzähligen Weihnachtsmärkten. Der Exportschlager der Deutschen schlechthin – neben den tollen Autos von BMW, Mercedes, etc. Sowohl Oktoberfest als auch Weihnachtsmärkte gibt's es in unzähligen Kopien weltweiten. Somit kann die deutsche Essens-, Trink- und Feierkultur nicht so schlecht sein. Vielleicht aber überstrahlen einfach nur die tollen Fußball Ergebnisse, die Automobilproduktionen, sowie die Musikkultur diese Eigenschaften der Deutschen. Naja die Deutschen können halt alles. Nur mit dem perfekten Englisch hapert es. Ok. Der Humor soll auch nicht so toll sein.

Doch den Deutschen hängt eine gewisse Arroganz an. Sie machen immer alles im Extremen: Fußball WM, Oktoberfest, Love Parade, Weihnachtsmärkte, Kriegsspiele The Best or Nothing. Weltmacht sein oder gar nichts sein. Alles oder nichts. Tod und Teufel. Wie Churchill einst sagte man habe die Deutschen entweder zu Füßen oder an der Gurgel.

Tipps Deutschland

1. Bitte nicht Frankfurt. Viele Touristen waren nur in Frankfurt. Kein Wunder ist das ja der Hub von Deutschland und Europa. Deshalb lieber ab nach Berlin, München, Hamburg, Köln.
2. Saisonale Feste werden in Deutschland groß geschrieben, deshalb lohnt sich ein Abstecher zum

Oktoberfest in München, der Hamburger Hafengeburtstag, der Kölner oder Düsseldorfer Karneval oder der Dresdner Weihnachts-(Strietzlmarkt). Berlin hatte mal die Love Parade.

3. Des Deutschen liebste Urlaubsinsel ist Mallorca. Da kann man die Abgründe des Deutschseins miterleben: Vollsuff auf dem Ballermann. Wohl deshalb betrachten viele Deutsche die spanische Mittelmeerinsel auch als ein eigenes deutsches Bundesland.

Dominika – Natural Waterfalls

Wir hatten knapp zwei Stunden zur Verfügung. Doch Diane wollte weiter über rutschige Steine, durch Wassersenken, kleine Wasserfälle bis hin zu tosenden Ungetümen. Ich wollte schon schnell wieder umkehren: Zeiten sind zu halten und Sicherheit geht vor. Doch Madame Diane forsch keck vorneweg und ab in die Fluten.

Fish Content to be killed

Der Tourguide wartete zum Gluck und der Bus brachte uns dann zurück zum Hafen. In unmittelbarer Umgebung hatten wir Lunch am Strand und meine Begleiterin nutzte den Nachmittag für Schnorcheleinlagen im glasklaren Wasser. Dank meiner wasserdichten Kamera hielt sie tausende Fische als Motiv fest, die ich natürlich zu 90 Prozent hinterher wieder löschen musste.

Tipps Dominika:

1. Obacht: Dominika hat nichts zu tun mit der Dominikanischen Republik.
2. Massentourismus herrscht quasi nur bei den Ankömmlingen von diversen Karibikkreuzfahrtschiffen.

3. Neben Bootstouren sind die natürlichen Wasserfälle und Pools wie der Emerald Pool erste Sahne.

Dominikanische Republik – Boarding Cruise

Erst kurz vor Abfahrt sagte eine französische Freundin zu. Somit konnten wir uns die Reisekosten teilen. Außerdem hatte ich somit immer jemanden parat, der schicke Bilder machen konnte. Insgesamt besuchten wir Trauminseln wie Grenada, Barbados, Guadeloupe, St. Lucia und, und, und. Da wir in der Regel jeden Morgen zum Sonnenaufgang in ein neues Land oder bei einer neuen Insel einliefen, war das Länderpunktesammeln sehr einfach.

Eine Seefahrt, die ist lustig

Einfach von Bord, und schwupp, einen Zähler mehr. Trotz dieser Manie gab es bei den verschiedenen Inseln unterschiedliche Sachen zu erleben und zu sehen. Ob nun grüne Nationalparks in Grenada, Vulkanlandschaften auf St. Lucia oder Strand und Sommersonne auf Barbados. Es gab für jeden Geschmack die passenden Inseln. An Bord konnten die Gäste natürlich auch bleiben.

Tipps Dominikanische Republik:

1. Klassisches Starterland für verschiedene Karibikschlachtkreuzer. Am besten dann entweder vorab oder hinterher noch ein paar Tage dran hängen, um die Schönheit des Landes zu entdecken.
2. Klassischer konnten die Gegensätze nicht sein. Haiti und die Domrep teilen sich eine Insel. Das eine Land ist hui, das andere pfui. Unterschiedliche

Kolonialpolitiken der Franzosen (Haiti) und Spanier (Dominikanische Republik) führten zu unterschiedlichen Entwicklungen bis heute.
3. Ohne Badehose sollte man nicht hierher fliegen. Denn unzählige Wasser-Aktivitäten warten. Tiefseefischen, Sommer, Sonne, Strand, Walbeobachtungen, Katamaran Fahrten, und, und, und warten.

Dschibuti – Drogen in der Mittagshitze der Piraten

Mitflug in der P3 C Orion. Ein zweimotoriger Armyflieger. Ohrenbetäubender Lärm dank der Rotoren beiderseits des Rumpfes. Ich guckte fleißig aus den Bullaugenfenstern und sah die Traum-Strände, die blauen Wasserstraßen und den blauen Himmel. Alles scheint hier ideal, um Urlaub zu machen. Alles friedlich. Doch wir befanden uns in Piratengebiet. Pirates of the carribean lasst grüßen. Zwar gibt es hier keinen Rum wie wir aus den Bildungsfilmen von Captain Jack Sparrow kennen. Aber es gibt Khuat. Eine high machende Droge.

Ja wir koksen und noch mehr

Selbst auf dem Flughafen gibt es Verbotsschilder, dass man ‚high' machende Drogen nicht zu konsumieren solle. Doch in Dschibuti sollen die Leute den gesamten Vormittag damit verbringen, apathisch nichts zu machen und zu warten, dass der Tag rum geht. Während in der TV-Werbung der Tag geht und Jonny Walker kommt, kommt in Dschibuti Khat. Am Nachmittag ist es dann endlich soweit. Die Droge wird angeliefert und alles ist wie aus dem Häuschen. Dieser Drogenmix in Kombination am Horn von Afrika mit Handelsschiffen, Piraten und rivalisierenden Mächten um die

Ecke – Halleluja. Bislang zumindest hielt das Ganze mehr schlecht als recht.

Affenhitze auf dem Flugfeld

Und die deutschen Truppen mittendrin. Überwachungsmission. Ich als Reporter war dabei, um darüber zu berichten. Interviews, Fotos, Notizen, Gespräche mit Generalen, Piloten, Technikern, und sogar mit dem lokalen Polizei Chef waren drin. Alles bei brütender Hitze und hoher Luftfeuchtigkeit. Pausen waren an der Tagesordnung besonders wenn es von der Affenhitze in die Klimaanlagen gekühlter Räume kam. Da traf es eine wie der Schlag. Deshalb, in der Ruhe liegt die Kraft, um durchzuhalten und mit den Kameraden vor Ort zu sprechen.

Von fliegenden Kamelen und Sonnenstudios in Afrika

Sie zeigten mir einzigartige Bilder von fliegenden Kamelen. Von Kamelen, die hier verladen wurden von einem Transport Lkw auf Transportschiffe. Dabei werden die armen Viecher mit dem Kran durch die Lüfte gehoben. Sie blöken die ganze Zeit. Denn ohne Sand unter den Hufen ist das Ganze für sie sicher kein Spaß. Dann soll es auch Einheimische gegeben haben, die versuchten ein Solarium zu etablieren. Vermutlich haben sie mal eine TV- Werbung gesehen. Wie die Soldaten mir sagten, war nach kurzer Zeit Schluss. Der Laden lief nicht und war pleite. Kein Wunder bei zig Stunden Sonne pro Tag hier in Afrika.

Tipps Dschibuti:

1. Wer auf Drogen steht, sollte mal das Khut probieren. Aber Vorsicht ist geboten wie auch bei allen anderen berauschenden Mitteln.
2. Von Dschibuti aus kann man sehr schön mit dem lokalen Flieger über die Küsten und schönen gelben

Sandstrände fliegen und die Piraten bei ihrer Arbeit beobachten.
3. Für alle Hobbystrategen ist das kleine Land hier einmalig. Denn durch die angrenzende Meerenge fahren viele Handelsschiffe. Einfach sperren, und schon kann man easy diverse Handelspreise hochtreiben.

Ecuador – Kraxeln auf den Cutopaxi

Da fliegen die um die halbe Welt nur um im hosteleigenen Wifi sich stundenlang Messages hin und her zu senden sowie neue Selfie Portraits hochzuladen: Millennials auf Reisen. Naja jeder hat seinen Spleen.

Meiner war zu diesem Reisezeitpunkt: 24 Stundenprogramm. Nach Arrival in Quito gleich umziehen in Hemd, Jeans, und Dancing shoes. Schnell die Straße runter, ein Lokal oder Musiketablissement auftuen und die Nacht zum Tage gemacht, bevor es am nächsten Morgen zum Sightseeing gehen sollte.

In der Welt zu Hause, in Bayern daheim

Nach knapp 200 Metern luden blau-weiße Lichter und samt farblich abgestimmter Dekoration den Gast zum Verweilen ein. Später stellte sich heraus: Deutsch-Bajuwarisches Bierhaus – Hier bin ich Mensch (Deutscher), hier darf ich sein.

Hoch hinaus auf den Vulkan

Ein, zwei gemütliche deutsche Bier später und schon probierte ich mein spartanisches Taxifahrerspanisch mit einer lokalen Schönheit. Mit Bier, Charme und radebrechenden Spanisch gewann ich die Latina als Reiseleiterin für den nächsten Tag in und rund um Quito. Hoch auf Kirchen, rein in Museen, und durch die Altstadt ging es dann. Für den zweiten Tag kam noch ihre Schwester mit. Hoch auf den Cutopaxi. Ein Vulkanberg 5000 Meter oder so hoch. Bei ca. 4000 Metern gibt's eine kleine Berghütte zum Ausruhen und Kräfte sammeln, das Kletterzeug anlegen und weiter ab in die Höhe. Als Flachlandtiroler ist man jedoch bei der Berghütte auch schon ganz gut dabei – der dünnen Höhenluft sei Dank.

Tipps Ecuador:

1. Ein Aufstieg zum Cutopaxi lässt einen außer Atem kommen. Geniale Aussicht und Höhenluft sind die Gründe.
2. Die Galapagos Inseln mit der einzigartigen Tier- und Pflanzenwelt ist nur zwei Flugstunden westlich von Ecuador mitten im Pazifischen Ozean.
3. Quito als Hauptstadt genial.

Elfenbeinküste – 1000 Dollar Telefonjoker

„Wie? Was, der Flug ist weg?", fragte ich mich nachts um halb vier am Airport Abidschan in der Elfenbeinküste. Besser gesagt der 5 Uhr Flug wurde mit dem 3er zusammengelegt und vorgezogen. Hallejullah. So ein Mist.

Oh Mann. Jetzt erinnerte ich mich. Vor Tagen erhielt ich eine E-Mail von einem Fliegerunternehmen. Auf Französisch. Ich glaubte, das war lediglich die Reisebestätigung für einen anderen Flug in der Gegend. Deshalb bemühte ich mein radebrechendes Anfänger Französisch nicht en Detail. Merde! Das war also die entsprechende Benachrichtigung für diesen morgendlichen Abflug Change.

Flug weg, Hoffnung noch nicht

Jetzt stand ich am Check-In Schalter. Doch niemand da. Auch der Service Schalter war nicht besetzt. So früh war somit keine Ticketbuchung möglich. Das entsprechende Personal kommt erst in 6 Stunden um ca. 9 bis 10 Uhr. Aber ich musste doch irgendwie schnell zurück nach Saudi Arabien. Denn dort wartete am nächsten Tag ein lokaler Triathlon auf mich, den ich natürlich mitmachen und gut abschneiden wollte. Denn die Championship Points brauchte ich für die Meisterschaft der Saison.

Also zurück im strömenden Regen mit dem Taxi ins Hotel. Wi-Fi check, Sky scanner check, Flug check. Flugbuchung – No check. Kreditkarten streikten. So ein Mist. Die Zeit drückte. Denn in vier Stunden würde ein Flieger gehen, aber No Money No Flug-honey.

Ohne Moos nix los

Ich brauchte Geld. Woher nehmen, wenn nicht stehlen? Ein guter Freund ist alles was man braucht auf dieser Welt, sagte das nicht mal Heinz Rühmann? Noch besser man hat mehrere: Auf mehreren Kanälen: Facebook, WhatsApp, Skype, Face time kontaktierte ich mehrere Buddys in der Hoffnung, ob sie mir denn einen Flug buchen wurden – für knapp 1000 Euro versteht sich. Na wer kennt als Normalbürger Leute, die man an einem Wochenende in aller Herrgottsfrühe aus der Mitte Afrikas anfunken kann, mit dem Request des spontanen Money Transfers bzw. richtigen Flight bookings. Ich probierten einen 60 Jahre alten Doktor, der am Telefon mir bestätigte, dass er zwar Geld und Zeit hatte mir zu helfen, jedoch keine Ahnung hatte wie man einen Flug bucht. Sackgasse. Nummer zwei und drei waren ebenfalls nicht hilfreich – keine 1000 Euro easy auf Tasche. Kein Wunder allesamt Familienväter. Da ist die Kohle immer knapp.

Mit Liegestutz zum Flugticket

Letzter Versuch: Triathlon Buddy Wolle. Anruf. Er schwer atmend bestätigte: „Jo, Geld kein Thema. Läuft. Wie sind die Details?" Ich fragte zunächst, ob es denn gerade passend wäre oder ob er – da seiner Kurzatmigkeit – vielleicht im Gange war mit einer feschen Madel. Er würde grade nur seine Core exercise machen: Einige Planks, Liegestutze und Faszienstretching. Yes. Baby. Das ist ein Bild: Der eine versucht Himmel und Hölle in Bewegung zu setzen, um Geld aufzutreiben, um aus Afrika rauszufliegen und um an einem kleinen Triathlon rennen teilzunehmen, während der Sportsfreund in Deutschland seine Turnübungen macht.

Mal verliert man, mal gewinnen andere

Ende vom Lied. Auch er konnte mir nicht helfen. Darauf erstmal einen Sekt zur Beruhigung und als Ergänzung zum Frühstück. Dann ab zum Flughafen und vor Ort nach weiteren mehreren Stunden einen Flug gebucht. Irgendeine Kreditkarte funktionierte dann wieder. Gott sei Dank. 900 USD Extra – Heimflug. Umbuchung war nicht möglich gewesen. Das nennt man Kollateralschäden beim Reisen. Über Adis Abeba in Äthiopien sollte es nach Saudi gehen. Geplante Ankunft um 0600 bei Rennstart um 0700. Leih-Fahrrad und extra Ausrüstung hatte ich mir schon besorgt – alles via SMS, WhatsApp Chat und Facebook Message. Doch ich hatte wieder einmal nicht mit Flug-Verspätung gerechnet. In Adis Abeba Airport 11 Stunden Delay. Technische Panne. Keine Entschuldigung. Nix. Alles für die Katz. Aber wieder um eine Erfahrung reicher und 900 Dollar ärmer.

El Salvador – Kanale Grande in Mittelamerika

Der Hotelstrand - nur schnell rüber über die Straße. Nur hundert Meter, dann aber der gesamte Strand für mich ganz allein. Das kleine aber feine Hotel war super und zweigeteilt.

Lahme Ente schlägt Hundepaddler

Mehrere kleine Pools laden hier zum Planschen ein. Angeschlossen an einen kleinen Garten samt Dschungel. Für den Jung aus der Wüste eine willkommene grüne Abwechslung. Durchzogen ist der Wald von einem Kanal. Am Strand bietet sich schwimmen und Lauftraining an. Aber da waren sie wieder: Fremde, streuenden Köter. An Land waren sie sicher schneller. Aber im Wasser machte ich sie nass. Sprichwörtlich.

Für alles andere gibt es Visa Card

Doch hier in El Salvador mitten im zwei Wochen Trip gab es die böse Überrschaschung: Kreditkartenzahlung nicht mehr möglich. Die 1000 Dollar Cash back Up Solution war gut ging aber stetig zur Neige, denn Hotelbezahlungen, Essen, Trinken, Trallala kosteten. Bei genauer Kalkulation wären noch fünf Tage Resturlaub drin ohne jegliche Gegenfinanzierung. Deshalb kam slowly Panik auf. Denn das Wifi Netz ist in Latin Amerika sehr schwach. Das war aber essential, um über Skype die heimische Bank zu kontaktieren, um die Kreditkarten freizuschalten. Denn wieder mal was gelernt: Banken wollen im Vorhinein informiert werden, wenn man denn innerhalb von 10 Tagen durch 8 mittelamerikanische Länder tingelt und jeden Tag mit den Karten bezahlen will. Wie macht denn das James

Bond oder Indiana Jones wenn sie permanent in der Welt hin und her düsen?

Eritrea – Im Fieberwahn über Panzerschrott

Ankunft in aller Herrgottsfrühe. Seit Tagen Husten, Schnupfen, Heiserkeit. Keine Besserung in Sicht. Jeden Tag im Flieger, kaum Pause. Oh Mann. Ein harter Trip dieses Mal.

4 Uhr morgens. Dann war das kleine Hotel auch noch verrammelt. Die Eingangstür zu. Der Taxifahrer wollte natürlich nicht warten und fuhr davon. Ich trommelte schweißgebadet, übermüdet gegen die Tür. Zum Glück war doch ein Rezeptionist im Innern. Der hatte nur geschlafen und öffnete endlich die Tür. Mann war ich froh. Dann husch, husch ins Körbchen. Schlaf ist die beste Medizin. Ich hatte ja noch mehrere Tage und Flieger vor mir auf diesem Trip.

Zarte Gewächse und harter Stahl

Doch nach mehreren Stunden hielt es nicht mehr aus. Vollgepumpt mit allerlei Fiebermitteln orderte ich ein Taxi. Ein Weltreisender muss tun, was ein Weltreisender tun muss – neue Städte besichtigen. Deshalb schnell durch die italienisch angehauchte Stadt. Denn die Südeuropäer hatten ja mal ihre kolonialen Zelte hier aufgeschlagen. Das Schmankerl im Fieberwahn war jedoch der Panzer- und Autoschrottfriedhof außerhalb von Asmara. Zarte Pflanzen und stachelige Kakteen sprießen aus dem Boden und überragen metallisch dahinrostende Fahrgestelle, löchrige Stahlkolosse und Lastkraftwagen. Dazwischen grasen einzelne Ziegen und Kühe

69

und lassen sich vom Besucher dieses Freilichtmuseums nicht stören.

Estland – Deutschartiges Land mit russischem Einschlag

Dann auf nach Tallinn. In der estnischen Hauptstadt auf dem zentralen Marktplatz der Altstadt sieht's aus wie auf dem Alten Markt in Köln. Da hätte ich ja auch da bleiben können. Der deutsche Ritterorden hat hier also seine Spuren hinterlassen. Einziger Unterschied zu Deutschland und Köln im Speziellen – hier wird mehr Russisch gesprochen.

Wodka Test Trinken

Estnisch gibt's auch – hört sich an wie Finnisch. Neben der üblichen Stadtrundfahrt in der Rikscha, dem Ansehen deutschtypischer Altbauten und dem obligatorischen Genuss des lokalen Wodka-Getränkes hat mich die Stadt nicht wirklich von den Socken gerissen. Gute Entscheidung für nur eine Nacht. Zudem stand ja am nächsten Tag die Hochzeitsfeier meines besten finnischen Freundes in Helsinki an. Da musste ich ja fit sein.

Angst vor dem großen Bruder im Osten

Die russische Nähe und die Okkupation der Russen im 20. Jahrhundert haben in der estnischen Seele einen tiefen Eindruck hinterlassen. Viele Esten befürchten neuerliche Invasionen von Putins Gnaden und haben einen gewissen Argwohn gegen ihren großen Nachbarn.

Tipps Estland:

1. In der Altstadt Tallinns offeriert das Restaurant ‚Oder Hansa' Bierfleisch. Das Ambiente des Restaurants ist im Mittelalterstil. Sehr rustikal.
2. Das kleine Dorf Roka mara ist etwa 45 Minuten entfernt von Tallinn. Auch hier wird das Mittelalter lebendig.
3. Trotz allem alten Zeug hatte Estland als erstes Land freies Wifi in den Taxis.

Fiji – Cloud 9 Vergnügen und Golden Girls

Weiterflug nach Fiji. Zum dritten Mal ging es für mich in den touristisch sehr gut erschlossenen Inselstaat. Um in die benachbarten pazifischen Länder zu gelangen, ist Fiji ein gern besuchtes Drehkreuz.

Bereits bei Ankunft am Flughafen kann man sich die Reiseprospekte für Tages- oder Halbtagestrips mitnehmen. Die Auswahl reicht von Schnorchel- oder Tauchtouren über Island Hopping oder Sunset Cruise. Somit hatte ich bereits in der Immigrationswarteschlange meine Drei-Tages-Planung fertig gemacht. Nur noch schnell den Stempel und ab ins Hotel.

Dream a little dream of Traumstrand

Mehrere Tage Aufenthalt im lauschigen Smugglers Cove. Das Mittelklasse Hotel bietet von ansprechenden Zimmern bis hin zum Hostelanteil mit geteilten Räumen für jeden Geldbeutel etwas. Privatstrand, kleiner Pool, Bars und coole Atmosphäre machen den Aufenthalt zum Traum. Da der Strand Richtung Westen liegt, gibt es geniale Sonnenuntergänge – am besten mit einem der beiden lokalen Biere: Fiji Bitter oder Fiji Gold. Seit Oktober 2018 offeriert das Ramada Hotel gleich daneben eine hochpreisige Luxusvariante. Frisch aufgemacht. Somit hat man die Qual der Wahl.

Cloud 9 High life

Focus auf diesem Trip: Tagestour zur Cloud 9 im Mittelpunkt. Cloud 9 ist eine schwimmende Plattform für ca. 30 Leute. Etwa 5 Stunden lang kann man bei guter Musik, Pizza, und diversen soft und hard Drinks die Sonne und das klare Wasser von Fiji genießen. Ein Traum. Sicherlich bietet sich die Cloud 9 auch für Hochzeitsfeiern oder für einen runden Geburtstag an.

Blondinen bevorzugt

Zweite Nacht in Fiji. Noch mal ein Bier oder doch eher nicht? Kalorienzählen. Allein auf weiter Flur. Irgendwelche dumme Sprüche bringen, um einen Tischnachbarn zu bekommen? Blödsinn. Wer bin ich denn? Also strategisch selbst anlabern lassen. Deshalb am besten Tisch mit zwei Blondinen teilen. Das geht immer. Komisches Essen bestellen. Lächeln hier, Augenaufschlag da. Schon gibt's 'nen Talk. Und dann gesellten sich noch zwei ihrer Bekannten zu uns. Somit endete der Fidschi-Aufenthalt mit vier Blondinen. Auch nicht schlecht. Fiji Gold!

Tipps Fiji:

1. Der Tagestrip zu Cloud 9 ist für Partyfreunde der Tipp schlechthin. Die Location eignet sich auch für Geburtstagsfeiern.
2. Beach Comber Island ist als Day Trip auch nicht ohne.
3. Fiji Gold – Das beste Bier weit und breit in der Gegend.

Finnland – Trink- Powerplay in Helsinki

Es gibt ja Trinknationen wie Deutschland, England, Russland. Ha! Da habe ich doch beinah die Finnen vergessen. Schließlich hatte ich in meinem Afghanistaneinsatz das vorzeitige Missionsende zweier Nordmänner erleben dürfen, die wegen Trunkenheit nach Europa heimgeschickt worden sind.

Obwohl der Stoff im hohen Norden schweineteuer ist, wird da reichlich konsumiert. Kein Wunder bei den langen depressiven Wintertagen, wo die Sonne sich nicht blicken lässt. In Afrika wird gevoegelt, im Norden Europas gesoffen, um sich die Langeweile zu vertreiben.

Finnische Trinker und Hochzeitsreden

Deshalb wunderte es mich auf der finnischen Hochzeit auch nicht, dass bereits am Nachmittag um 15:00 Uhr zu Kaffee und Kuchen „Finlandia"-Wodka kredenzt wurde. Kein Wunder, dass zwei Stunden später meine Hochzeitsrede so begann: „Hey, liebe Freunde aus Finnland, ihr seid betrunken. Ich bin betrunken. Deshalb machen wir es kurz und ich lasse die finnische Übersetzung weg." Mir wurde das mit Applaus und Gelächter gedankt und ein neuerliches Prosit angehoben. Kippes – Prost! „Eine Fremdsprache lernt man beim Trinken oder auf dem Kopfkissen der Freundin", sagte mal eine Russischlehrerin an der Universität. Recht hat sie.

Zu dir oder zu mir – am besten, wir machen es gleich hier

Zwei, drei Wodka später bahnte sich eine finnische Überraschung auf der Tanzfläche an. Eine Einheimische wollte plötzlich ein wenig mehr als Händchenhalten. Problem: Nicht nur mit Kind und ehemännlichem Kegel vor Ort, machte ich mir so meine Gedanken ob des guten deutschen Gästeklimas, wenn ich da zum Zuge kommen würde. Will ich riskieren, dass ich hier durch die finnischen Hünen kaltgemacht werde und wir wieder die bösen Deutschen auf Eroberungstour sind? Nein! Das geht doch nicht. Doch da hatte ich die Rechnung ohne die finnische Gegenoffensive gemacht. Dem weiblichen Drängen konnte ich nur nachgeben und versuchte noch zu verzögern, indem ich die fehlende passende Lokalität ins Spiel brachte. Hotelzimmer? Ehemannalarm! Also, nein! Damenklo? Männerklo? Hm. Beides mit Gästen überfüllt, grübelte ich noch und sah das Schild des Rollstuhlfahrers. Logo! Da ist eh keiner drauf, und mehr Platz braucht's auch nicht. Ein Mann muss tun, was ein Mann tun muss. Die Gene sind schuld. Die Geschichte sowieso. Deutschland wieder auf Eroberungstour.

Schlechtes Gewissen spült man runter

Bis dahin hatte ich die Nacht jedenfalls unfallfrei überstanden. Peinlich wurde es nur noch, als der Ehemann mir an der Hochzeitsbar einen ausgegeben hat. Nicht weil seine Herzdame mir den Hof machte, sondern weil ich ein guter Gast wäre. Wenn er sich da mal nicht getäuscht hat. Ich hatte jedenfalls ein schlechtes Gewissen, war aber zu betrunken, um irgendwelche Gespräche anzufangen bzw. weiter über den Sinn und Unsinn des Lebens nachzudenken.

In der finnischen Saunahitze

Bei einem Finnlandbesuch darf natürlich auch ein Saunagang nicht fehlen. Mein Freund Vesa hatte extra einen typischen Saunagang organisiert. So mit Grillen, finnischen alkoholischen Köstlichkeiten sowie dicht an der Ostsee. Insgesamt waren wir vier Mann in der kleinen Hitzekammer. Jeder hatte das obligatorische Bier – das Aroma vom erhitzten Weizen erinnerte mich an meine Kindheit. Da hatten wir immer Toast auf dem Grill. Gleicher Geruch. Da kommt Freude auf – zumal der Alkohol durch die Hitze doppelt knallt.

74

Die Erleuchtung in der baltischen See

Als notorischer Nicht- Saunagänger (ist mir zu heiß) konnte ich es nach knapp 20 Minuten nicht mehr aushalten. Ich gab mir die Blöße und fragte nach der Prozedur, wann denn endlich der Hitzeraum verlassen werden könne. „Na, jetzt", meinte mein Kumpel verschmitzt, machte die Tür auf, nahm Anlauf auf dem kleinen Steg und sprang mir nichts, dir nichts in die baltische See. In der Schule hatten wir ja gelernt, niemals in unbekannte Gewässer zu springen. Aber wenn der Finne das kann, dann muss es wohl gehen. Ohne groß zu zögern: 50 Meter Sprint und plopp ins Wasser. Ich glaube, das ist in all den sechs Jahren des schnellen Reisens einer der intensivsten Momente meines Lebens gewesen. Im Moment des Eintauchens fühlte ich mich so hell, so klar. So glücklich. So erfrischt. Kein Wunder, von knapp 50 Grad plus auf knapp 10 Grad über Null heruntergekühlt. Mein Gott! Das Leben ist schön. Kaum aus dem Wasser – der ganze Körper hart wie schockgefroren –, hatte ich schon das nächste finnische Bier in der Hand. Kippes!

Tipps Finnland:

1. Sauna an der Ostsee mit Hochprozentigem. Am besten genießt man beides mit den Locals. Die sind trink- und saunafest.
2. Für den Winter gibt es den Wintersport, Eisfischen, sowie die Nordischen Lichter (in Lappland im hohen Norden). Schneemobile sowie Husky Safaris ergänzen das Winterprogramm.
3. Finlandia – Für Vodka- Liebhaber: Prost – Kippes auf Finnisch!

Frankeich – Land der Liebe

„Warum fährt man als Deutscher nicht nach Frankreich mit dem Auto?" Genau: Die Deutschen nehmen in der Regel den Panzer. Der Franzose würde dann antworten: „Ja mein Lieber: Du kommst mit dem Panzer, aber zurück, geht es dann immer auf dem Fahrrad oder zu Fuß – dank alliierter Hilfe!"

Die Beziehung zwischen den Deutschen und Franzosen war seit jeher eher eine Hass – Liebe. Und wenn es dann doch mal zum großen Liebesknall kommt zwischen Deutschen und Franzosen wird gleich geheiratet. So auch im Sommer 2012.

Französische Vokabeln im Beachclub

Wie flirtet ein Franzose? Er / Sie beginnt einfach an zu reden. Egal was gesagt wird es hört sich an wie ein Liebesgedicht. Und beim Deutschen? Da hört sich alles an wie ein Marschbefehl. Zum Glück hat es dann doch geklappt mit einer deutsch-französischen Hochzeit. Hochzeit am südfranzösischen Strand meines Kumpels Stefan mit seiner Stephanie. Wie romantisch. Top. Gefeiert wurde die deutsch-französische Liebe bei Cap d'Agde. Nobel. Nobel. Drei Tage lang. Freitag – der Auftakt mit Kennenlernen der Familien und des französischen Weines. Ich kombinierte den Trip doch gleich mit einem Abstecher nach Monaco mit knapp vier Stunden Aufenthalt samt Fotos von Yachten und Ferraris und einem Selfie mit Champagnerglas.

Beschnuppern der Party People

Von Monaco mit zwei Stunden Verspätung die malerischen Strandpromenaden entlang mit dem Zug Richtung Westen. Auf zum Party-Platz der Hochzeit. Am Freitagabend sollten sich die Familie und Freunde kennen lernen und bei einem oder zwei Gläschen besser beschnuppern. Zudem wartete das

Viertelfinale der EM mit deutscher Beteiligung. Deutschland machte wie immer den Sack zu. Selbigen Zustand hatte ich auch bald in der Nacht. So dass ich keine weiteren Erinnerungen mehr an den Abend hatte.

Französische Vokabeln im Beachclub

Am Morgen gönnte ich mir noch flugs einen relaxten Beachclub-Aufenthalt, wo ich erst mal an der geplanten Hochzeitsrede feilte. Deutsch-Englisch hatte ich schon, doch nach ein, zwei Glas Bordeaux fügte ich noch mit Hilfe der charmanten Bedienung ein holpriges Französisch hinzu. Der Abend konnte kommen. Ich war bereit. Très bien!

James Bond kriegt sie alle

Wieder eine Hochzeit. Wieder schwarzer Smoking. Wieder eine Hochzeitsrede. Ohne großes Aufhebens erschien wieder eine Dame aus dem Publikum, die mir die Aufwartung machte. Entweder liegt es daran, dass mein 1000-Euro-Smoking besonders James-Bond-like daherkommt, meine Hochzeitsansprachen immer den richtigen Pfiff haben, oder daran, dass es auf jeder Hochzeit in der Welt immer ein, zwei Damen gibt, denen es an Liebe und Zuneigung mangelt. Okay. Der Alkohol und die Partylaune können natürlich auch eine Rolle spielen.

Paris Mon à mour

Dann Paris. Die Stadt der Liebe. Allein. Nicht doch. Traf ich hier doch eine alte Freundin wieder, mit dem Plan, unterm Eiffelturm Baguette und Wein zu konsumieren. Wie romantisch. Genau. Aber im von England herübergeschwappten Regen musste umdisponiert werden. So logierten wir in einem französischen Café um die Ecke. Das ging auch. Ich erzählte ihr von meinem Sightseeing-Programm in Paris mit Eiffelturm, Seine,

Stadtrundfahrt, Louvre etc. Immer wieder dachte ich, der Eiffelturm sieht doch aus wie der Berliner Funkturm oder der TV-Turm in Tokio in Japan. Aber alle Welt macht einen Riesenzirkus drum. Bei der späteren Fotoschau meinerseits hatte ich ihn dennoch auf jedem zweiten Schnappschuss abgelichtet. Man kann halt nicht ohne ihn.

Feilschen unterm Eiffelturm

Das Dinner war recht teuer. Wie so vieles in der französischen Hauptstadt. Selbst ein normaler Kaffee kostet bis zu acht Euro. Schnäppchen dagegen waren die Souvenirs. Unterm Eiffelturm traf ich einen Händler, der fünf Minitaturtürmchen als Schlüsselanhänger für einen schlappen Euro verkaufte. Ich wollte ihm den Tipp geben, doch einen höheren Preis zu verlangen. Doch entweder war mein Englisch-Französisch oder seines nicht so gut. Denn er gab mir für den gleichen Preis noch einen Turm obendrauf. Top. 6 Eifeltürme als Schlüsselanhänger für einen Euro. Denn ich bringe immer gern meinen Kollegen und Freunden kleine Mitbringsel aus aller Herren Ländern mit. Das freut sie und mich. Sehr schön. Immer an die Daheimgebliebenen denken.

Tipps Frankreich:

1. Kein Visit von Frankreich ist komplett ohne Paris und kein Besuch von Paris ist komplett ohne den Eifelturm. Dazu Wein, Baguette, Käse sowie Froschschenkel wer es mag.
2. Ähnlich wie bei Großbritannien lohnt auch ein Besuch ueber den Tellerrand hinweg: French Guyana, Mayotte, Tahiti, Guadeloupe usw. Die Kolonialvergangenheit brachte fette Beute an Übersee Territorien zum super Strandfeeling.
3. Erlernen der französischen Sprache öffnet so manche Flirt-Türe.

Gabun – Falsches Hotel nicht gefunden

Es gibt Momente im Leben eines Reisenden da reicht ein Blick und man erkennt: Nee, die Person vor mir braucht gar nichts zu sagen und man weiß Bescheid: Der Typ hat keine Ahnung.

Meist ist hier die Rede vom Taxifahrer in einem Ort far, far, far away an einem Airport. Den Namen des Hotels hat er nie gehört, da er eh nur immer in die 5 Sterne Etablissements düst. So auch bei Ankunft in Gabun. Vorab waren jegliche Versuche gescheitert eine Abholung vom gebuchten Hotel zu bekommen und jegliche Taxifahrer machten stets große Augen.

Je später der Abend, desto schäbiger das Hotel

Deshalb die Adresse in Landesprache auf der Hotelbuchung genutzt. Auch Fehlanzeige. Trotzdem fuhren wir los. Ich wusste, mit jeder Minute Fahrt sanken die Chancen am späten Abend das besagte Hotel zu finden. Die Telefonnummer auf der Buchung half auch nicht weiter, da keiner an das Telefon ging. Da ich wieder mal schnell unterwegs war, sollte es am Morgen schon weiter gehen in das nächste Land. Doch erstmal Etablissement. Während der Fahrt ins Ungewisse faselte der Typ irgendwas von anderem Hotel – bei dem er sicher eine fette Kommission kassierte. Nach einer gefühlten Ewigkeit und einer Kosten-Nutzen-Erholungsrechnung, schrieb ich die 80 Dollar für das erste Hotel ab und buchte für ca. 70 Dollar das Kommissionshotel. Sowas nennt man dann Kollateralschaden des Reisens. Aber bei ca. 30 Ländern im Jahr in den letzten 10 Reisejahren gibt es eh pro Jahr ca. 3000 Euro an solchen Verlusten. Danach gilt es dann wieder anstatt Sekt, Selters zu ordern, um die unnötigen Ausgaben wieder auszugleichen.

Gambia – Übernachtung an der Grenztankstelle

Du kommst hier nicht rein. Grenze dicht. Ende aus Mickey Maus. So geschehen bei meinem Trip von Senegal durch Gambia nach Guinea Bissau und zurück. Am Morgen ging es noch von Gambia raus ins benachbarte Senegal Richtung Süden auf dem Weg nach Guinea- Bissau. Doch am Abend wollten wir wieder zurück. Fehlanzeige. Und das kam so:

Bonbons – Das Aufputschmittel in Westafrika

Die Buchung mit einer lokalen Reiseagentur samt Fahrer, Guide und Vehikel waren vielversprechend. 12 Stunden Autofahrt vom Hotel am Strand mit super sunset blick ging echt gut los. Durch endlose Küstenlandschaften, über Schlammstraßen, vorbei an winkenden Kindern und mürrisch dreinblickenden älteren Locals. Mal wachte ich und knipste, mal schlief ich, mal döste ich auf der Beifahrerseite. Mein Fahrer hingegen putzmunter. Ohne Kaffee, Tee oder andere aufmunternden Drogen. Er lutsche immer nur diverse gelbe Bonbons. Das machte wach.

Ist er zu stark, bist Du zu schwach

Er reichte mir einen solchen Drop. Erster Eindruck: Unspektakulär. Süß. Doch nach ca. zwanzig Sekunden: Bam. Ein sweet bitter Ginger taste trieb mir die Tränen in die Augen. Mir wurde heiß und kalt. Fast wie bei Fieberanfällen. Klar, dass da man da auch bei totaler Übermüdung nicht einpennt.

Wer den Autoschaden hat, braucht für den Stopp nicht zu sorgen

Wir wollten zurück, kamen gerade aus Guinea Bissau. Wir hatten schon jede Menge Zeit verloren. Reifenpanne, Öl alle und noch ein Motorschaden zwangen uns zu diversen Stopps an Werkstätten, die jeglicher Beschreibung spotteten. Trotzdem machten die hemdsärmeligen Techniker gute Arbeit und wir erreichten bei einbrechender Dunkelheit die Grenze Senegal-Gambia. Wir wollten nur kurz die Grenze passieren und dann schnell ins Hotel, das wir am Morgen verlassen hatten. Doch die Autoschlange vor uns Richtung Grenze ließ nichts Gutes erahnen.

Lost in Afrika

Mein Fahrer checkte die Lage, die Grenze war dicht. Wegen irgendwelcher politischen Spannungen sollte die Grenze geschlossen bleiben. Mann oh Mann. Ich musste jedoch am nächsten Tag zum Flieger. Lost in Afrika. Lost in Culture sowieso. Ich war der einzige Weiße und trotz Öl verschmierten Trekkingklamotten bildete ich noch ein leuchtendes Ziel – besonders in der Dunkelheit.

5 Sterne deluxe

Er beruhigte mich; wir konnten ja auch an der Grenze pennen. Gesagt getan. In einer heruntergewirtschafteten Tankstelle ging es zur Bettruhe. Nix da 5 Sterne. Backseat deluxe. Ganz ok. Wir verloren zwar viel Zeit aber am Ende drückte er am nächsten Morgen nochmal aufs Gas, so dass der feine Herr auch ja seinen Flieger bekam. Ich bedankte mich artig und gab reichlich Trinkgeld. Wir blieben in Social Media Kontakt.

Hammelkeule zum Opferfest

Nach etwa 1.5 Jahren zu Zeiten des islamischen Opferfestes schrieb er mich an und fragte, ob ich ihm denn aushelfen könne, zwecks Hammelschlachtung. Ich dachte, gebe ich einmal Kohle, dann gibt's permanente Anfragen. Ich bin ja nun herzensgut manchmal und seine Fahrleistungen waren ja auch allererste Sahne. Zudem wollte ich auch nicht fragen wieviel denn so ein Hammel koste. Er machte auch keine Angaben in seiner Anfrage. 100 Dollar dachte ich, sind ok. Sie waren es auch. Family happy, Spender happy.

Georgien – Stalins langer Marsch nach Hause

Alle großen Diktatoren und Despoten der letzten 200 Jahre scheinen aus dem Ausland zu kommen: Napoleon stammt aus Korsika, Hitler war Österreicher, Stalin war Georgier. Und alle hatten ihre große Wiederkehr nach einem Gefängnisaufenthalt.

Soweit Stalins Füße tragen

Der Kaiser der Franzosen konnte aus dem Nix von Elba straight forward 100.000 Mann mobilisieren und nach Waterloo führen. Adolf schrieb in Gefangenschaft „Mein Kampf" und verführte die Deutschen und machte Krieg mit der ganzen Welt. Sein Counterpart Stalin lief etwa 1000 km nach Haus durch Eis und Schnee aus der Gefangenschaft. Das lernte ich bei dem Besuch in Georgien im Stalinmuseum. Ist das Propaganda oder ist die Realität? Egal. Die Story hat es in sich. Ich glaubte dran und kaufte natürlich die Stalin-Streichhölzer im Museumsshop. Passend dazu mit dem Kopf vom berühmtesten Georgier drauf.

Tipps Georgien:

1. Stalinmuseum, um das Leben eines der größten Leader und Diktatoren des 20. Jahrhunderts zu reflektieren. „MK12" Hostel für lodging Atmosphäre und easy peasy staying.
2. Mother of Georgia Statue for hiking in morning evening with nice sunset / sunrise.
3. Die botanischen Gärten in der Hauptstadt laden zum Flanieren ein. Ok. Mediation ist auch drin.

Ghana – Mit dem Mountainbike zum Ironman

Ghana, Togo, Benin, Nigeria – alles in einem Abwasch. Reiseunternehmen gebucht. Privates Auto. Privater Fahrer. Abholung am Airport in Accra. Dann gleich zum Sightseeing. Leuchtturm mit Rundumblick an der Küste. Dann wieder runter. Auf den Fischmarkt. Bestialischer Gestank. Die Fischgedärme samt Fliegen bei 40 Grad Hitze verrichten ganze Arbeit. Dann weiter auf die Autobahn.

Der kluge Mann bestellt vor

Autobahn mit Fahrrad versteht sich. Wieso Fahrrad? Es stand halt wieder irgendein Ironman-Triathlon an und ich musste ja noch im Training bleiben. Somit Training mit Sightseeing, denn Ironman Triathlon in Mallorca gab es in mehreren Wochen. Bike- Mileage to do. Best on roads in Africa. Genau! Denn das hatte ich schon einmal getestet. Ich hatte bei diversen anderen Trips festgestellt, dass die befestigten Straßen in Afrika meist in gutem Zustand sind. Deshalb jetzt auf dem Mountainbike schnurgerade fahren bis zum Horizont. Mein Tourguide fährt mit Auto voraus und wartete jede 30 Minuten auf mich. Sicher ist sicher. Helm natürlich selbst mitgebracht. Das Fahrrad hatte ich vorab bestellt. Ein klappriges Mountainbike. Naja. Muss gehen bzw. fahren. Los geht's!

Wasser im Eimer auf dem Kopf

Nach ca. zwei Stunden und 55 Kilometern Ankunft an einem Fluss. Mit dem kleinen Kanu ging es rüber zu einem kleinen Hostel. Uns kamen viele Kinder mit Eimern auf dem Kopf entgegen. Wasserholen vom Fluss. Dann wieder zurück zum Dorf. Barfuß mehrere Kilometer. Jo und in Europa beklagen sich die kleinen Racker, wenn sie mit zehn noch kein IPhone haben.

African Dance Music

Aber für mich erstmal eine Dusche. Im Hof des kleinen mit mehreren Buden ausgestatteten Etablissements war ein Brunnen umkränzt von runder Mauer als Sichtschutz. Mit kleinen Plastikeimern füllte ich das kühlende Nass rein. Das war die Dusche. Rudimentär, aber wirkungsvoll. Fast wie eine Dschungeldusche. Zum Mittag gab es Maniok. Schmeckt wie Kartoffeln aber ist flach wie Kartoffelbrei. Am Nachmittag ab zur Dorf-Party mit Dorf-Disko. Wochenende in Afrika. Tanzen African style. Da ist man als Deutscher nur Zaungast. Deshalb genoss ich die Unterhaltung bei einem lokalen Bier und ließ den Tag ruhig ausklingen. Denn schon am nächsten Morgen sollte es nach Togo gehen.

Tipps Ghana

1. Accra ist ein guter Hub für Südwestafrika.
2. Naturduschen in hitziger Atmosphäre ist einfach klasse.

Griechenland – 2 x Stopover mit Ouzo und Moussaka

Ouzo, Moussaka, Olympiastadion, Akropolis – Diese vier Sachen sind die Minimum-Anforderungen für einen Griechenland besuch. Auch wenn es nur zum 10 Stunden Stopover reicht. Deshalb 100 Euro dem griechischen Taxifahrer für vier Stunden Athen-Besuch in die Hand gegeben. Und dann Taxi marsch, marsch!

Im Sauseschritt zu den griechischen Göttern

Durchs Verkehrsgetümmel flogen wir zur Akropolis. Dort gut zu Fuß im Sauseschritt mit Kamera bewaffnet hoch. Alle zehn Minuten ein kurzer Fotostop: Selfie, Umgebung, Panorama. Landschaft, Bäume, Sträucher, Menschen, Steine, Säulen, Mauerreste. Klick, klick, klick! Mit Sprints vorbei an den Touristenmassen über Stock und Stein. Dank Kaffeeenergieload on Arrival war die Akropolis schnell abgefrühstückt. Dann ab zum Olympiastadium. Das ging schneller. Von der Straße ein Panoramashot, dann schnell zweihundert Meter ins ovale Rund, einen Handzettel zwecks Informationen eingesackt und dann weiter. Fehlten nur noch der Ouzo und das Moussaka. Wird auf dem Airport erlegt – in der Abfluglounge. Wo sonst. Griechenland im Sack. Zack, zack!

Tipps Griechenland

1. Akropolis ist die eine Sache, das archäologische Museum dort die andere. Am besten beides in Kombination. Das bringt intellektuellen Mehrwert.
2. Santorini – Megaromantische Küstenstadt. Am besten nur als Paar. Gleiche Liga wie Seychellen, Mauritius und Malediven.
3. Ouzo, griechischer Wein, sowie Souflaki. Ein Genuss, der muss.

Grenada – Natural Pools

Karibikkreuzfahrt. Auf Grenada verlor ich mein kleines Reisebüchlein, das sogenannte „Globetrotters Logbook". Obwohl nur für zehn Euro gekauft, hatte es mittlerweile einen Wert von ungefähr 300 Euro für mich. Denn in diesem sind alle Länder und einige Territorien der Welt verzeichnet, die man mit einem persönlichen Souvenir versehen kann, wenn man denn in einen dieser Orte reist.

Lost in Paradise

Das können entweder Einreisestempel am Flughafen sein, bunte Briefmarken oder aber eine persönliche Widmung eines Tour-Guides. Zu dem Zeitpunkt hatte ich etwa 158 Länder bereist und zahlreiche Souvenirs reingemacht. Oh, mein Gott! Es ist weg. Verloren. Ich müsste es erneut kaufen und neuerliche Andenken sammeln – sicher kein Problem. Die alten Souvenirs blieben somit nur in meiner Erinnerung. Dadurch war meine Stimmung den restlichen Tag über getrübt.

Zwei Engel der Nacht

Doch abends um ca. 18:00 klopften zwei Mädels an meine Tür des Kreuzfahrtschiffes und zeigten mir mein Buch. Der liebe Gott hatte Erbarmen. Freigetränke für beide, den ganzen Abend. Sie hatten das Buch im Gras liegen sehen, waren beide auch zum Tagesausflug im selben Park unterwegs und schauten sich das Buch den ganzen Nachmittag über am Strand liegend an. Zum Glück hatte ich bereits einen Aufkleber von der Aida-Kreuzfahrt samt Kabinennummer im Buch. So konnten sie mich leicht finden. Glück im Unglück! Und Freigetränke Marsch, Marsch!

Großbritannien – Mehr als nur London

Kurz nachdem der Engländer einen gehoben hat, beginnt er zu singen. Kurze Zeit danach wird über die Kriege gegen die Deutschen philosophiert. Und dann startet die „Ich liebe Adolf Hitler" Arie samt passenden Grußformeln. So der Eindruck von diversen englischen Kameraden, die man entweder auf Mallorca in Sauftempeln, in Afghanistan an der NATO-Front, bei Botschafts-veranstaltungen in Saudi Arabien, in Hostels in Australien, oder in Nepal kurz vorm Everest Base Camp kennenlernt. Grund genug einmal selbst in das Vereinigte Königreich zu düsen, um zu checken, ob denn diese Eigenheiten auch daheim so geartet sind.

Ein Gerücht: Sonne in Schottland

Schottland. Regen, Regen, Regen. Oder Kälte mit Nebel. Wer jemals in Edinburgh oder weiter nördlich Sonne gesehen hat, hat entweder zu viel Scotch intus gehabt oder ist einer gefakten Postkarte auf den Leim gegangen.

Das Beste ist außerhalb der englischen Inseln

In Wales habe ich vergeblich William Wallace gesucht (na, der ist ja auch Schotte), jedoch auch nur Saufkumpanen mitten in der City von Cardiff getroffen. Nicht etwa nachts um 3, sondern wochentags früh um 10 unweit eines Castles. Und was ist mit Nordirland? Da ging die Besichtigungstour auch nicht weiter als bis zum nächst besten Pub. Interessant wird es nach dem Brexit werden. England mit London im Center ist schon ok. Hat man jedoch alles aus dem TV gesehen und wird dank des anglo-amerikanischen Marketingsprechs sehr gut an die Touris gebracht. Das Riesenrad, Big Ben, diverse Schlosser, die Doppelstockbusse sind schon chic und erfüllen die

Erwartungen. Wer jedoch UK von einer anderen Seite sehen will, sollte in die Overseas Territorien düsen: Caymans Islands, Jersey, Guernsey, Isle of Man oder Gibraltar. Da gibt es fast immer besseres Wetter (Jersey, Guernsey), super Strände (Caymans), geile Sehens-und Aufstiegswürdigkeiten (Gibraltar), keine Speed Limits (Isle of Man).

Left over Empire

Summasumarum: Fish und Chips und billiges Bier sind nicht jedem sein Geschmack, doch der Mix aus dem verbliebenen Empirefetzen macht Großbritannien sehr speziell. So speziell, dass der penible Leser sicherlich jetzt einen Anfall bekommt, des es gibt ja Unterschiede zwischen England, Großbritannien und dem Vereinigten Königreich. Doch dies sollen schon mal selbige Inselbewohner bei einem deutschen Bier versuchen zu erklären.

Tipps Großbritannien:

1. Englisches Essen: Danach wertschätzt man die gute Küche anderer Länder
2. London ist der Inbegriff des Vereinigten Königreichs. Man liebt es oder man hasst es.
3. Enjoy the Royal Family solange es sie es noch gibt.

Guatemala – Gefährlichster Trainingslauf der Welt

Oh Mann. „Du bist verrückt in einer der gefährlichsten Städte laufen zu gehen", sagte erbost meine Triathlon Freundin via Textmessage, als ich ihr mitteilte, dass ich am

Morgen eine Runde laufen war. In Guatemala-Stadt wohlgemerkt.

Einem nackten Sportler kann man nicht in die Tasche greifen

War es denn wirklich so gefährlich? Schließlich muss doch ein Läufer tun was ein Läufer tun muss. Am besten vor dem morgendlichen Frühstück mit einer Koffeinladung im Blut dann wird der Workout auch schon gut. Das macht Triathlon Weltmeister Jan Frodeno auch so. Sicherlich gibt's hier und da Haudegen an den Straßenecken, die auf fette Beute warten. Aber he: Keiner erwartet einen crazy Runner mit Shorts und T-Shirt ohne Geldbörse mit 12 km/ h durch die Straßen hechten. Viel weniger haben die Ganoven Lust und Laune noch entsprechende Beine, den Sportler hinterher zu eilen. Somit ist alles gut in Guatemala Stadt.

Deutsche Wertarbeit weltweit: Autos und Bier

Beim Frühstück danach ist es schon genial, wenn man Leute aus der Heimat trifft: Deutsche im Hotel. Zwei wohlgenährte Facharbeiter, die um die Welt tingeln. Nee, keine Autoingenieure, sondern Techniker für Bierbrauereien. Auto und Bier. Das Maß der Deutschen in der Welt. Naja und Blitzkrieg.

Ameisenalarm auf der 7-Gänge-Dinner-platte

Für den Abend hatte ich ein Treffen über die Internetplattform: Internations arrangiert. Dies ist eine Website für Expats weltweit. Sie können sich dann durch lokale Meetings vernetzen und Erfahrungen austauschen. Ich nutzte dieses Online Tool, um mich mit anderen Leuten mit ähnlichen Background zu treffen. Zu dem Zeitpunkt war ich sogenannter Botschafter in Riyadh, Saudi Arabien und organisierte solche

Meetings und Dinner. Smit konnte ich auch leicht andere Botschafter weltweit treffen.

Diesmal halt in Guatemala. Dort hatten zwei, drei Leute ein Mehr-Gänge- Menu arrangiert in einem tollen Restaurant toppi Restaurant. Kleine Portionen, große Preise. Das Highlight waren jedoch die Speisen: wie zb. Ameisen allerlei. Satt wurde man davon nicht aber Eindruck machten diese kulinarischen Extravaganzen.

Guinea – Ein Chicken, zwei Bier, 3 Stunden Schlaf

Ankunft bei Regen in Conakry Airport. Regen. Schnell ab ins Hotel. Das Arrival beer klar machen, fix was essen. Dann eine Mütze Schlaf und dann wieder in vier Stunden zum Airport. Das Bier: Guiluxe. Das Chicken: Gebraten. Die Nacht: Kurz.

Da die Flüge hin- und her gewürfelt wurden, geriet der Aufenthalt kürzer als geplant bei diesem 10-Tagestrip: Riyadh (Saudi Arabien) - Berlin (Deutschland)- Brüssels (Belgien)- Conakry (Guinea) - Casablanca (Marokko) - Freetown (Sierra Leone) - Elwa (Liberia) - Abidjan (Elfenbeinküste). Somit blieb nur Ankunft, Airport, Stempel, Taxi, Hotel, Essen, Trinken, Schlaf, Taxi, Airport, Stempel, Abflug.

Guinea- Bissau – Pleiten, Pech und Pannen

Wir fuhren bereits seit zwei Tagen. Jeden Tag saß mein Fahrer ca. 14 Stunden hinter dem Lenkrad. Ohne GPS, aber mit einem Reiseführer-Buch merkte ich schnell, dass die vom Veranstalter Raum-Zeit-Berechnung nicht passen konnte.

Die westafrikanischen Straßen ließen uns nur langsam vorankommen. Ebenso hinderten uns die mühsamen Grenzkontrollen Senegal-Gambia-Senegal am schnellen Vormarsch. Von Senegal und Gambia aus, hatte ich eine Nacht in Bissau – der Landeshauptstadt eingeplant. Doch auch noch Nachtanken sowie mehrere kleine Pannen verzögerten unsere wilde Fahrt noch mehr.

Pleiten, Pech und Autopannen

Somit entschied ich kurz nach der Grenze Senegal – Guinea-Bissau die sofortige Rückkehr mit Übernachtunghalt im gleichen Hotel in Gambia, das wir am Morgen verlassen hatten. Doch nur ca. fünf Minuten nachdem wir erfolgreich gewendet hatten: Reifenschaden. Luft raus. Platten. Oh Mann! ADAC in der Wildnis gibt es sicherlich nicht und ich war sowieso mit zwei linken Händen ausgestattet. Mein Fahrer und ein alter Touristenführer halfen zusammen das Auto samt Reifen wieder flott zu machen. Die Fahrt verlangsamte sich somit nochmals. Denn mit Not-rad war nur ein Schleichtempo möglich. Nach mehreren Stunden erreichten wir eine Werkstatt in einer kleinen Siedlung.

Spannungen in Westafrika

Nachdem auch diese Reparatur endlich fertig war, sollte es weiter gehen Richtung Gambia. Gleich Grenzkontrolle im Sonnenuntergang und dann ab ins Hotel. Genug Fehlleistungen für heute. Doch was ist das? Der Verkehr staute sich. Mein Fahrer checkte die Lage. Grenze dicht. Irgendwelche sicherheitspolitischen Spannungen zwischen Gambia und Senegal. Wie lange? Das wusste keiner zu sagen. Deshalb: Übernachtung im Jeep an einer Tankstelle anstatt in einem Hotel. Am Morgen weiter. Grenze immer noch dicht. Wir mussten um Gambia herumfahren, denn alle Grenzposten waren weiterhin geschlossen. Wir mussten ja irgendwie nach Dakar kommen. Ende vom Lied: Alle Länder auf dieser Tour besichtigt. Zu kurze Zeit in Guinea- Bissau jedoch. Dafür aber pünktlich zum Flieger.

Guyana – Die Ölbohrer an der Hotelbar

Interessant: Sprachlich gibt es einige Länder, die ähnlich klingen, aber kulturell und geografisch nicht nur meilenweit auseinander liegen, sondern vielmehr ganz, ganz weit voneinander entfernt sind: Guyana und French Guyana in Südamerika; Guinea, Guinea- Bissau, Äquatorialguinea – allesamt in Afrika sowie Papua Neuguinea in Ozeanien.

Offshore work is dirty work

Der Kurzabstecher nach Guyana mündete in interessanten Gesprächen an der Hotelbar in einem kleinen Hotel mit Pool und froher Weihnachtsbeleuchtung. Beer connecting People. So lernte ich von diversen Offshore Arbeitern den stressigen

Arbeitsalltag an Bord einer Ölplattform kennen. Südamerika sei quasi im Allerwertesten – zumindest was die Ölproduktion und deren Nutzung angehe, so meine Trinkkameraden. Besonders sei hier Venezuela erwähnt. Ob das nun mit dem Öl, dem verstärkten Elektro-auto Verwendung, an der sozialistischen Staatsausrichtung liege – das konnten wir an dem Abend nicht klären.

Haiti – Hotel stay for relaxation

According to Trump: Shithole Country. Natürlich kann man infrage stellen, ob der Repräsentant of Gods owns Country so etwas sagen sollte, aber Fakt ist, Haiti und wie halb Afrika nicht an Nummer 1 der Traveler Favoriten Liste. Da ist ja was dran. Egal, die Leute sind nice.

Mit Minitransportern durch den Verkehrs-Dschungel

Das Straßenbild ist geprägt durch die TAP Cars – einfache Pickup Trucks, die durch eine spartanische Überdachung als Minibus fungieren. Diese fahren diverse Routen durch die Hauptstadt Port Prince und sammeln Leute am Straßenrand auf. Die Bezahlung ist per Cash an den Fahrer. Ähnliche Konzepte gibt es weltweit. So auch in Manila in Philippines mit den Jippnees. Auch Minitrucks jedoch mit verstärktem Dach. In Istanbul in der Türkei heißen die Minibusse Dolmus und sind eine günstigere Alternative zu den Linienbussen. Um Land und Leute günstig kennenzulernen sind solche Transportmittel die wahre Pracht. Für Leute die menschenscheu bzw. auf Sicherheit aus sind, sind diese nicht zu empfehlen.

Honduras – Charity Projektschule

„Hey bevor Ihr Euch die Finger brächt, gebt mir bitte die Kamera", sagte ich zu zwei Damen, die in der Oper neben mir saßen. Beide wollten ein Selfie von sich machen, hantierten aber meines Erachtens zu lange mit ihrem Telefon herum. Ende vom Lied: Ich setze beide gut in Szene und der Schnappschuss war Auftakt für ein interessantes Gespräch in der Oper und mehreren Bier nach der Veranstaltung in Ulan-Bator, Hauptstadt von Mongolei.

Trinken für Charity

Beide arbeiten mehr oder weniger ehrenamtlich für Happy Bambini e.V. einer Charity Organisation, die Kinder-Projekte durchgeführt. Unter anderem auch in Honduras. Der reiche saudische Expat immer auf der Suche nach weiteren Investitionsprojekten (Anteilig an einem Pub in Bukarest) war offen für Geldgebereinen. „Ich spende Euch Geld für den Bau der kleinen Dorfschule", sagte ich. „Was ist dann aber mein Return on invest?" Die beiden Damen guckten verdutzt. Das sei doch für einen guten Zweck. Ich dachte aber in eine andere Richtung: Einer der Gründer von SAP Hasso Plattner hat das Hasso Plattner Institut gegründet in Potsdam. Somit konnte ich doch auch eine Lehranstalt mitfinanzieren. Natürlich auf kleineren Niveau. Und wenn ich beim Pub in Bukarest (Mojo) Gewinne mache gibt's gleich ein kreatives Motto: Saufen für Charity. Gesagt, getan.

Thomas Brackmann Schule

Es dauerte einige Zeit bis das Geld zusammen war sowie die Formalitäten geklärt waren und natürlich die Schule gebaut wurde. Kurzum: Die Schule trägt heute den spanischen Namen „Escuela Rural Thomas Brackmann". Zwei Klassenräume incl.

Tische und Stühle samt Toiletten bieten etwa 10-15 Kindern neuen überdachten Raum, um zu lernen. Darüber hinaus hat die Charity Organisation immer weitere Projekte am Start. 100% der Spenden werden auch eingesetzt. Wohl deshalb bin ich da auch bei einem Kindergartenprojekt in der Mongolei dabei. Aber das ist wieder eine andere Geschichte.

Tipps Honduras:

1. Die – Ecola de Thomas Brackmann wartet auf weiteren Charity Support.

Indien – Kamasutra mit Dünnpfiff Alarm

„Wenn Du in der Ayurveda liegst, kann dir das Wetter scheiss egal sein", sagte vor Abflug Arbeitskollege Andre. Ich hatte mir nämlich Sorgen gemacht zwecks der Reiseplanung für Anfang Juli nach Goa und Mumbai. Recht sollte er behalten. Zudem ist die Regenzeit in Indien teilweise angenehmer als ein launiger Regen pitsch patsch in Good old Europe.

Doch ein zweites Vorurteil sollte sich als verhängnisvoller erweisen: Man war nicht in Indien, wenn man keine Lebensmittelvergiftung hatte. Das jedenfalls können viele Indienerfahrene bestätigen. Der Mix aus super scharfen Chicken Tikka Masala oder halt mangelnder Hygiene führen zur Abfuhr. Hinten oder vorne. Bei mir war es schon beim Landeanflug auf Mumbai der Fall. Peng! Puff! Bei Landung Immodium und ab dafür.

Indischer Durchfall trifft Großstadtkultur

Drei bis vier Tage hatte ich geplant. Erst Mumbai, dann Goa. Den indischen Subkontinent in vier Tagen zu erschließen, ist natürlich vermessen. Deshalb gilt es zu extrapolieren bzw. von Bekanntem auf Neues zu schließen. Große Städte wie Mumbai

95

sind wie überall in der Welt: Geschichte trifft auf Moderne. Nebenbei gibt's Kultur à la Tempel, das Gandhi-Museum, Gateway of India, Kirchen etc., arme und reiche Menschen, hässliche und wunderschöne Jojoba-Körper, ruhende Pole und pulsierende Viertel. Die eingangs erwähnte Lebensmittelvergiftung mit ordentlichem Dünnpfiff stellte sich bei mir prompt bereits im Zubringerflieger nach Indien ein. Holla, die Wald Fee. Deshalb sollten die folgenden Tage nur ein klägliches Mahl bieten. Dafür aber reichlich Immodium akut. Das Gute an Durchfall: Man verliert rasch Gewicht.

Terrorverkehr in Mumbai

In Mumbai hatte es kurz zuvor mehrere Terroranschläge in Hotels und Restaurants gegeben. Das beruhigte mich. Wieso? Getreu dem Motto des Ersten Weltkriegs, wo es hieß, dass es am sichersten im Bombentrichter sei, denn eine Bombe fällt garantiert nicht erneut auf dieselbe Stelle. Deshalb besuchte ich das entsprechend attackierte Hotel und Restaurant. Alles friedlich. Na ja, der Straßenverkehr ist da von anderer Sorte. Es ist, glaube ich, leichter zwischen Autos, Rikschas, Lastern unter die Räder zu kommen als bei einem Bombenattentat. Wer in Indien war, für den ist jeder europäische Straßenverkehr die reinste Erholung. Selbst der italienische Verkehr in Rom ist dagegen zum Einschlafen.

Die Gnade der deutschen Geburt

Aber so richtig mulmig wurde mir nur, als mir zwei, drei junge Bengels den Weg in die touristischen Highlights der City zeigen wollten – gegen Geld, natürlich. Ich dachte, sie führen mich in einen Hinterhof und versuchen mich dann alle zumachen. Doch die drei Halbstarken würde ich doch mit meinen Judo- und Sambo-Kenntnissen schon in Schach halten können. Deshalb war ich ganz Ohr und auf der Hut. Glücklicherweise entstanden interessante Gespräche rund um indische Lebensart und
96

Kultur, die mich tiefer in das Land haben eintauchen lassen. Armut steht dabei an oberster Stelle, weshalb so viele junge Leute auf der Straße betteln und von der Hand in den Mund leben. Den einen oder anderen Groschen gab ich dann natürlich schon ab und bedankte mich beim lieben Herrgott für die Gnade der deutschen Geburt.

Goa – Indisches Ibiza mit Spa-Treatment

Weiterflug nach Goa. Das billige Hotel in der ruhigen Gegend war noch nicht zimmerfertig. Deshalb orderte ich gleich den Taxifahrer, um mich in den belebten Norden Goas zu bringen. Schließlich habe ich doch noch Geburtstag. Da will ich mir doch was gönnen. Schnell buchte ich eine 100-Euro-Suite. Da Regenzeit war und nicht so viele Gäste vor Ort, bekam ich ein Drei-Tages-Sonderangebot. Für knapp 120 Euro offerierte das hoteleigene Spa eine dreistündige Ayurveda-Behandlung inklusive neun verschiedener Behandlungen: Massage, Dampfbad, Kopfmassage, Fußmassage, Scrubbing und allerlei sonstiger Köstlichkeiten. Und das drei Tage am Stück. Sehr schön.

Zu zweit ist man weniger allein

Am Abend ab in die Disco. Das glaubte ich. Fehlanzeige. Nur mit Begleitung. Während Mann und auch Frau bisweilen auf den westlichen Tanz- und Barflächen auf Akquise-Tour nach nächtlicher Begleitung suchen, gilt es in der östlichen Hemisphäre schon ab dem Frühstück als allein reisender Mann oder Frau für das Doppel-Abendprogramm Ausschau zu halten. Denn meist bleiben die Tanztempel verschlossen, sofern nur das Singlewesen auftaucht. „Couples only" und „Du kommst hier nicht rein!" sind die Kernbotschaften. Deshalb gilt: Wer am Abend essen will, muss tagsüber auf Jagd gehen. Wieder etwas gelernt. Reisen bildet.

Das letzte Bier war schlecht – wie immer!

Blieb mir also nichts anderes übrig, als in einer Spelunke diverse Drinks zu nehmen und den Abend gemütlich ausklingen zu lassen. Oh, mein Gott. Am nächsten Morgen begrüßte mich doch der Barbesitzer selbigen Etablissements gleich mit der Forderung nach Reinigungskosten. Dann erzählte er sogleich, was ich in der kleinen Toilette in der Nacht zuvor angerichtet hatte. Kein Wunder, dass ich mich nicht mehr erinnern konnte. Wie immer galt: Das letzte Bier war schlecht. Bereitwillig zahlte ich mit schlechtem Gewissen den entsprechenden Preis für die Schadensregulierung.

Der Büßer kauft Schmuck und rennt um sein Leben

Buße musste sein. Weshalb ich sogleich am Strand mehreren Verkäufern von allerlei Krimskrams einige Groschen geben wollte, um ihnen ein Zubrot zu bescheren. Abbitte leisten. Doch rechnete ich nicht mit der Penetranz, mit der die Damen ihre Halsketten, Ohrringe und allerlei Schmuck verkaufen wollten. Da es derzeit Off-Season war, war ich somit das einzige Opfer. Ich rettete mich nach diversen Einkäufen in die Fluten und sprintete von dannen. Ich endete in einer Strandbar. Zum Glück, denn jetzt setzte der für diese Jahreszeit typische Regen ein. Frisch. Frisch. Nebenbei schlürfte ich den einen oder anderen Drink mit Blick auf die Gischt, das Meer. Ein, zwei Telefonanrufe zum Geburtstag aus der fernen deutschen Heimat machten den Tag bis dato perfekt. Es ist immer schön, wenn die Kumpels und die Familie an einen denken, obwohl man sich nur alle Jubeljahre in der Heimat blicken lässt – muss ja schließlich Länderpunkte sammeln. Dafür gibt's dann meist fleißig Postkarten oder in Zeiten von Facebook Reisegrüße per Selfie-Smiley.

Goa Trance Music Club

Doch heute am Geburtstag sollte es noch hoch hergehen. Da in der Nebensaison keine Full-Moon-Partys arrangiert werden, blieb dennoch der Goa-typische Techno-Elektro-Dance-Beat in einem der lokalen Beachclubs am Abend. In irgendeinem bin ich dann voll versumpft, wie man so schön sagt. Im Dance Club wurde ich sogleich durch die Bedienungen mit Folgendem begrüßt: „Everything what happens in Goa, stays in Goa" – den gleichen Spruch gibt es für Bahrain, das Rotlichtviertel des Mittleren Ostens, oder in Las Vegas. Ergänzend gilt es anzumerken, dass dafür besonders die Hochsaison im Dezember, Januar gemeint ist. Denn dann heißt es auch: „Come in the Season, fuck in the Season". Kein Wunder, dass dann auch viele russische Bären, englische Eroberer und australische Back(pa/fu)cker vor Ort sind. Ob Hoch- oder Nebensaison, orgiastische Trance-Höhepunkte gibt es auf den Tanzflächen allemal.

Bunter indischer Mix zum Wohlfühlen

„Ein bisschen more Kukumber" – die Werbezeile aus den 90er Jahren kommt einem in dem Kopf bei den zahlreichen kulinarischen Köstlichkeiten in Indien. Doch Essen ist das eine. Indien ist auch für Massagen und sonstige Wellnessaktivitäten zu empfehlen. Somit können ganze Tagesprogramme nach Gesichtsbehandlungen, Kopfmassagen und Dampfbädern ausgerichtet werden. Im Gegensatz zu Thailand gibt es hier lediglich gleichgeschlechtliche Treatments, weshalb die Happy-Endings spärlicher ausfallen – bei heterosexueller Veranlagung, versteht sich. Für die großen Städte am besten mindestens jeweils zwei Tagen einplanen. Die Wegstrecken zwischen den Metropolen überbrückt man am besten mit der Bahn oder dem Auto. Sehr abenteuerlich auf einem Tuk-Tuk. Die Landschaft ist einmalig und die vielen Menschen laden zum Unterhalten ein – mit mehr als 100 Sprachen gibt's da eine riesige Auswahl. Neben Kultur und Landschaft eignen sich die

Full-Moon Partys in Goa. Am besten im Dezember. Gekonnt kann man hier dem europäischen kalten Winter entfliehen.

Tipps Indien:

1. Goa Trance und Vollmond Partys sind für das feierwütige Jungvolk angesagt.
2. Das Taj Mahal ist zwar kein Geheimtipp, sondern wohl eher ein Muss-Tipp.
3. Wer ein, zwei Brocken Hindi spricht, dem schlagen große Augen entgegen.

Indonesien – Achtung Australier!

Hati, Hati – Achtung. Das sind die einzigen Worte, die mir in der balinesischen Sprache noch geläufig sind. Obacht ist hier geboten, denn der Traumstrand von Bali – Kuta Beach – ist die Heimatbastion der Australier. Was Mallorca für die Deutschen, ist das Eiland für die Leute von Down under.

Das Mekka der Wellenreiter

Und bei Bali kann man nichts verkehrt machen. Zwar nur wieder Zwischenstopp. Doch bereits vor Jahren für knapp eine Woche die super Massagen, das leckere Essen und das Wellenbad im Meer genossen. Wer surft, der fährt an die Kuta Beach. Toller Spot für Wellenreiter oder Sonnenanbeter. Super geeignet für einen neuerlichen Sonnenuntergang bei Happy Hour Drinks!

Tipps Indonesien

1. Auf die balinesische Massage lasse ich nichts kommen.

2. Merapi Mountain ist ein aktiver Vulkan auf Java. Gut zum Hiking in Kombination mit dem Besuch des angeschlossenen Nationalparks samt Museums.
3. Nach der Massage und Mountain Hike gilt es die Sotoayam Suppe zu genießen, dazu einen Kelapa Mudah – ein lokaler süßer Drink.

Irak – Ins wilde Kurdistan

Bombenanschlag hier, Kriegsgemetzel da, Tote am Wegesrand. Im TV gibt es immer wieder Berichte solcher Art über den Irak. Trotzdem nach alter Grenadiermanier: Dran, drauf, drüber und Land abgehakt.

Deshalb: Safety First! Flug gebucht. Hotel gebucht. Schnell hin. Schnell weg. Bei Ländern wie Syrien, Somalia, oder eben Irak – ein Muss, wenn man Überleben oder nicht permanent in Angst reisen will. Risiko minimieren, um nicht draufzugehen.

Marathon im Kriegsgebiet

Der autonome kurdische Teil soll ja ganz ok sein. Die bieten selbst jetzt noch einen Marathonlauf an. Vielleicht, um diversen Bombenattacken auszuweichen? Sieger ist, wer überlebt? Jedenfalls ist im kurdischen Teil die Todesrate weitaus geringer als in Bagdad. Deshalb Flug nach Erbil schnell gebucht. Da ich nicht alleine drauf gehen wollte oder vielmehr allein sein wollte, bekniete ich einen Kollegen für eine Nacht mitzureisen. Ich versprach hoch die Tassen im Nachtleben von Erbil. Insgeheim als kleiner Feigling sollte nur das Hotel als Party Center gelten.

Bermudadreieck des Mittleren Ostens

Doch kurz vor dem Trip riefen die Kurden zur Unabhängigkeit auf. Somit war Erbil Airport dann erstmal dicht. Denn das eigentliche Visa on Arrival in Erbil war seit einer lokalen politischen Wahl nicht mehr drin. Aus Angst vor Unruhen hat die irakische Regierung alle kurdischen Flughäfen geschlossen. Aus gut informierten Social-Media-Kreisen gab es aber die Nachricht, dass das Einreisen über die Türkei auf dem Landwege funktionieren konnte. Deshalb auf nach Istanbul. Flug runter an die Grenze: Nach Sirnak ins gemütliche Bermuda-Dreiländereck des Mittleren Ostens: Türkei, Syrien, Irak. Dort wo die Terror- und Schmuggelrouten entlang laufen. Ja dort hin. On Arrival schnell rüber über die Grenze. Stempel im Pass, Abendessen und zurück. So der Plan.

Polizeikontrolle in Istanbul

„Polizei! Mitkommen!" – sagte der Mann im mittleren Alter. Freundlich, aber bestimmt. Der Ort: Istanbul International Airport im Transitbereich auf dem Weg zur lokalen Abfertigung zum Weiterflug nach Sirnak im Süden der Türkei. Er zeigte mir zwar eine Plakette wie im besten Ami-Crime-Film, doch ich bestand nochmal seine Marke zu sehen. Dann ging alles sehr schnell.

Good cop – bad cop

3 Mann im kleinen Verhörzimmer. „Wo wollen Sie hin?" Nach Sirnak, schnell über die Grenze. Ich erzählte von meinem Plan. Die Augen der zwei anderen Offiziere wurden grösser und grösser als der Hauptsprecher übersetzte. Ich hielt mich zurück mit meinen türkischen Kenntnissen. Denn sonst fände das Gespräch in Türkisch statt und ich wäre heute nicht mehr weggekommen. Denn meine angedachte Route ist eine Hauptschmuggel und Infiltrationsstrecke für alle möglichen Kampfer und Gesellen. Und als Deutscher ist man in der Türkei auch nicht mehr immer sicher. Zudem ist ein Pass mit Saudi-Arabien-Stempeln sowie Markierungen von aller Herren Ländern auch nicht gerade förderlich für ein einfaches Durchwinken. Ich zeigte artig meine Flugtickets, meinen Pass,
102

mein Souvenirbuch und setze ein Hundeblick auf. Dies schien zu wirken. Sie ließen mich gehen bzw. fliegen. Erste Hürde genommen.

Dran, drauf, drüber

Bei Ankunft Heerscharen von Taxifahrern samt Ankunftspersonal. Ein Twentysomething machte mir die Aufwartung zwecks Transport. „Rüber über die Grenze und dann wieder zurück? Geht das?", wollte ich wissen. In 100 Prozent aller Taxi-Talk-Fälle wird diese Frage natürlich mit einem selbstbewussten „Ja, klar!" beantwortet. Ab ins Taxi. Der Fahrer telefonierte sogleich mit seinen Buddys beiderseits der Grenze. Mix aus Kurdisch-Arabisch-Türkisch. Eine Stunde im Taxi zur Grenze. Dann dort noch eine Stunde warten. Der Taxler verfrachtete mich in einen Kleinbus. Auf der anderen Seite sollte sein Bruder auf mich warten und mich in Empfang nehmen und wieder zurück bringen.

Eisiges Dinner am Grenzposten

Alles klappte wie am Schnürchen. Selbst mein radebrechendes Türkisch-Arabisch half bei einem höheren Offizier eine Eintragung in mein Souvenirbuch zu erhalten. Dann endlich traf ich den Fahrer, der mich zurückbringen sollte. Natürlich kein Englisch. Während er die Papiere fertig machte, um wieder in die Türkei zu fahren hatte ich einer eisigen Halle ein kleines Abendessen. Spartanisch. So wie das kleine Restaurant. Und bitter kalt war es – das Essen und Feeling im Restaurant. So ging es auch wieder zurück. Die Heizung des Autos war kaputt. 8 Stunden dauerte die Rückfahrt. Jedes Auto wurde penibelst kontrolliert. Im Halbschlaf mit zitternden Händen kamen wir endlich wieder zurück in die Türkei. Geschafft. Irak abgehakt. Jetzt erstmal eine warme Dusche. Und beim nächsten Trip geht's nach Bagdad oder zum Marathon.

Tipps Irak:

1. Marathonläufer mit ausgeprägten Selbstbewusstsein können den in Erbil machen.
2. Die alten Paläste von Saddam Hussein in Bagdad.

Iran – No Cover Girls

Visum on Arrival mit Vorankündigung. Von schwarzen Abaja-Umhängen wie in Saudi-Arabien oder blauen Burkamänteln wie in Afghanistan fehlt fast jede Spur bei Ankunft in Teheran in der Hauptstadt vom Iran. Mehr noch: Bunte Schleier und Kopftücher ähnlich wie in der Türkei, jedoch luftiger, zieren die Köpfe der Frauen im Iran.

Türkische Zustände in Teheran

Das bemerkte ich nicht nur am Flughafen, sondern auch im Straßenbild. Als ich dann noch im Hotel und bei meinen Touristenführerinnen dies sah, dachte ich, ich wäre in Istanbul. Zudem waren beide Reiseleiterinnen sehr offen über Politik, Dating, Alkohol, und Kultur.

Undercover Expat life

Trotz begrenzter Zeit in der Hauptstadt gibt's jede Menge zu erleben: Geschichtsmuseum, Hintergrundinformationen über die Alkoholproduktion und Partys und Kennenlernen von künftigen Ehepartnern, sowie die politischen Einschränkungen – USA ist schuld – so die Meinung.

Nasenchirurgie made in Persia

Und als es wieder zurückging, saßen viele Damen mit Nasenpflaster in der Departure Lounge. Kein Wunder, denn in Iran lassen sich viele Frauen ihre Gesichtsmitte machen. Dann sehen sie beim Abflug wie angeknockte Boxerinnen aus. Natürlich ohne Augenringe und Schwellungen im Gesicht. Denn selbiges wurde dann meist auch gleich glattgezogen.

Tipps Iran:

1. Wer mit seinen Riechkolben nicht zufrieden ist, fliegt schnell in den Iran. Denn dort ist das Mekka der Nasenoperateure.

Irland – Guinness Test Trinken

Der Besuch im irischen Guinness Museum darf natürlich nicht fehlen in Dublin. Von Souvenirs, Geschichte und Produktionsprozessen gibt es hier alles was das Biertrinkerherz begehrt. Natürlich lernt der wissbegierige Besucher die Geheimnisse und die Unterschieden zwischen Weißbier, Ale, Pilsner usw. Dem Durschnitts-Touristen auf der Suche nach einem Freigetränk ist das Schnuppe.

Ein Hoch auf die irische Gemütlichkeit

Er sorgt sich lieber um das gefüllte Glas Guinness, das der Barkeeper im oberen Stockwerk des Museums kredenzt. Als Deutscher ist man quasi zwangsläufig Experte in vielen Dingen: Fußball, Weltkriege, Autos und schnell fahren, Weihnachten und natürlich Bier. Und da Barkeeper gerne labern, kommen da zwei Leute schnell zusammen. Der Barkeeper war so angetan vom deutschen Biertrinker, dass er flugs ein zweites Guinness hinstellte. Doch der Deutsche wurde seines Lebens nicht mehr froh. Denn bereits das erste Guinness blieb ihm im Halse stecken. Es geht halt nichts über die deutsche Braukunst.

Tipps Irland:

1. Cliffs of Moher, Giants Causeway und Ring of Kerry.
2. Dance Shows – da fliegen die Beine hoch.
3. Cork Marathon – kalt, flach und schnell. Danach ein Guinness zur Erfrischung. Prost!

Island – Profiklettertreff am Airport

Im August reiste ich zunächst nach Irland und von dort nach Island. Mit leichten Klamotten platzte ich direkt in die hervorragend ausgestatteten Klettermaxen und hartgesottene Hiker-and-Trekker-Community am Flughafen in Reykjavik. Ich fühlte mich da als kleiner Anfänger.

Alle schienen sich hier für die Mount-Everest-Basecamp-Besteigung fertig zu machen. Ich dagegen hatte meine Reiseerfahrungen bis dahin im Schwerpunkt nur in Städten gesammelt – in Jeans, Hemd und Business-Jackett. Egal. Erst mal schnell ins Gästehaus und morgen dann frisch weiter planen.

Klitschnass in Reykjavik

Im Sammeltransport fuhren wir zu irgendeinem Marktplatz. Es regnete in Strömen, und meine wasserdichte Goretex-Jacke war natürlich im Rucksack ganz weit unten. Genauso wie meine Motivation, als ich den Bus verließ. Im Dunkeln tapste ich hin und her und wusste nicht so recht, wohin. Schon klitschnass, verfluchte ich das teure Island. Denn für das Gasthaus musste ich 60 Euro berappen, und wie sich hinterher herausstellte, für gerade mal zwei Quadratmeter. Zum Glück nahm mich ein Einheimischer ein Stück mit zur Adresse des Hauses. Mitten in der Nacht machte keiner auf. „So eine Scheiße", dachte ich. Ich zückte das Telefon und rief die Nummer an. Der Hausherr würde in ca. zehn Minuten erscheinen. Mannomann. Nächstes Mal wieder ein ordentliches Hotel. Vollkommen durchgeweicht konnte ich die wärmende Dusche hinterher genießen.

Happy End in der Blue Lagoon

Die nächsten drei Tage verbrachte ich in Höhlen, beim Hicking im Regen und in überteuerten Bars. Schmankerl waren Haifisch und Walfisch. Ein wenig salzig und bitter, aber zum Sightseeing gehört halt auch Sightseeing. In Frankreich gibt's Froschschenkel, in China Hunde und hier halt Meerestiere. Das Beste kam jedoch zum Schluss: Am Flughafen gibt es die „Blue Lagoon" – eine heiße Quelle. Das Thermalbad zieht alle Touristen magisch an. Denn inmitten der knapp 35 bis 40 Grad Wassertemperatur steigen heiße Dämpfe auf, die man am besten mit dem lokalen Bier und ein wenig weißer, reinigender Pampe im Gesicht garniert. Es ist schon komisch: Greenland ist eisiger mit Schnee und so als Iceland, welches grüner ist.

Tipps Island:

1. Gletscherwanderungen und Skitouren.
2. Tauchen zwischen der amerikanischen und der europäischen Platte
3. Wal und Haifisch gibt's da lecker auf den Teller.

Israel – Elektro Skateboards

Aus der deutschen Perspektive fühlte ich mich schlecht. 6 Millionen Vorfahren haben die Deutschen auf dem Gewissen. Es gibt viele Debatten über Schuld und Sühne in Deutschland. Doch ich glaubte auch an die Gnade der späten Geburt. Ich bin halt nicht verantwortlich für die Vergangenheit. Ich kann daraus lernen und entsprechend die Zukunft gestalten.

„Unser Volk braucht Raum"

Ich sah somit Israel eher aus Militär- strategisch interessierter Perspektive. In mehreren Kriegen und Scharmützeln haben sich die Israels dank starken Waffengewalt und strategischer Schwäche oder Zerstrittenheit der Gegner immer wieder behaupten können. Zudem erobern sie Stück für Stück mehr Raum und graben Palästina das Wasser ab. Ein Israelische Student in den USA sagte mir mal nach einer Vorlesung: „Unser Volk braucht Raum" – „Our People need space". Da sagte ich ihm, dass dies fast die gleichen Worte waren, die von Adolf Hitler 1938 in Anspielung auf den bevorstehenden Eroberungskrieg in Russland genutzt wurden. Da war der Israeli erstmal baff.

No Stamp Country

Die Einreise nach Tel Aviv soll sich in der Regel relativ lange hinziehen, da die Kontrollen bei Ankunft sehr streng sind. Wie durch ein Wunder hielt sich das ganze Prozedere in Grenzen. Es gibt keinen Einreisestempel in den Pass, maximal auf ein Papier, das für die Ausreise benötigt wird. Doch auch hier ging es easy peasy.

Israel und Palästina in einem Abwasch

Im Hotel wartete bereits mein chinesischer Reisekumpan aus Nauru auf mich. Der hatte schon einen Trip klar gemacht, der Palästina beinhalten sollte. Denn das sollte ja als Länderpunkt mitgenommen werden. Obwohl Palästina ja noch nicht UN-Mitglied ist, darf das nicht beim Ländersammeln fehlen. Mit dem Bus ging es zu einer Höhle Beit Guvrin und zu seiner Kirchen-Moscheekonstruktion mit Namen Hohle der Patriarchen. Bei den Fahrten durchs Land fallen die zahlreichen Elektro Skateboards und Elektroroller auf: Ausdruck moderner Mobilität.

Trotz aller Vorbehalte, die ich anfangs hatte, scheinen die Israelis den Deutschen keinen Groll gegenüber zu hegen über die Vergangenheit. Ähnliches gab es in Russland. Es stimmt wohl: Zeit heilt alle Wunden.

Tipps Israel:

1. Ein Besuch des Toten Meeres sollte immer drin. Geht zwar auch von Jordanien aus. Aber Zeitung kann man da auch lesen.
2. In Eilat kann man sehr gut einen Trip machen zu dem Red Canyon. Geht auch in Kombination mit Jordanien (10 km) und Ägypten (15km).
3. Einen Mietwagen zu mieten ist schon fast erste Bürgerpflicht. Ähnlich wie in Australien, wenn man außerhalb von Tel Aviv unterwegs sein will.

Italien – Bella Italia und Balla, Balla

Wie sieht die Kriegsflagge der Italiener aus? Weißer Adler auf weißem Grund. Oder wie viele Gänge hat ein italienischer Panzer? 5! Einen Vorwärtsgang und vier Rückwärtsgänge. Ja das sind die deutschen bissigen Kommentare, die uns zu unseren Italienern fast Nachbarn einfallen. Aber sind wir doch mal ehrlich:

Deutsch- Italienische Hassliebe

Da schwingt auch ein gewisser Neid mit. Denn die italienisch-mediterrane Lebensfreude haben die Deutschen nicht so drauf, hätten sie womöglich aber gerne. Selbst die Autos sind dort nicht wie die deutschen Autopanzerwagen, sondern sie klingen nach Musik: Ferrari, Maserati, Lamborghini. Filigran, grazil, schnell, sexy – so sind die Rennboliden der Italiener. Auch Fußball technisch gibt es sicherlich weltweit mehr bekannte Italiener, als Deutsche obwohl es nach WM Pokalen 4:4 steht. Jedoch haben die Deutschen bei nur einem Turnier gerade so im Elfmeterschießen gewonnen. Unvergessen sind die Niederlagen im Spiel des Jahrhunderts in Mexico 1970, das WM Finale mit 3:2 1982, oder aber im Halbfinale bei der Heim WM 2006. Alles verloren. Zwar spielen die Südländer nicht gerade filigranen Fußball und Begriffe wie Catenaccio stehen für die Abwehrbollwerke. Doch sie sind halt erfolgreicher als die Deutschen im Gegeneinander.

Italienische Momente im Leben – EM 2012

Man(n) stelle sich vor: Im Flieger nach Italien sitzend während gleichzeitig die spielstarke aber kampfschwache deutsche Mannschaft gegen die Azzurri untergeht. Das Ganze noch vom englischen Piloten über Bordfunk durchgesagt. Oh mordio und Gezeter. Denn das Beste gibt's zum Schluss, bzw. bei der

Landung wenn die Tifosi Fahne schwenkend und krakeelend die Fangesänge anstimmen.

Versöhnung in der ewigen Stadt.

Zum Glück warten dann direkt an der vatikanischen Pforte drei edle italienische weibliche Fans darauf zusammen mit dem Tedesco ein Versöhnungsfoto zu schießen. Bei Fortführung der Ereignisse wäre ein „Pech im Spiel, Glück in der ..." möglich gewesen. Aber „Hätte und könnte schießt halt keine Tore und schon lange keine Armorspfeile."

Elfmeterschießen im Flugzeug

Vier Jahre später. Wieder im Flieger. Diesmal nach Finnland. Wieder Fußball EM. Wieder Deutschland gegen Italien. Wieder läuft das Spiel während des Fluges. Bei Ankunft in Helsinki läuft das Spiel noch. Verlängerung vorüber, Elfmeterschießen. Bis auf fünf Passagiere war der Flieger leer. Diese fünf verfolgten auf kleinem Handyscreen das Elfmeterschießen. Kaum etwas zu sehen. Schweinsteiger läuft an. Verschießt. Dann Mueller. Dann... Oh mein Gott. Sollten die Deutschen ihre Unfehlbarkeit im Elfmeterschießen einbüßen? Die Stewards und Stewardessen fieberten mit. ...Der Rest ist Geschichte.

Hauptsache Italien

„Mailand oder Madrid – Hauptsache Italien" meinte fälschlicherweise der deutsche Fußballer Andreas Möller einmal. Rom oder Toskana, Florenz oder Venedig – Italien ist schön. Das wäre richtiger. Nach mittlerweile mehreren Trips nach Bella Italia ist es egal wohin man fährt: Die Italiener scheinen immer freundlich, die Pizza immer lecker und die Weine immer erste Sahne. Dabei ist das Land so mannigfaltig von der venezianischen Stadt im und auf dem Wasser, über das künstlerische Florenz, oder der ewigen Stadt Rom, in der man das Gefühlt hat durch ein Freilichtmuseum zu wandeln. Alle zweihundert Meter gibt es eine altrömische Ruine, Säule, Mauerreste, Gebäude. Einmalig.

Tipps Italien:

1. Rom – In diesem quasi Freilichtmuseum gibt es alle 200 Meter eine altrömische Ruine. Man ist umgeben von Geschichte. Passend zum italienischen Feeling Pizza, Pasta und Gelato.
2. Bevor Venedig untergeht, ab dafür. Die Lagunenstadt kann man super per Wasserfahrzeug oder zu Fuß erkunden.
3. Generell ist jede Person in Bella Italien eine Wucht

Jamaika – Drogenparadies in der Karibik

„Willkommen! Ein Taxi oder Haschisch?" So wurde ich bei der Landung in Montego Bay begrüßt. Das ging dann den gesamten Tag so weiter. Für Drogenfreunde ist es die wahre Pracht im Paradies. Da stellt sich die Frage, wieso denn die Usain Bolts und die Merlene Otteys so schnell laufen können? In Afrika, z.B. Kenia liegt es auf der Hand: Fehlende Auto-infrastruktur macht gute Fußgänger und Löwenjagd schnelle Läufer. In Jamaika gibt's wohl eher die Flucht vor der Polizei.

Bad Boy Image der Jamaikaner

Hat mich mein Eindruck vom kriminellen Jamaika getäuscht? Wohl eher nicht. Denn bei Ausflügen in die karibischen Nachbarstaaten hieß es immer wieder: "Oh man, we are not in Jamaika", sagte ein Typ in Barbados zum Beispiel. Er meinte
112

damit die unsicheren Sachen in Jamaika. Dafür gibt es aber Traumstrände. Meist dann aber doch mit extra Sicherheitspersonal.

Sextourismus für die Girls

An anderes Angebot hat die Insel reichlich: Männer. Wie aus gut unterrichten femininen Kreisen berichtet, reisen weibliche Europäer dorthin zwecks Sextourismus. Was dem Mann wohl Thailand zu sein scheint, ist das für Frauen die Karibik. Die Emanzipation und Gleichberechtigung hat sich auch in diesem Geschäftsfeld durchgesetzt.

Tipps Jamaika:

1. Die Kriminalität in dem Inselstaat ist nicht ohne. Deshalb aufgepasst.
2. Der Jamaika Rum ist weltberühmt und sollte beim Besuch auf der Speisekarte nicht fehlen.
3. Zur Sicherheit genießt man das Rum Mix Getränk in einem sicheren Resort. Dann gibt es top Beaches und top Erholung.

Japan – Strahlend schön

Die makellose Schönheit der Thais, Public Transportation wie in Singapur, Saufen wie die Russen, Perfektion wie Schweizer Uhrwerke und doch kreativ wie Berliner Künstler und dabei britisch rechts fahren. Ja, so sind die schlitzaeugigen Japaner. Denn: Überleben von Atombombenabwürfen, beheizte Klodeckel, rohe Fischspeisen, Selbstverteidigungskunst – es gibt nichts was die Japaner nicht hinbekommen.

Die Deutschen in Fernost

Schnell stellt sich heraus, dass die Japaner quasi die Deutschen von Asien sind. Nicht nur, dass sie sich im Zweiten Weltkrieg in Fernost durch ihren Eroberungskrieg keine Freunde gemacht haben – vielmehr werden sie von den Nachbarn stets mit Argwohn betrachtet. Autos bauen können sie auch. Zwei weitere Gemeinsamkeiten mit den Deutschen: Pünktlichkeit und Ordnung. Die Straßen wie geleckt.

Super Schnell im Zug

Während in Afrika die Reisen ewig und drei Tage dauern, um von A nach B zu gelangen, düsen der Japaner und der Tourist dagegen hier durch Zeit und Raum. Am besten geht das zwischen den Großstädten im ICE-Äquivalent des Shinkansen. Die rasante Fahrt ist unspektakulär, denn es fehlen die nörgelnden Deutschen. Die Verspätungen und die ausfallenden Klimaanlagen und die unfreundlichen Schaffner sind auch nicht da. An den Bahnsteigen gibt's extra Markierungen, damit jeder Fahrgast weiß, wo er zu warten hat. Durch diese Super Schnell Züge reichen drei Tage, um flugs Tokio, Osaka und Kyoto abzufrühstücken. Dabei kommt folgende Frage auf: Warum werden die Japaner nicht dick? Sie würden dann nicht mehr in die Bahn passen. Denn Unmengen an Leuten fahren mit den Zügen.

Reiche Kultur gibt's nicht umsonst

Zudem haben die Japaner eine reiche Kultur, eigene Sportarten wie Karate, Judo, Kendo, Sumo. Das Essen ist weltbekannt. Ja, es gibt neben Sushi und Sake weitere Köstlichkeiten. Doch die japanische Qualität hat ihren Preis. Japan zählt neben Island, Dschibuti in Afrika und der Schweiz zu den teuersten Ländern der Welt. Mein Indikator sind die Souvenirs. Bierdeckel kosten hier umgerechnet fünf Euro. Und das sind noch die geringsten Preise. Der Preis ist heiß – auch im Winter!

Popo-Wärme dank beheizter Klodeckel

Und die Japanerinnen erst: Heiß sind nicht nur die Beine der japanischen Damen. Denn das müssen sie auch sein bei mini-berockten Schenkeln knapp über dem Gefrierpunkt. Nein. Auch die Klositze laden zum längeren Verweilen ein. Ebenfalls heiß und sehr überraschend sind die 0,2-Liter-Kaffeedosen aus Automaten, die überall in Tokio rumstehen. Bei kalten Temperaturen im Winter wärmt man(n) somit die Hände und den Gaumen entweder am heißen Koffeingetränk oder an konfinierten Damenschenkeln. Da geht einem das Herz auf.

Japanisches Bodenturnen

Hat man mal das Herz einer Japanerin erobert, kann man es sich entweder auf der japanischen (Judo)-Matte Tatami oder in kleinen Capsules bequem machen. Diese sind zwar nur zwei Meter lang, ein Meter hoch und breit, bieten jedoch Klimaanlage, TV und stimmungsvolle Lichter.

Tipps Japan

1. Blütenzauber im Frühling
2. Da Japan reich an Selbstverteidigungskünsten ist, gilt es zumindest einen Kurzunterricht Judo, Karate etc. zu absolvieren. Hajime!
3. Die Marathonläufer unter uns müssen nach Tokio. Denn das dortige Rennen zählt zu den sechs Major Rennen neben Berlin, London, Chicago, New York und Boston.

115

Jemen – Mit dem Fixer über die Grenze

Seit Jahren gilt das Land als eines der am gefährlichsten zu bereisenden Länder. Bombenstimmung ist da jeden Tag. Diverse Kriegsparteien mischen mit und die dort lebende Bevölkerung auf. Deshalb gilt es als Reisender doppelt gut gewappnet zu sein. Nur Extrem-Traveler zieht es dorthin, um den jemenitischen Länderpunkt sich abzuholen. Ähnlich wie in Somalia muss man trickreich sein, was die Grenz-Überquerung, Visa-Beschaffung und Sonstiges angeht.

Bombenstimmung am Horn von Afrika

Es gibt diverse sogenannte Fixer, die einen über die Grenze, aber nicht ins Jenseits befördern. Meist geht es über den Oman an die Grenzstadt Salalah und dann mit dem Transport weiter Richtung Westen über die verschiedenen militärischen Checkpoints. Oder man versucht es auf eigene Faust mit einem Taxifahrer des Vertrauens und extra Cash dabei. Dann geht es per Glück über die Grenze und zu arabischen Kaffee und trotz Kriegs-Erschütterungen freundlichen Menschen.

Good looking – even in the desert storm

Um auch in der Wüste well-business-dressed zu sein, fragen Sie den Kameltreiber ihres Vertrauens oder lesen sie den letzten Scholl-Latour-Schinken. So könnten die Klamotten dann wohl aussehen: Gelbe Boots mit Rest Blut aus Afghanistan, schwarzer Anzug, Moskito-Sonnenmilch-getränkte Haare und always Reserven an Toilettenpapier, Besteck und händisches Desinfektionsspray in der Notebooktasche. Ach ja, ein GPS in englisch-arabisch sollte auch dabei sein. Nicht zu vergessen das Fotohandy, um jemenitische Sniper auf der Flucht zu knipsen.

So oder so: Socotra

Das touristische Highlight des Landes ist die südlich vorgelagerte Insel. Einzigartige Vegetation und Klimabedingungen sind weltweit einmalig und dürfen bei einem Besuch fehlen, solange man per Boot oder Flieger einreisen kann.

Jordanien – Das Freilichtmuseum des Mittleren Ostens

Indiana Jones reitet mit Kumpanen in den Sonnenuntergang durch eine wilde Steinwüste. Mitten durch eine Schlucht. Jipp. Das war in Jordanien. Unweit von Petra. Eine altertümliche Felsenstadt auf einem Berg. Deshalb galt es für mich auch husch, husch hochgerannt. Einmalig. Indi Jones lässt grüßen. Doch auch hier gilt das super tolle als great Touristen-Nap. Irgendwelche Locals versuchen einem Pferde oder Kamelritte anzubieten und Souvenirs zu verticken. Aggressives Marketing bis hin zu Beleidigungen, wenn man mal nix mehr haben will. Arabische Gastfreundschaft dürfte anders aussehen.

Egal. Damit kommt man hier klar. Und wenn man ein Land kennenlernen will, geht das auch gut zu Fuß. Von Amman zum Toten Meer. Da gibt's jedes Jahr im Frühjahr eine große Laufveranstaltung für Groß und Klein. Von 10 Kilometer und Team-Relay bis hin zu 50 Kilometern. Deshalb ab dafür.

Tipps Jordanien:

1. Was Italien für Europa, könnte Jordanien für den Mittleren Osten sein. Das Land ist eine Freilichtbühne: Petra, Wadi Rum, das Tote Meer etc.
2. Als passionierter Läufer kombiniert man Sightseeing und Sight Training beim Marathon von Amman ans Tote Meer. Hinterher liegen dann die Finisher im Wasser– Zeitungslesend wie so viele vor ihnen.
3. Der Film Lawrence von Arabien mit Akaba gibt einen genialen Einblick in das Land.

Kambodscha – Krankenhausalarm

Mit dem sogenannten Chicken Bus unterwegs von Vietnam rüber nach Phnom Penh. Dort sollte ich meinen Texaner-Kumpel wieder treffen. Schießen wollten wir gehen, und ein bisschen Party machen. Typisch texanisch. Eine Nacht in der kambodschanischen Hauptstadt und dann zwei Nächte nach Siam Reap, wo es die Altertumsruinen von Angkor Wat gab – bekannt aus Lara-Croft-Movies. Schnell frisch gemacht im Hotel, machten wir uns sogleich mit einem Tuk-Tuk auf die Socken – ab zur Ballerei. Maschinengewehr feuern, Posen auf alten Russenpanzern und dann Durchstöbern der Clubs der Nacht.

Gangnam Style auf dem Tresen der Welt

Von einer Tanzbar zuckelten wir zur nächsten, bis wir irgendwo bei Wodka-Red-Bull-Mixen und acht lokalen weiblichen Schönheiten hängenblieben. Der Alkohol, die Hitze und das Travelfieber halfen, um schnell das Tanzbein zu schwingen. Texas Clint steppte sogar auf der Bar zu Gangnam Style – dem Trendsong der Stunde. Unser beider Performance reichte, um zwei der Mädels klarzumachen und mit nach Hause zu nehmen. Challenge: Hatten ein Doppelzimmer gebucht.

Alter vor Schönheit beim Stelldichein

Während es im Film „Stalingrad" aus den 1990er Jahren in so einem Fall nach Dienstgrad ging, war hier natürlich das Alter gefragt. Deshalb bekam ich den Vorzug. Die Gnade der frühen Geburt also. Der Texaner machte es sich mit seiner Eroberung am Pool gemütlich. Somit hatte ich das Zimmer zur trauten Zweisamkeit zur Verfügung.

Poserplan endet im Hospital

Die nächsten beiden Tage führten uns mit einem Boot nach Siam Reap. Mein Plan: einarmige Liegestütze auf Video aufzeichnen. Klar, im Hintergrund mit den Tempeln von Angkor Wat. Stupide Selfie-Bilder können Viele und sind so langweilig. Trotz tausend Likes der immer gleichen lächelnden Fratzen. Doch während des Tages machte sich mein Magen bemerkbar. Und in der Tat: Irgendwo hatte ich mir etwas eingefangen. Selbstdiagnose: Lebensmittelvergiftung. Eiswürfel im Gin Tonic, Salatdressing, oder, oder, oder. Als Vielreisender verzichtete ich ja grundsätzlich auf solche Geschichten. Aber diesmal hat es mich voll erwischt. In der Tat nahmen die Magenkrämpfe zu. Diarrhö sowie Frontalauswurf führten schnell zu Dehydrierungserscheinungen, denn jegliches zu mir genommene Wasser kam sogleich wieder raus. Zudem hatte ich permanenten Brechreiz. Daueraufenthalt auf dem Klo. An Liegestütze und Kulturstätte war nicht zu denken. Die ganze Nacht hieß es: Wasser rein, Wasser raus. Dehydration. OMG!

Marsch, marsch ins Krankenbett

Am nächsten Morgen fühlte ich mich so elend. Die Lippen trocken. Total ausgelaugt. Alles, was ich wollte: nur einen Arzt sehen, der mir schnell helfen konnte. Doch zunächst sollte ich ein DIN-A4- Paper ausfüllen. „Mensch, sind wir hier in Deutschland mit dem gesamten Bürokratiewahn?", fragte ich mich. Doch um schneller geholfen zu werden, hielt ich die Klappe, machte keine Anstalten und bezahlte auch schnell die paar Dollar. Wieder war ich glücklich, immer mehrere Hundert Dollar in bar dabeizuhaben. Kartenzahlung wäre in der kleinen Arztpraxis sicher nicht möglich gewesen. Endlich erhielt ich ein Medikament. Doch der Tag war im Eimer bzw. im Bett. Krank.

Texanische Krankenpflege

Texas-Bube Clint verbrachte inzwischen einen tollen Tag an kultureller Stätte und kam freudestrahlend heim. Prompt mutierte er zum Krankenpfleger und gab mir ordnungsgemäß meine Medikamente, schmierte mir ein Butterbrot und machte mir Tee. In solchen Reisemomenten war ich froh, mal nicht allein zu reisen. Zum Glück wirkten die Medikamente, und ich konnte am nächsten Tag mit Zwieback und Wasser bewaffnet doch noch die Tempel sehen. Für die einarmigen Liegestütze aktivierte ich all meine Kräfte. Zehn Sekunden Video waren dann schnell im Kasten. Mission accomplished.

Tipps Kambodscha

1. Angkor Wat mit Siam Reap – kennen die meisten nur aus dem Lara Croft Movie. Deshalb ab nach Kambodscha und sich wie die Lara fühlen. Zum Glück gibt's dann meist keine Bösewichte, die auf einen schießen.
2. Die Killing Fields in Phnom Penh lassen die Kriegswirren des 20. Jahrhunderts für die Geschichtsinteressierten wieder aufleben.
3. Zur Entspannung eignet sich eine Floating Village Tour mit Sunset Impressionen.

Kamerun – Roger Milla Waden

Wenn man Fußball Fan ist und nicht zu den Millennials gehört, dann erinnert man sich zwangsläufig beim Stichwort Kamerun an einen Mann: Roger Milla. Fußball WM 1990. Er hatte sich eigentlich schon zur Ruhe gesetzt, wurde aber gebeten nochmals für sein Land aufzulaufen. Mit seiner Hilfe gelang es Kamerun bis ins Viertelfinale vorzustoßen bzw. tanzte er sein Land Runde um Runde weiter. Er tanzte aber auch mit der Eckefahne den sogenannten Makossa Tanz mit dem er seine Tore bei der WM feierte.

Hier sind sie alle Balla, Balla

Fußball in Kamerun hat deshalb einen hohen Stellenwert. In der Hafenstadt Douala sieht man deshalb neben Fußballstadion auch diverse andere Fußballhelden als Statue verewigt. Meist in unmittelbarer Nähe treten Teenager oder Twentysomethings gegen den Ball und träumen davon einmal zur WM zu fahren.

Kanada – Das bessere Amerika

Es gibt große Länder in der Welt wie die USA (Militär), Deutschland (Wirtschaft), Australien (Tourismus), Japan (Technologie) und Argentinien (Selbstbewusstsein) und es gibt deren kleine Brüder und Schwestern. Diese sind meist die coolere Version: Die Schweiz ist das bessere Deutschland, da reicher je Einwohner, mehr präziser, und höflicher. Neuseeland sticht Australien aus, schließlich ist es noch weiter weg, relaxter (sweet as ist ein Gruß)....und Kanada ist das bessere Amerika.

121

Buchstabensuppe schlägt Schanzenspringen

Davon galt es sich in drei Tagen zu überzeugen. Für den ursprünglichen Plan, alle Olympischen Städte von Kanada abzuhacken und mal auf einer großen Skisprungschanze zu stehen, reichten meine drei Urlaubstage aber nicht. Vancouver, Montreal oder Calgary. Das gibt es sicher beim zweiten Trip für Kanada. Somit entschied ich mich für die Niagara Fälle und Toronto. Insgesamt zwei Wochentrips zusammen mit Berlin, Island, Irland, Kanada, Kuba, Lettland und Litauen. Irgendwie ging es dabei nach Anfangsbuchstaben. Auch eine Möglichkeit seine Reiseziele auszusuchen.

Ein Gasthaus ist keine Losung

Ähnlich wie vorab auf diesem Trip in Island buchte ich ein Gästehaus. Und die gleiche Soße wie in Island, war natürlich selbiges verschlossen und der Hausherr musste erstmal angefunkt werden. Bei knappen Zeitbudget schon sehr nervig und somit Lessons learnt – never ever again. Am besten immer ein Mittelklassehotel. Denn da gibt's on Arrival sofortige Bedienung. Im Hostel dagegen ist es meist sehr laut während im 5 Sterner das Geld schnell zur Neige geht.

Tipps Kanada

1. Als Sportsfreund ab zu den Olympischen Cities: Montreal, Calgary und Vancouver. Dann hat man das ganze Land eigentlich abgedeckt.
2. Den Besuch von Toronto der Multi-Kulti Stadt kombinieren mit einem Besuch der Niagarafälle.
3. Ab in den Norden, um Kanada von der Outdoor perspektive zu erleben.

Kap Verde – Lauf in den Sonnenuntergang

Ausgangspunkt erneut Lissabon für den Flug nach Kap Verde. Das ist der fast günstigste Weg, um in das westafrikanische Land zu gelangen. Aufgrund der portugiesischen Kolonialvergangenheit gibt es heute immer noch billige Flüge und die Inselbewohner sprechen halt noch portugiesisch. Ähnliche Destinationen in Afrika und Asien mit günstigen Anschlussflügen sind Goa in Indien, Macau in China, Mosambik, Azoren, und Madeira in Afrika.

Erst das Laufen, dann das Saufen

Als passionierter Läufer ging es ein zwei drei vom Hotel aus die Küsten-Straße rauf der Sonne entgegen, vorbei an streunenden Hunden, menschenbepackten Sandstränden, kleinen Imbissbuden und immer wieder Restaurants. Passend mit Meerblick lässt sich dann Bacelau mit einem portugiesischen kühlen Weizen-Getränk genießen. Work hard, play hard, enjoy life.

Kasachstan – Gefangen am Airport

Man hat ein Land nur bereist, wenn man entweder im Krankenhaus war, im Gefängnis, auf einer Hochzeit, oder ein nettes Mädel kennengelernt hat. So jedenfalls das Motto diverser Reisenden, die ich unterwegs treffen konnte.

Der Fehler liegt im Kleingedruckten

Schnell aus Kirgisien raus, nach Kasachstan zurück und dann ab in die Heimat. So der Plan. Doch machte ich die Rechnung ohne den Wirt, sprich ohne das fehlende Multi-Re-Entry-Visum. Dachte bis dato, das gäbe es nur für Saudi-Arabien. Nachts um zehn erreichte ich schon leicht übermüdet den Airport in Almaty. Am nächsten Morgen Weiterflug über das kasachische Astana nach Abu Dhabi. Aber nichts da. Ich hätte lediglich ein Visum, das nur zur einmaligen Einreise berechtigt. Dies teilte mir die freundliche, aber bestimmte kasachische Grenzpolizistin bei der Ankunft mit. Natürlich alles in russischer Sprache. „English, nix English!" Mit meinem radebrechenden Schulrussisch gab ich ihr zu verstehen, dass ich eh nicht richtig einreisen wollte, sondern quasi nur beabsichtigte, einen Zwischenstopp einzulegen, um dann in die Heimat zu fliegen. Auch das Ausstellen eines Transit-Visums war nicht möglich. So ein Pech.

Reisetipps aus Palästina

So endete ich in einer Zwei-Quadratmeter-Zelle zusammen mit einem Palästinenser. Ich kalkulierte mit rund 2500 Euro Extra-Flugkosten für ein neues Ticket von Kirgistan wieder zurück nach Hause. Von zwei oder drei Tagen Extra-Urlaub gar nicht zu reden. Ich versuchte mit meinem Leidensgenossen in der Zelle Kontakt aufzunehmen. Er wollte mir bereits Tipps geben, wie ich denn aus dieser Not herauskommen könnte. Als er mir sagte, dass er bereits seit acht Tagen hier festsaß und wegen seiner Visumgeschichten nicht nach Hause fliegen konnte, dachte ich mir, dass er wohl nicht der perfekte Ratgeber sei.

Freies WLAN rettet die Welt

In meiner Not fand ich heraus, dass der Airport freies WLAN hatte. Ich checkte direkt Flüge, und zum Glück gab es bereits am nächsten Morgen einen Weiterflug nach Abu Dhabi. Ich versuchte es mit meinem spärlichen Charme bei der neuen

Frau Wachoffizier am nächsten Morgen und meinte nur, dass ich aus der Transitzone einfach weiterfliegen wollte. Mein Flehen machte Eindruck und die Dame war zugänglicher als die Frau Offizier von der Nachtschicht. Ich fühlte mich wie im Film – „The last King of Scotland" –, als der Hauptdarsteller vor der Mörderbande in letzter Minute mit einem Flieger entkommen konnte. Ich wurde zwar nicht gejagt – jedoch musste ich zur Arbeit und wollte mir nicht die Blöße geben, einen Reisefehler gemacht zu haben. Ich war überglücklich, als ich dann im Flieger saß.

Katar – Doha zum Neujahrsfest

Nicht erst seit Saudi-Arabien versuche ich jedes Jahr Silvester an einem anderen Ort der Welt zu verbringen. Schon seit mehreren Jahren gehe ich diesem Spleen nach. Dann lässt es sich besser an das Jahresende erinnern. War somit schon in diversen deutschen Städten, Amsterdam, Istanbul, Prizren (Kosovo), Warschau und seit letztem Jahr Riad in Saudi-Arabien. Dieses Jahr Doha. Hauptstadt von Katar. Kleine Party mit Freunden. Nichts Wildes. Aber neuer Silvesterpunkt.

Gibt's da nicht eine Aushilfe für?

Beim Besuch in Doha, der Hauptstadt wird gebaut was das Zeug hält. Ob nun Teaboy, Reinigungskraft, Taxifahrer oder Tüteneinpacker im Supermarkt – Pakistaner, Bangladeschis und Inder arbeiten überall im Niedriglohnsegment. Für Hungerlöhne leisten sie sehr gute Arbeit. Und trotzdem sind sie des Geldes wegen vor Ort. Die Westler werden daher verleitet bei Handlanger-Tätigkeiten zu fragen: Gibt es da nicht eine pakistanische Aushilfe für?

Schlaf beim arabischen Essen

Doha ist das neue Dubai. Es wird gebaut, gebaut, gebaut. Sicher hat damit die WM 2022 zu tun. Denn nicht umsonst, gibt's demnächst einen neuen Flughafen, der selbst Dubai in den Schatten stellen soll. Also wenn Jobs an der Sonne, dann ab nach Katar!

Kenia – Safari im Abendrot

Jump, Jump trifft über den Wolken. Die Kombination aus zwei Songs der 1908iger und 1990iger fällt einem bei einem Besuch in Kenia ein. Wie das? Die Masai springen, um ihrer Angebeteten die Aufwartung zu machen. Und mit dem Heißluftballon kann man die Schönheiten der Natur bewundern.

Der Standardtourist verlässt natürlich samt Begleitung die Hotelburg nur zum arrangierten Fotoshooting der kleinen und großen Tiere. Dabei nähern sich die Zweibeiner auf vier Rädern den wilden Löwen, Giraffen, Warzenschweinen und wie diese Viecher sonst noch so heißen bis auf wenige Schritte.

Gegen ein wenig mehr Entgelt lässt sich das majestätisch auch aus luftiger Hohe erleben. Am besten bei Sonnenauf- oder Untergang mit einem Glas Champagner in der Hand. Traumhaft wie die Heiß-Luftballons über die Savanne schweben. Diese können natürlich auch schwupp kurz über den Köpfen der afrikanischen Tiere gleiten. Super Fotos sind garantiert.

Der Tag ist dann perfekt wenn es am Abend dann noch eine Sprungeinlage der lokalen Masaikrieger gibt. In der Regel am Hotelpool eines Resorts.

Tipps Kenia

1. Safari mit dem Heißluft-Ballon in der Masai Mara. Teuer aber spektakulär.
2. Show mit Masaikrieger

Kiribati – Schlachteieiland für Reiseexperten

Man war nur in Kiribati wenn man weiß, dass der Name ‚Kiribas' ausgesprochen lautet. Ich hatte auf den Marschall Inseln eine andere welt-reisende Person kennengelernt und wir machten nun auch Kiribati unsicher. Mein amerikanischer Reisekollege spielte wirklich in einer anderen Reiseliga. Mit GPS-App auf dem Phone und profundem Wissen über die Insel samt Zweiter-Weltkriegs-Denkmälern war er besser vorbereitet als ich. Ich hatte vorab überhaupt nichts recherchiert.

Kinderspielplatz Battlefield

Ich glaubte, alles würde sich schon ergeben. Im Endeffekt tat es das auch, denn auf unseren Ausflügen sahen wir alte Geschütze auf einem Fußballfeld, bei Ebbe freigelegte Panzer oder japanische Denkmäler versteckt zwischen Sträuchern. Die Auswahl an Monumenten der japanisch-amerikanischen Kämpfe war reichlich. Einmalig war jedoch der Sonnenuntergang mit großkalibrigen Kanonen der Japaner, auf denen heute friedlich Kinder herumtollen. Unvergesslich.

Kirgistan – Judo in der Pferdesteppe

Bumm. Da wurde der gehkranke alte Mann schwupp auf den Gaul gehievt und ins nächste Nachbardorf gejuckelt. Kein Wunder: Kirgistan ist ein Pferdeland. Es gibt hier wohl mehr Pferde als Autos. Zumindest auf dem Land. Der Staat in Zentralasien ist berühmt für seine Nomaden samt den sogenannten Jurten. Da wollte ich auch mal drin übernachten und Reiten für mehrere Tage. Ich hatte wohl die falsche Jahreszeit erwischt und eine Übernachtung war nicht drin. Dafür durfte ich bei einer Gastfamilie für drei Tage bleiben.

Was ist WLAN?

Eine Touristen-Führerin und gleichzeitig Übersetzerin war mit von der Partie. Ok, das wäre spaßiger geworden, wenn ich mein Türkisch und Russisch hätte ausprobieren wollen. Dann wäre die ganze Sache noch abenteuerlicher geworden. Nicht destotrotz ist man als verwohnter Expat ohne WLAN, Warmwasser, Indoor-Klo, TV und Internet schon sehr weit weg von jeglicher Zivilisation in diesem kirgisischen Bergdorf.

Katzenwäsche für die Pussycat

Jeden Morgen hieß es bei frischen Temperaturen Katzenwäsche draußen am Brunnen. Warmwasser? Nix da. Das musst erst warm gemacht werden. Hallejullah. Zum Glück war ich nur für drei Tage hier. Die eigentliche Wärme kam jedoch durch die Gastfreundschaft der Familie. Obwohl wir uns nicht immer sprachlich verstanden, reichten entsprechende Gesten und Mimiken in der jeweiligen Situation. So war es relativ einfach am Morgen nach dem Frühstück die Unmengen von Schaffen auf die Weide zu treiben. Auch das Reiten auf dem Pferde war mit –Hüh und hott – relativ einfach.

Sport frei in der Weite des Landes

Als ich bei einem Mittagessen lernte dass vor Jahren mal ein Mädel für ganze drei Monate vor Ort war und sie Englisch den Dorfkindern beibrachte und dafür umsonst Kost und Logis genoss, dachte ich Judo für die Kids wäre sicher toll. Toll für die Kinder und toll für mich. Sie bekamen eine neue sportliche Aktivität und ich erhielt ein wenig Abwechslung.

Keine dicken Kinder von Landau weit und breit

Schnell merkte ich dass diese Kinder alle wirklich taff sind. Kein dickes Kind war zu sehen. Kein Wunder: Angeblich müssen einzelne Kinder jeden Tag bis zu 3 Kilometer oder mehr zur Schule gehen. Auch mental waren sie erste Sahne. Die Body-Mind-Koordination war wunderbar. Ich erklärte diverse Techniken einmal und Schwupps die wussten gleich was los ist. Kein Zappelphilipp, kein weinerliches Balg, alle aufmerksam. Für einen Trainer ist das super.

Tipps Kirgistan:

1. Homestay sing sang mit türkisch angehauchtes Essen.
2. Ein Zelt oder eine Jurte für den Aufenthalt samt Pferde buchen.

Kolumbien – Salsa Shooting in Bogota

„Was? Du fährst für fünf Tage nach Kolumbien? Mensch! Da reicht doch ein Tag reicht, um erschossen zu werden", sagte doch Stefan als ich ihm von meinen Reiseabsichten nach Südamerika erzählte. Egal. Max, ein Österreicher, hat es empfohlen. Muss es ja wissen. Schließlich ist er seit

mehreren Jahren mit ner Señorita aus Peru liiert und kennt den wilden Westen von America del sur bestens: Bogota, Medellín, Cali – hat er alles gesehen. Somit waren das auch meine Anreisepunkte.

Keine Schiess- aber Tanzeinlagen

Zuerst Bogota. Kein Erschießungskommando am Airport. Gut. Trotzdem Sicherheit geht vor. Eine Latin-Online- Bekanntschaft machte den Tag unvergesslich durch ihre Sightseeing tour guide Qualitäten. Erste Tanzschritte im Land des Salsas gab es dann doch schon hier. In der Drogenhauptstadt Medellín wurden mir weniger selbiger angeboten als in Amsterdam, Jamaika oder in Dschibuti. Kleine Enttäuschung aber auch Erleichterung. Dennoch ist das Straßenbild gezeichnet von verarmten Leuten am Wegesrand, die ihr Leben nur so dahinfristen. Wiedermal happy über die Gnade der deutschen Geburt.

Deutscher Marschmusiker im Salsa-Rausch

Die meisten Fenster in den ersten Etagen der Häuser hier sind mit Metallgittern gesichert. Das Treffen mit einem österreichischen Expat konnte mich auch nicht zufriedenstellen. Oh Mann. Wenigstens ging es dann nach zwei Tagen nach Cali in die Hauptstadt des Salsas. „Hey, leg mal das Buch weg. Das brauchst Du nicht. Ich bringe Dir alles bei", sagte Paco, der im Bus neben mir saß. Und wirklich in 8 Stunden Busfahrt, machte mein Spanisch einen Satz nach vorne. Angekommen erstmal ins Gym und gleich eine Salsa Stunde gebucht. Denn das Hostel war gleichzeitig eine Salsa Schule.

In der ersten Tanzstunde erlebte der notorische unmusikalische Nichttänzer dabei sein blaues Bewegungswunder und war davon so angetan, dass es am nächsten Morgen kurz vor Abflug dann noch eine Privatstunde mit dem Tanzlehrer gab.

Schließlich lagen auf diesem Trip noch mehrere südamerikanische Länder und Latin Tanzpartnerinnen vor mir.

Tipps Kolumbien

1. Ein Salsa Kurs ist als Grundlage für die Eroberung der lateinamerikanischen Tanzflächen in Cali angeraten.

Komoren – All Day Visa Prozess

Im Jahre 2018 reiste ich in 49 Länder, um die restlichen 26 Länder auf der 193 – UN Länder Liste abzuhaken. Einmaliger Rekord. Das Ganze parallel zu einem 9 to 5 Job. In 2017 und 2018 waren es aufgrund schwieriger Visabestimmungen, weiten Flügen samt komplizierter Schedules quasi nur One-Night-Stands. Aufgrund der Gefährlichkeit der Länder, meiner Offenheit in Bezug auf andere Reisende gab es dann doch noch einige Stories in dieser kurzen Zeit jeweils zu erleben.

Bei Ankunft keine Ankunftsstempel

Doch auf den Komoren erlebte ich mein blaues Reisewunder, denn ich hatte musste noch zahlreiche Formulare auszufüllen, da on Arrival der Visa Schalter nicht funktionierte bzw. nicht besetzt war. T.I.A. – This is Africa, konnten jetzt manche meinen. Aber nach unzähligen anderen Trips vorab, war ich quasi auf fast alle Eventualitäten eingestellt.

Zum Glück half mein Hotelpersonal mir ein Taxi besorgen, um mich innerhalb der nächsten Stunden nach Ankunft von A nach B zu bringen. Zudem glaubte ich in Westafrika mit Dollars bezahlen zu können. Aber die nahmen nur Euro. Irgendwoher musste diese Valuta aufgetrieben werden. Somit düste ich im strömenden Regen mit dem Taxi zu diversen kleinen Shops, um halt Geld entsprechend zu wechseln. Endlich dann mit der richtigen Kohle ausgestattet und beim korrekten Office, hatten die dann auch schon wieder Mittagspause. Oh Mann. Der Flug am Abend wartete und ohne gültige Einreisepapiere keine Ausreise. Warum macht man dann solch einen schnellen Trip? Weil man es kann und will. Bei Indiana Jones und James Bond sieht das immer so einfach aus im Film. Da gibt es keine Visaprobleme. Achja das war ja auch im Film.

Kongo – Beachsoccer am Flussdelta

Wenn es in ein neues Land geht, meist per Flieger. Dann lohnt sich ein Fensterplatz, um schon mal einen ersten Eindruck zu erhalten. Über Deutschland zum Beispiel sind die ganzen Wiesen, Felder, Walder scheinbar mit dem Lineal gezogen: Akkurat und genau. So etwas sagt man den Deutschen ja auch nach.

Beim Landeanflug auf Grönland bei blauem Himmel mit den hellen Farbwechseln von Weiß des Eises und Schnee kriegt man schon einmal eine Impression. Über London macht man einfach nur einen Tick nach dem anderen über die ganzen Sehenswürdigkeiten, die man schon aus dem TV oder vom Hörensagen kennt.

Rumble in the Djungle

Beim Anflug auf Kongo erwartete den staunenden Passagier ein Flussdelta mit gelblich schimmernden Sandbänken und immer wieder Wasser mit Baumbewuchs. Dazwischen viele Punkte, die sich Zick Zack bewegten. Am gleichen Tag einen

Sightseeing Trip gebucht und diese Zick zackigen Punkte waren zackige junge Burschen, die auf den Sandbänken Fußball spielten und dem Ball nachjagen oder aber Handstand, Überschlage oder Pirouetten vollführten. Hier lohnt sich ein Fußballspiel mit den lokalen Fußball Stars. Manchmal ein Bier aber auch viel öfter ein gemeinsames Spiel – das bringt die Leute zusammen. Nach getaner Schweißarbeit tut die Abkühlung im Flusswasser dann besonders gut.

Kosovo – Schildkrötenpanzeralarm

„Sie sind quasi hier der Obermotz!", sagte ich in einer Lagebesprechung zum vorgesetzten Offizier, und wollte gerade Einwendungen zu seinen Befehlen geben. Da zückte er seine Pistole und legte sie mit ruhiger Hand auf den Tisch. Durchgeladen hatte er nicht. Trotzdem hatte ich verstanden: Klappe halten!

Schnauze halten und in Deckung gehen

Das ließ ich nicht zweimal mir sagen. Funkstille. In der Ruhe liegt die Kraft und man lebt länger. Jetzt: Lageeinweisung. Abmarsch morgen früh auf zur Patrouille. Ich dabei. Reporter auf Patrouille. Zusammen mit harten Hunden sollte es auf eine 4- Stunden Tour gehen, um zu checken, dass der Frieden im Kosovo hält. Naja, mehr oder minder.

Die Fahrt im Mercedes-Jeep führte uns durch ein türkisch angehauchte Örtchen mit kleinen Moscheen, einfachen Shops und wartenden alten Männern am Wegesrand. Wir passierten unzählige kleine Tankstellen. Man sagt im Kosovo ist die höchste Dichte an Tankstellen und Autowaschplätzen in der ganzen Welt.

133

Rasseeinmaleins am Arsch der Welt

Immer wieder durch gemixte Ortschaften. Moslems und Orthodoxe wohnen hier Tür an Tür. Ich sehe da keine Unterschiede. Alle gleich scheinbar. Doch mein Übersetzer wusste es besser: „Haben Sie denn beim Rasseunterricht in der Schule denn nicht aufgepasst", fragte er mich lapidar. Na: Rasseunterricht hatten wir in der Schule ja beileibe nicht mehr. Jeder Mensch samt Herkunft sieht zwar ein wenig anders aus. Aber wenn man nicht aus der Gegend kommt, ist das schon schwer auszumachen. Gleiches stellte ich bei meinen Reisen auch weltweit immer wieder fest: Aus europäischer Sicht ist es schwer zusehen wer denn nun ein Koreaner und wer ein Chinese ist. Gleiches gilt für Menschen aus Senegal oder Ghana. Ich schätze für selbige gilt das für die Europäer genauso. Deutscher oder Franzose – wo ist der Unterschied?

Alarm! Alles Anhalten! Voller Stopp!

Weiter ging die wilde Fahrt. Dann plötzlich. Vollbremsung. Der Chef der Patrouille ließ halten. Er stieg aus und beugte sich runter. Was ist passiert? Eine Mine? Ein Sprengdingsbums? Er hob etwas auf. Er drehte sich um und zeigte uns eine kleine Schildkröte. Oh ja. Solch ein kahlrasierter harter Hund von außen, hatte ein weiches Herz im Innern. „Ich bremse auch für Tiere" – dieser Aufkleber wäre jetzt passend gewesen für seinen Militär-Jeep, dachte ich mir.

Kosovo ist Urlaub für Afghanistanveteranen

Dann wieder zurück ins Lager. Kurz vorab noch ein Stopp bei einem kleinen italienischen Restaurant. Pizza for Take away. Naja – Kosovo Mission ist halt nicht Afghanistan. Da geht das schon. Urlaub wäre es für Soldaten meint man in der Truppe süffisant. Besonders Afghanistanveteranen sehen die Kosovo Mission mit lächelndem Auge. Manpower und Blutzoll in

Afghanistan im Vergleich mit Kosovo sprechen Bände. Deshalb kann man hier auch ohne Probleme Pizza kaufen und dann zusammen abends im Feldlager futtern – bei dem obligatorischen Getränk natürlich. Schließlich hatten wir ja die zwei Dosen Regelung. Zwei Bier je Tag. Die Amis haben da ja eine Null-Alkohol-Regelung, wobei die Italiener schon zum Mittagessen Wein kredenzen.

Pizza im Magen, um der Waffe zu entsagen

Kurzum es war ein guter Tag. Dann schnell ab in die Heia. Doch oh Schreck, oh Schreck – meine Pistole war weg. Die 800 Gramm am rechten Oberschenkel fehlten plötzlich. Meine Waffe nicht auffindbar. Scheiße. Das gab bestimmt ein Disziplinarverfahren samt Heimflug. Doch Blitzmerker dachte nach: Die muss hier noch im Lager sein, denn schließlich haben wir den Ladezustand bei der Reinfahrt gecheckt. Und so war es auch. Ich hatte wohl bei der sogenannten Entladebox meine Pizza mitgenommen anstelle meiner Waffe. Manche wurden schon für weniger entlassen. Aber nach temporärer Dislozierung hatten Sicherheitskräfte der Lagerwache die Knarre in Verwahrung genommen. Ich bekam sie natürlich wieder. Meldete pflichtbewusst den stupiden Vorfall dem Boss und damit war die Sache erledigt und ich konnte noch mehrere Monate vor Ort bleiben und zum Frieden beitragen.

Tipps Kosovo:

1. Türkisch angehauchte Altstadt von Prizren lädt zum Flanieren ein.
2. Bistriza Tal ist super geeignet für einen Nachmittag. Obacht vor Landminen.
3. In Mitroviza kann man Studien durchführen zum Thema albanisch-serbische Völkerverständigung.

Kroatien – Serbien muss sterbien

„Serbien muss sterbien", Losung vieler deutscher Soldaten im Ersten Weltkrieg. Als Geschichtsstudent weiß man sowas. Und da Psychologie in der Schule Wahlpflichtfahr war und Soziologe an der Uni Hauptfach galt es Geschichtswissen bei der Eroberung einer Kroatin während der Münchner Studien-Zeit anzubringen. Selbige floss dann auch in der Studienzeit zu Weihnachten hin, was eine Silvesterfeier in Dubrovnik zur Folge hatte.

Zwischen Liebestrunkenheit und Cevapcici sind die eindrucksvollen Marmorplatten der kroatischen Adria Stadt in Erinnerung geblieben. Blank geputzt in einer langen Straße in Dubrovnik leuchteten sie den Weg zum Neuen Jahr und zeitigten eine deutsch-kroatische Gluckseligkeit unter den Palmenpagoden an der Adria.

Kuba – Rekordtrinken leichtgemacht

Wieder zurück in Island flog ich dann über den großen Teich. Zwei neue Länder: Kanada und Kuba. An Kuba kann ich mich noch genau erinnern. Denn dort stellte ich zwei persönliche Rekorde auf. Trinktechnisch, versteht sich. Der früheste Drink – Cuba Libre, was sonst – um kurz vor 7:00 morgens. Denn nur die Hotelbar hatte immer noch oder schon wieder geöffnet.

Weder der Touristenschalter noch ein Einchecken waren möglich. Denn mein Flieger erreichte die Hauptstadt in aller Hergottsfrühe. Was blieb: lokale Köstlichkeiten genießen. Das gehört zum Bereisen eines Landes ja dazu. Somit schon gegen neun auf einen ansehnlichen Alkoholpegel eingeschossen.

Deshalb gingen das Einchecken und das Buchen eines Tagestrips wie geschmiert.

Filmriss in der Mittagshitze

Den zweiten persönlichen Rekord konnte ich eben auf diesem Tagestrip in einem All-Inclusive-Resort aufstellen. Für knapp 100 US-Dollar war alles dabei: Essen, Trinken, Beach-Life. Ungefähr fünf Bars boten allerlei Alkoholika. Dies ließ ich mir nicht nehmen und schoss mich schon gegen Mittag ab. Folgerichtig der erste Toilettengang bereits um ca. 13:00 Uhr. Aber so genau kann ich mich daran nicht mehr erinnern. Verständlich. Filmriss danach.

Trink, Brüderlein, trink in Kuba

Generell hatte ich den Eindruck, dass es in Kuba gefühlt alle 500 Meter eine Bar gibt. Entweder als kleiner Einmannbetrieb mit Bauchladen, ein Fahrradanhänger oder was richtig Nobles. Natürlich gibt es auch Touristenbuden wie die Bar von Hemingway. Mit ein wenig Touristenspanisch und freundlicher Miene gibt's da auch Freigetränke, gesponsert von netten Mexikanern.

Tipps Kuba:

1. Cuba Libre zum Frühstück, Mittag und Dinner. Am besten von verschiedenen Bars und Restaurants, um entsprechend einen Eindruck zu bekommen. Der Kater ist inklusive.

Kuwait – Stadt, Land, genug

Kuwait - Ein klassisches Tagestripland. Nicht viel zu sehen. Attraktivität: Fehlanzeige. Fragte ich noch vor Abflug einen Kollegen, ob er denn schon mal da war und was er empfehlen könne. Der Engländer meinte nur lapidar. „Klar, 1990 mit meiner Einheit im Befreiungskrieg gegen Saddam Hussein."

Ha. Selten so gelacht. Trotzdem empfahl er mir in das örtliche Museum zu gehen, wenn ich denn schon da sei. Und wahrlich auf einer Tagestour war das das Highlight der Hauptstadt Kuwait City.

Crash, Boom, Bang in Miniaturformat

Der Einmarsch der irakischen Truppen von 1990 ist hier eindrucksvoll dargestellt mit Licht- und Soundeffekten. Weitere Sehenswürdigkeiten der Stadt sind die Kuwait Towers von denen man einen tollen Überblick über die Strandpromenade hat. Interessant war die Gestaltung zweier Restaurants unweit des Hotels Radisson Blu am Hafen. Denn dort lag ein altes Segelboot. Innerhalb des Bauches des Boots und unterhalb der Kiellinie ist jeweils ein Restaurant maritim-arabischen Flairs untergebracht. Der Tipp schlecht hin. Ansonsten gibt's in Kuwait echt nichts weiter zu entdecken. Ist halt fast wie früher in Saudi Arabien – nur dass die Frauen hier Autofahren dürfen. Alkohol gibt's auch nicht. Also auch ein nüchternes Land. Im wahrsten Sinne des Wortes.

Tipps Kuwait:

1. Kuwait Towers zum Kaffeetrinken mit Meerblick.
2. Radisson Blu Hotel mit Lunch im Bauch zweier Segelboote.

3. Panzerfriedhof und Landesmuseum lassen den Krieg
Anfang der 90iger wieder aufleben.

Laos – Natural born Pools

**In Vang Vieng in Laos ist die Todesrate der Amis
wesentlich höher als in Kandahār in Afghanistan. Denn
durch zahlreiche verbotene Substanzen intus, kommen die
Touris durchs Ertrinken im nahe gelegenen Party-Fluss zu
Tode. In 2012 zum Beispiel: 27 killed in Action.**

Doch die Dunkelziffer liege höher, schließlich werden die
Verunfallten schnell von der Feten-Front in benachbarte
Lazarette gebracht. Sie fallen dann dort in die Opferstatistik. Die
Leute knallen sich zu in diversen Strandbars und springen dann
hals über Kopf ins Wasser und schwingen per Lassos von
Bäumen und Bam knallen gegen die Stämme, fallen
benommen ins Wasser hinein und ertrinken in den nächsten
Minuten.

Kugelgrill kommt auf den Tisch

Als Safety-first Traveler bin ich da natürlich nicht dabei. Ich halte
es da lieber mit den zahlreichen kleinen Tempeln, finde meine
innere Ruhe und knipse ab und zu ein paar Bilder. Und wenn
es sich ergibt quatsche ich andere Touristen an, vereinbare ein
Essen und habe eine schöne Dinner Konversation. Am besten
beim laotischen BBQ, einer Kugelform gleichen Einrichtung aus
Metall. Fleisch und Veggie Food wird draufgelegt auf die heiße
Kugel und umkränzt von einem Ring, in dem eine Brühe kocht.
Somit gibt's je nach Geschmack mal mehr Suppe oder
Feststoff-Nahrung. Wer dann nach dem Dinner spät abends
noch flüssigen Sprit, sprich Alkohol genießen will und die Bars

scheinbar alle geschlossen haben, kann sich auf den diversen Bowling Bahnen vergnügen. Dort gibt's immer noch Spirituosen bis in die Nacht.

Tipps Laos:

1. Der Laotische Grill ist sowohl für Keto als auch Vegetarier geeignet, und für Food-Travel-Lovers sowieso.
2. Den Laotischen Grill sollte man unbedingt ausprobieren.
3. Strandbars am Flussstrand.

Lettland – Die fantastischen 4 Bier

Ganz ehrlich. Estland, Lettland, Litauen konnte man alles zusammenlegen. Jeweils einen Tag vor Ort verbracht wie in so vielen anderen Ländern auch. Aber große Unterschiede gibt es nicht. Zumal es eh alles europäisch, teilweise sehr deutsch aussieht und sich finnisch-russisch anhört. Ok die kulinarischen Köstlichkeiten werden hier mit feiner Hand zubereitet.

Lecker Lettland

Während in Finnland und Russland der Vodka das Maß aller Trinkerdinge ist und in Deutschland entweder ein 1 Liter Humpen kredenzt wird (Bayern), in Köln das Wasser-Bier Gesöff im Reagenzglas ausgeschenkt wird und im sonstigen Deutschland ein 0,3 bis 0,5 Liter Glas der Gerstensaft daherkommt, gibt es in Estland eine besondere Art. Ich bestellte eine traditionelle Speise-Getränke Kombination. 4 kleine Töpfchen hatten jeweils ein unterschiedliches Biergemisch mit unterschiedlichen Farben und Geschmacksrichtungen. Dazu gab es je litauischer Region diverse Häppchen. Diese Tapas-ähnliche Menu Konstruktion war das Highlight und das Besondere beim Trip hierher.

Lesotho – Catfight am Grenzposten

Im Anschluss an die südafrikanische Dinner-Show, Hafentour, City-Walk, sowie Tafelberg aus der Ferne sehen, Weiterfahrt Richtung Osten. Frühstück in Lesotho. Zwei Stunden Aufenthalt und dann weiter durch Südafrika. Kurioserweise verlief der Grenzübertritt mit dem Auto rasend schnell. Das kam mir spanisch vor.

Bei der Ausreise nach unserem kleinen Frühstück merkten wir auch, warum: Uns fehlte ein Einreisestempel für Lesotho. Das registrierte jedoch die verantwortliche Grenzbeamtin, hielt uns fest und vernahm uns in ihrem Büro. Wir beteuerten unsere Unschuld, dass wir einfach nur durchgewunken wurden bei der Einreise.

Der Friedenskuss

Das wollte sie nicht gelten lassen. Die Worte überschlugen sich und es wurde emotional. Reisekollege Chris konnte die Dame mit seinem Charme besänftigen und gab klein bei. Bei Grenzpolizisten hat man sonst keine Chance. Als wir fast schon aus dem Büro waren, entspann sich ein Catfight mit unserer weiblichen Reisebegleitung. Ich flüsterte ihr nur ins Ohr, dass sie bitte ruhig sein sollte. Denn wir waren ja schon fast im Auto. Nach noch ein wenig längerem Gezeter hätte nur ein Kuss sie beruhigen können. Denn wenn man isst und küsst, kann man nicht plärren.

Und was lernt man daraus? Bei jedem Grenzeintritt bedarf es eines Stempels – außer man ist in der Schengen Zone von Europa. Und wenn es mal wieder länger dauert, hilft ein Snickers oder ein 100 US-Dollar schein. Besonders in Afrika. Geld regiert die Welt und beschleunigt diverse Prozesse.

Tipps Lesotho:

1. Überquerung des Sani Passes in Lesotho. Geeignet mit einem 4x4 und mindestens einer extra Person – falls mal was kaputt geht.
2. Immer genug Cash in der Tasche für adhoc Schmierereien.
3. Aufpassen beim Reinfahren mit dem Auto, dass man auch ja den richtigen Stempel in den Reisepass bekommt.

Libanon – Frankreich des Mittleren Ostens

„Wie weißt Du, dass Du eine Libanesin heiratest?", steht als Scherzfrage in einem kleinen Büchlein über das Land am Mittelmeer. Genau: Du musst für die Hochzeit so viel bezahlen wie irgendein afrikanisches Land an jährlichem Bruttosozialprodukt erwirtschaftet. Und bei der Hochzeit kommt dem weißen Kleid der Braut eine besondere Bedeutung zu, denn im Libanon so scheint es, sehen alle Frauen gleich aus.

Heiße Ladies in der Music Hall

Die Frauen gehen vermutlich alle zum gleichen Schönheitschirurgen. Langes welliges Haar, leicht gebräunte Haut, Schlafzimmerblick und eine Grazilität die sowohl in Office

Umgebung, Party Dancefloor oder am Strand super passend sind. Und von allen dreien gibt es viele Möglichkeiten:, Abfeiern geht am besten im The White, BO18, Music-Hall, etc., zudem laden im Sommer diverse Beachclubs dazu ein die chirurgisch top gestylten Bodys zu Resident DJ Music zu bewegen. Und die Männer? Bei denen denkt man, sie seien alle um die 50 Jahre alt, weil die meisten eine Glatze haben. Doch bei genauem Libanesen-Studium fällt auf: Meist nur die übergewichtigen Gesellen neigen zu Haarausfall bereits im zarten Twentysomething Alter. Da die Leibspeise dort Shawarmer ist, konnte da der Hase im Pfeffer liegen. Mehr Shawarmer im Bauch – weniger Haare auf dem Kopf.

Die Argentinier des Mittleren Ostens

Ok. Es kommt ja nicht immer auf das Aussehen an, sondern manchmal auch auf die inneren Werte. Bei den Libanesen hat man das Gefühl, trotz aller Poser und Poserinnen Mentalität, dass sie auf dem Boden geblieben sind. Zwischenmenschlich laden sie gerne zum Essen, Feiern und sonstigen Abhilfen ein. Doch wenn es um Ihr Land geht, zählen sie zu den stolzesten der Welt. „Wir sind keine Araber. Wir sind Phöniker." Ja, nee, ist klar. Das will mir immer einer meiner libanesischen Buddies weismachen. Und die Deutschen sind keine Europäer, oder was. Die Libanesen sind halt wie die Argentinier des Mittleren Ostens. Sie denken sie sind halt was Besseres und ihr Land etwas besser als die anderen. Bei näherer Betrachtung kann aber leider wirklich der Eindruck aufkommen, dass dort vieles cooler ist, als im Rest des Mittleren Ostens. Das sollte ich bei meinem Trip dorthin schnell feststellen.

Party, Party

Beirut oder Singapur – beides Orte, an die ich schon immer reisen wollte. Exotisch, geheimnisvoll, Großstadtflair. Mein Kumpel Stefan meinte nur: „Vergiss Singapur, Party ist besser

143

in Beirut." Bewaffnet mit einer langen To-do-Liste von Freunden und Kollegen, die bereits in der libanesischen Hauptstadt waren, zog ich los. Na ja, erstmal nicht. Sechs Stunden Verspätung am Flughafen in Riad mit all den Heerscharen von Indern, Pakistanis, Bangladeschern – samt den Gerüchen und Aromen, die sich damit breitmachen. Jede Kultur hat da so ihre Eigenarten.

Ohne Moos nix los

Endlich da. Verschlafen die Landung. Erster Schock. Giro- und Kreditkarten arbeiten nicht. Ohne Moos nix los in fremder Stadt. Wie bei jedem dritten Welt-Airport erwarten einen bereits am Flughafen Unmengen von Taxifahrern, die einen naiven Reiseanfänger abzocken wollen. Egal! 50 Dollar für die Fahrt ins Zentrum wären okay. Schließlich ist man ja kein armer Backpacker, der jeden Pfennig einzeln umdrehen muss. Zudem Probezeit vorbei. Zwei Jahre Saudi-Gehalt. Yippie! Auf geht's! Hinein ins Paris des (Nahen) Ostens.

Kriegsgebiet oder Partyhochburg?

Meine Güte, wo bin ich denn hier gelandet? Einschusslöcher in den Häusern, Ruinen am Wegesrand, Bettler. Ein Mix aus Bundeswehreinsatzbildern aus Afghanistan, Bosnien oder dem Kosovo stieg in mir hoch. Ich verfluchte insgeheim meinen Kumpel und hatte immer noch keine Kohle. Deshalb Taxi marsch, marsch zu einer Weltbank. Da werden Sie geholfen, dachte ich. Ans Partymachen war erst mal nicht zu denken.

Banking Girl and Travel Boy

HSBC – die große Hoffnung auf Cash in die Täsch. Ansonsten wäre der Urlaub schnell vorbei. In einer der größten Party Citys der Welt – ein Jammer. Mit Augenaufschlag und Wimpernschimmer hinterm Tresen – das erste weibliche

144

Geschöpf ohne Schleier seit drei Monaten. Da fließt man(n) schon mal hin. Neben 500 USD in bar gab's dann noch ihre Telefonnummer. Date in zwei Tagen inklusive Stadtführung auch gebucht. Check! Geht ja wie geschmiert. Vielleicht ist da mehr drin. Aber erst mal ins Hotel. Ein Bier und dann ab in die Heia. War ja anstrengend genug. Von den Nerven ganz zu schweigen.

God is a DJ

Nix da Schlaf, denn ich treffe einen Ami in der Lobby des Hotel Napoleon, mit dem ich flugs drei Bier für den Abend klarmache. Dabei sollte es nicht bleiben, denn er hatte einen Trupp Locals und Touristen zum Dinner beordert. Von einer Bar ging es dann in die nächste. Es folgten diverse Clubs, u. a. Technotempel „BO 18", der mir von einem schwedischen Kollegen wärmstens empfohlen worden war. Seit Berliner Love-Parade-Zeiten nicht mehr so ab gehottet. Prompt gab's auf Facebook die Line: „God is a DJ, I met him last night in Beirut." Wahrlich. Beirut ist die Partycity, nicht nur im Nahen Osten. Während anderswo unter der Woche nichts geht, steppt der Bär hier jeden Tag. Egal, halbe Nacht durchgemacht, und immer noch taufrisch dank Wodka-Red-Bull. Mit Amikumpel ab ins Hotel. Im Lift dann noch in zwei nett zurechtgemachte Damen getorkelt, die sich hinterher als Callgirls herausgestellt haben. Ha, das trifft sich! Es gibt Elevator Pitches und Elevator Bitches. Und wenn sie dann hinterher noch an die Zimmertür klopfen, weil der eigentliche Kunde kalte Füße bekommen hat, ist an Schlaf sowieso nicht zu denken.

Schlaflos im Libanon

Die nächsten Tage verbrachte ich zwischen Partymachen im „BO 18"-Club bis zum Morgengrauen, auf der Hamra Street oder der Party- und Pub Meile „Jumaize". Nebenbei das eine oder andere Stelldichein mit dem Banking Girl. Geschlafen habe ich meist in Bus- oder Autotouren von freundlichen Libanesen. Die antiken Ausgrabungsstätten in und rund um Beirut sind sehr gut erhalten und man fühlt sich fast wie in Rom. Die Skigebiete laden im Winter und noch im Frühling zu rasanten Abfahrten ein. Bei optimalen Temperaturen gibt's am Morning Ski und Rodel gut und am Nachmittag Beach Club Marsch. In beiden Fällen posen da die Einheimischen mit ihren getunten Bodys.

Tipps Libanon:

1. Beach Club feeling in Ocean Beach club, Reina, oder Iris.
2. Sightseeing in Biblos, Baalbek, and Jeita.
3. Night Clubbing in Beirut: BO18, the White, Music Hall, AHM, Skybar. Egal jeder Club ist richtig. Denn Feiern ist das Credo der Libanesen.

Liberia – Libanon Hotel in West Afrika

Wenn man als einziger Weißer nachts inmitten von Afrika ankommt, dann ist Vorsicht geboten. Ok. Nicht bei normalen Touristen-Ländern wie Kenia, Namibia, oder Tansania – aber bei Liberia sicher auf alle Fälle. Besonders als Alleinreisender. Und dann noch in vollkommener Dunkelheit.

Die Abholung wie so oft klappte natürlich nicht. Zwar war alles vorab mit dem Hotel ausgemacht. Aber kein Fahrer da. Zum Glück gab es einen vertrauenswürdigen Taxler, der zwar auch schon einen sitzen hatte bzw. ein wenig high war. Aber mangels besserer Alternativen – kein anderer Driver war zugegen, ließ ich mich auf die Abenteuertour ein. Gemäß eigenen

Berechnungen sollte es ca. eine Stunde weg vom Airport gehen. Mitten in die Nacht die unbekannte.

Libanesen gibt es überall

Bei Ankunft im Hotel sah ich schnell eine mir vertraute Einrichtung. Alles sah ein wenig nach Mittleren Osten aus. Nach ein, zwei Drinks lernte ich den Besitzer kennen: Ein Libanese. Der erzählte mir, dass es ihn vor mehreren Jahren hierher verschlagen hatte. Das passte ins Bild: In Libanon selbst leben nur ca. 4 Millionen hauseigene Libanesen während rund 20 Millionen im Ausland arbeiten und leben und Gelder in den kleinen Mittelmeeranrainer übersenden. Der Hotelbesitzer hatte sein Geld hier gemacht. Das ließ sich an den arabischen Kissen, der Musik und der Wandverzierung gut feststellen. Selbstverständlich wurde ich von ihm zum Dinner samt einiger Drinks eingeladen. Typisch libanesische Gastfreundschaft. Er war er doch ganz froh, mal wieder jemanden aus dem Mittleren Osten getroffen zu haben.

Immer am Strand lang

Sogleich machte ich einen Verdauungsspaziergang durch die Hotelanlage Richtung Strand. Dort stand hoch oben der Vollmond und erleuchtete den schimmernden Sandabschnitt mit seichtem Licht. Tipp, tapp – kleine Strandläufer, namentlich kleinen Krabben bewegten sich querfeldein über den Sand. Ihre Schatten huschten hin und her. Am Morgen joggte ich schnell noch eine Runde im kleinen Resort und 30 Minuten Schwimmen im kleinen, aber feinen Pool waren die Trainingseinheit des Tages, bevor es nach Cocktailfrühstück schon wieder zum Flughafen ging – natürlich mit dem Hotelbesitzer als Fahrer höchstpersönlich.

Libyen – Flüchtlingsbastion

Auch so ein Land wo die Leute eher weg wollen. Ständig in den Medien hinsichtlich Flüchtlingstrecks über das Wasser. Gar nicht schön. Aber trotzdem reich an Geschichte. Die Römer waren da. Auch die Deutschen und Alliierten im Zweiten Weltkrieg. Somit musste ich ja wohl auch hin.

Auf nach Tripolis

Ich hatte mir das Visum bei einem Berlinaufenthalt besorgt. Denn in Riyadh in Saudi Arabien gab es keine adäquate Hilfe. Mehrere Versuche schlugen fehl. Deshalb bei Heimaturlaub ab zur Botschaft in Berlin.

Das alte Rom lässt grüßen

Aufgrund der unsicheren Lage wieder nur einen knapp 2-Tagestrip geordert. Doch bei richtiger Reiseagentur gibt's viel zu sehen und zu erleben, besonders in latenter unsicherer Lage sind die Sinne scharf wie Rasierklingen. Meine lokalen Reiseführer holten mich natürlich ordnungsgemäß ab vom Airport. Mediterranes Küsten-Flair hatte die Stadt mit arabisch muslimischen Gebäuden. Doch es gab auch italienische alte Gemäuer. Soviel konnte ich bereits im Abholwagen auf dem Weg zum Hotel sehen. Dort bezahlte ich dann artig die restlichen Tantiemen für die Agentur und wir machten uns auf den Weg in die Altstadt.

Minenräumer im Bürgerkriegsland

Alleine wäre ich sicher nicht so frei dort gewesen. Doch mit lokalen Guides war alles gut. Vorbei ging es durch römisch-arabische Häuser, Marktplätze. Ein kleines steinernes Gate. Ich lernte, dass ein römischer Feldherr den Bau bezahlt und errichten lassen hat. Sein Name war drauf. Selfie Spot schlechthin. Geschichte hautnah. Alles schien friedlich. Das Abendessen war eher türkisch.

Minenräumen zum Frühstück

Am nächsten Morgen hatte ich mich im Hotel verabredet mit einem anderen Deutschen, den ich in Berlin beim Visumsantrag kennen gelernt hatte. Er war permanent in Libyen tätig. Beim gemeinsamen Frühstück erzählte er, dass die Sicherheitslage natürlich nicht so rosig ist. Ach nee – Das hatte ich mir nicht gedacht. Da sagte er mir nichts Neues. Zudem sprach er über Minenräumprogramme und Raubüberfälle. Er warnte mich davor, meinen Tagestrip nach Sabrata, etwa 2 Stunden westlich von Tripolis, anzutreten. Naja, ich wäre ja mit Locals unterwegs dachte ich mir. Da wird mir schon nix passieren.

Toiletteninspektion an der Flüchtlings-Front

Nach dem Frühstück auf ins besagte Sabrata, eine alte Römer Festungsanlage. Viele Ausgrabungsstellen sind immer noch gut erhalten. Touristisch eigentlich ein Highlight, aber aufgrund der schlechten Sicherheitslage war ich der einzige Reisende vor Ort. Alles war da was alt-römische Bauten so toll macht: Steinerne Wege, kleine Überreste von Häuschen, Amphitheater, Säulen und Steinblöcke. Selbst eine Therme konnte ich entdecken, inclusive fast noch funktionierender Plumpsklos. Die hielten 2000 Jahre. Gute alte römische Wertarbeit. Da weiß man was man hat.

Raus aus dem Kessel

Beim weiteren Gang durch die Straßen sprach ich mit den Reiseführern. Die Flüchtlinge, die ankommen sind wirklich arm dran. Werden nicht so gern gesehen hier. Über die Folterungen, die es in den Medien zu hören, sagten beide nicht viel. Wie wir

149

von Angela Merkel wissen: Auch ein Schweigen kann ein Machtwort sein. Deshalb war ich auch froh wieder heil rauszufliegen. Just zwei Wochen nach Abflug gab es wiedermal Attacken auf den internationalen Flughafen von Tripolis. Schwein gehabt.

Tipps Libyen:

1. In Zeiten von Mord und Todschlag: Lokale Reiseagentur buchen. Dann klappt es mit dem Visa und dem sicheren Sightseeing.
2. Als Hobbyhistoriker sind die alt-römischen Gemäuer in und außerhalb von Tripolis zum Empfehlen.
3. Für die Panzerfanatiker und Rommelliebhaben eignen sich die Weiten der Cyreneika für das Landschaftsstudium.

Liechtenstein – Kaffeepause ohne Kaffee

Marathonwochenende im 3-Ländereck Deutschland, Österreich, Schweiz. Start in Lindau, Ziel in Bregenz. Einmal ein wenig rund um den Bodensee mit kurzem Durchlauf der Schweiz. Ich bezog Quartier in Bregenz gleich beim Zielgelände des Marathons neben dem Fußballstadion. Da ich noch ein wenig Zeit zum Einchecken hatte, besorgte ich mir gleich ein Taxi, um nach Liechtenstein zu düsen.

Kein Steuerflüchtling in Vaduz

„Hey, lassen Sie uns nach Liechtenstein fahren. Dort schnell einen Kaffee und ab zurück", schlug ich dem Taxifahrer vor. Für 100 Euro und einen Kaffee für den Taxifahrer. Top. Kein schlechter Deal. Effektiver Länderpunkt. Der Fahrer dachte zunächst ich wäre ein Immobilienhai oder Banker, der seine Gelder an der deutschen Steuer vorbei ins kleine Liechtenstein bringen wollte. Aber weit gefehlt. Leider hatte just an dem Tag entweder kein Café geöffnet in Liechtenstein. Deshalb 5 Minuten Stopp – einmal Beine vertreten. Durchamten und dann wieder zurück. Das war es.

Tipps Liechtenstein:

1. Wer sein Geld schon in der Schweiz geparkt hat, kann entweder zur Isle of Man oder nach Liechtenstein.
2. Das lokale Museum ist sehr informationsreich was die Geschichte angeht.

Litauen – Klein, klein, same, same

Nummer 3 der baltischen Länder neben Estland und Lettland. Man konnte sagen: Same, same but different. Ist halt wie die beiden kleinen Nachbarländer. Unterschiede? Gibt es die? Stellt sich die Frage, warum denn alle drei baltischen Staaten denn keine Union zusammen anstreben?

Ein Besuch der Antarktis ist nur komplett mit dem Sprung ins kalte Wasser.

Am Roten Platz in Moskau warten die Kopien von Stalin, Lenin und Putin.

Beim Bad im Teufelspool in Sambia schaut man dem Tod ins Auge.

Die Lemuren in Madagaskar zählen zu den liebevolleren Tieren auf der Erde.

Die heißen Quellen der Blue Lagoon zählen zu Islands Highlights.

Salut auf der Ziellinie beim Triathlon Challenge Wanaka in Neuseeland.

In Panama Stadt gibt es zahlreiche Bars und Hotels mit Roof Top Pools.

Sight-Seeing ist gut. Sight-Training ist besser. Hier: In Bhutan am Tigernest.

In Vanuatu gibt es noch aktive Vulkane, die permanent Feuer spucken.

In Turkmenistan brennt eine Gasquelle; das sogenannte Tor zur Hölle.

In Uganda war ein Gorilla-Trip nicht drin. Deshalb ab ins Fotostudio.

Auf den Salomonen stehen viele Weltkriegsutensilien am Wegesrand.

Akrobatik bei einer Übernachtung in der Antarktis.

Auf St. Lucia gibt eine Schlammpackung für den gesamten Körper.

Auf Mauritius sind schlechte Bilder Fehlanzeige.

Laufen ist schön. Besonders an extremen Orten. 2020 in der Antarktis.

براكمان لـ الهية : أرفع علم المملكة وفاء للود والتشجيع وهذه نصيحتي للمواهب

بطل ألماني يشارك في سباقات كبرى رافعا العلم السعودي

Erst der Doppel-Ironman-Triathlon, dann ab in die saudischen Medien.

In Bahamas bekommen die Top 3 im Marathon eine schöne Muschel.

An der Klagemauer in Israel ist das Aufsetzen der Kippah Pflicht.

Im Pazifik finden sich zahlreiche Überreste aus dem Zweiten Weltkrieg.

In Nordkorea gibt es nicht viel. Zumindest aber Kaffee aus der Dose.

Cloud 9 ist die künstliche, schwimmende Party-Insel in Fiji

Auch der Baron v. Münchhausen ritt in Transnistrien auf der Kanonenkugel.

Zusammen mit Elite-Einheiten an vorderster Front in Afghanistan.

Luxemburg – 2 Bier Sightseeing tour

Ein kleines Land eingequetscht zwischen Deutschland, Frankreich und Belgien. Im Deutschunterricht hieß es meist auch nur Benelux. Quasi eine Zusammenfassung der drei westlichen Anrainer von Deutschland inklusive Niederlande. Alles eine Frage der Perspektive.

Chinesen sehen die Europäer als Ganzes sicherlich auch. Ok. In diversen Regionen gibt es gute Autos (Deutschland), guten Wein (Frankreich), gutes Englisch (UK), guten Käse (Niederlande), gute Schokolade (Schweiz) etc.

In Luxemburg lernte ich bei dem vier Stunden Aufenthalt die mittelalterliche Citycenter der Hauptstadt sowie viel interessanter die lokale Biersorte Boefferding. Nach getaner Stadtbesichtigung und auf den Return Zug wartend, lasst sich mit dem süffigen Zeug die Zeit rumschlagen.

Madagaskar – Lemuren-Geschrei am Morgen

Erst die Arbeit, dann das Vergnügen: Nach drei Tagen mit Whiskeyflasche und neuer Triathlon-Medaille flogen wir nach Madagaskar. Madagaskar sollte ein Mix aus Adventure im Bush und Beachurlaub sein. Dafür auch nur drei Tage. Der Flug ist komischerweise sehr teuer. Highlight vor Ort liegt eigentlich im Norden. Das Taucherparadies Nosy Be. Da wollte meine Lieblingsschottin auch hin. Aber dafür hatten wir doch keine Zeit.

Denn die Straßenverhältnisse sind unter aller Kanone. Deshalb auf Nummer sicher eine Reiseagentur beauftragt, mit der Bitte um ein Mixprogramm aus Sommer, Sonne, Strand sowie Adventure im Dschungel. Deshalb war nach Abholung sogleich die erste Übernachtung in einem Bambus-Cottage mitten im Regenwald. Moskitos und allerlei anderes Getier machten uns zu schaffen. Die schwüle Hitze war auch nicht ohne.

Aufstehen mit Schreialarm

Noch vor dem Aufstehen weckte uns ein ohrenbetäubender Lärm. Ein langgezogenes Fiepen hallte durch die Buschhütte und den Regenwald. So hören sich wohl die Lemuren an. In der Tat. Die kleinen und großen Frechdachse rufen so nach ihren Weibchen und machen ihnen den Hof. Später machten diese kuscheligen glupschäugigen Viecher das nerv tötende Morgengeschrei wieder wett. In einem kleinen Park, lauschig an einem Fluss gelegen, kletterten bis zu vier, fünf dieser possierlichen Tierchen auf uns herum und guckten uns mit großen Augen an. Madagaskar hautnah.

Strandmassagen mit Live-Cooking

Weiter im Jeep Richtung Osten. Zum Strandbungalow. Sowohl die Zwischenmahlzeit auch das Hoteldinner waren nicht der Rede wert. Sehr schlecht. Auf der anderen Seite lag der Bungalow direkt am Strand. Nur getrennt durch einen Mauervorsprung, und Schwups, war da der feine Sand. Der zweite Tag hatte es in sich. Mit Kamera und Frischwasser bewaffnet sollte ein morgendlicher 5-km-Lauf Richtung Süden erfolgen. Doch der Strand und die Wellen waren so atemberaubend, dass wir einen Halbmarathon (21 Kilometer) draus machten, mit Schwimm-Selfie-Einlagen. Ein Triathlon-Urlaub, wie er im Buche steht. Nach dem Training ist vor der Massage. Diese bekamen wir dann auch – natürlich am Strand, mit Blick auf die Wogen des Meeres und lokale Fußballspieler.

Nebenher Schlürfen eines obligatorischen Drinks. Und dann, am Abend, erhielten wir einen gegrillten Fisch, fangfrisch zubereitet.

Tipps Madagaskar

1. Im Norden eignet sich Nosy Be zum Abtauchen.
2. Wer auf Kuscheln mit den affenähnlichen Lemuren steht, kommt in fast ganz Madagaskar auf seine Kosten. Am Morgen gibt's dann immer einen kostenlosen Weckruf.
3. Das beste Essen gibt es nicht im Restaurant, sondern fangfrisch am BBQ zubereitet am Strand.

Malawi - Ausdauertraining in den Slums

Nach den Feierlichkeiten in Südafrika hatte ich Malawi gebucht. Leider gab es kaum alternative Flüge, so dass ich für vier Tage gefangen war in dieser Einöde. Sogleich bei Ankunft versuchte ich einen Trip zu ordern, um etwas vom Land zu sehen. Mein Mittelklassehotel hatte nicht mal ein ordentliches Telefon. SIM-Karten? Die mussten erst beschafft werden. WLAN? Fehlanzeige. Egal. Irgendwie organisierte ich überteuerte Tagestrips zu verschiedenen Steinhöhlen und Wandmalereien.

Asylantrag beim Dauerlauf

Zudem soll der Malawisee ganz nett sein, hatte ich mal in einem Reiseführer gelesen. Ein Kumpel empfahl mir, aber nicht darin zu baden, denn irgendwelche Bakterien würden den Badespaß schnell zunichtemachen. Somit versuchte ich jeden Tag zumindest vor dem Dunkelwerden fünf bis zehn Kilometer durch Lilongwe, die Hauptstadt, laufen zu gehen. Im knallroten

T-Shirt als einziger weißer Läufer durch die schwarzafrikanische Bevölkerung. Da lief ich doch das eine oder andere Mal ein wenig schneller und unkoordinierter, um nicht überfallen zu werden oder was auch immer. Ich fühlte mich jedenfalls nicht so wohl. Selbst als eines Tages ein andere Local Läufer sich mir anschloss, fragte er sogleich nach meinen Kontaktdaten als er erfuhr, woher ich denn stammte. Visa, Aufenthaltsgenehmigung, und Flüge nach Deutschland – wie geht das am schnellsten. Zum Glück war ich recht wortkarg und lief recht zügig, so dass der Co-Runner nicht mithalten konnte. Sicher ist sicher.

Tipps Malawi:

1. Auf keinen Fall Schwimmen im Lake Malawi. Es sei denn man will sich was einfangen.
2. Steinhöhlen und Art craft sind hier so die Highlights.

Malaysia – Silvesterfeuerwerk im Champagnerglas

Auftakt dieses Asientrips: KL – Kuala Lumpur, die Hauptstadt von Malaysia. Zusammen mit arabischen Bekannten sollte Silvester gefeiert werden. Hoch oben in einer Skybar gegenüber den berühmten Petronas Towers. Später sollte dann noch mein Texaner-Kumpel Clint pünktlich zum Jahresend-Countdown erscheinen. So weit so gut.

Arabische Organisation trifft auf deutsche Ungeduld

Nach dem Vorglühen am frühen Silvesterabend wollten wir jetzt zum eigentlichen Partykampfplatz. Ich ging davon aus, dass meine arabischen Freunde die Lokation klargemacht hatten. Tisch bestellt oder sowas. Aber weit gefehlt. Nix da. Schon während der Anfahrt im Taxi merkte ich, dass da nichts organisiert war. Ich Blödmann hätte ja mal fragen können? Wilde Menschenmengen und eine schnelle Raum-Zeit-Berechnung bedeuteten mir jedenfalls nichts Gutes. Silvestergong ohne Kumpel Clint und ohne Champagner oder zumindest Sekt. Das geht ja gar nicht! 20 Minuten bis zum neuen Jahr. Wo ist Clint? Wo ist die Party? Die Zeit drängte. Immer noch standen wir im Foyer des Hotels und warteten auf den Lift. Okay. Gefühlt einhundert andere Partywütige warteten ebenso auf Einlass. Wir hätten da schon vor zwei Stunden sein müssen, dachte ich. Hätte, hätte – Fahrradkette. Natürlich bin ich ungeduldig. Doch selbst der Alkohol im Blut konnte mich nicht runterbringen. Mannomann!

Geteiltes Leid ist halbes Leid

Endlich! Zumindest Clint war jetzt da. Schnellbriefing an ihn: „Arabische Organisation. Nichts vorbereitet. Keine Tickets. Vorwärts, auf zur nächstbesten Bar. Ich bezahle Champagner!" Clinton, zwar ohne soldatischen Background, aber durch amerikanisch-texanische Abstammung bestens militärisch geschult. Er erkannte den Ernst der Lage und stürmte mit mir sogleich von dannen. Straße runter. Zehn Minuten to go. „Da, eine Bar links, oder besser das Restaurant auf der rechten Straßenseite?" Fünf Minuten noch. Die Zeit drängte. Puls bei 180. Ich entschied mich für die Bar im linken Bereich. Gute Wahl.

Ende gut, alles gut!

Der Barmann guckte verdutzt, als ich sofort eine Flasche Schampus bestellte, ohne dass ich den Preis wissen wollte. Bei zwei Minuten vor Mitternacht darf man halt nicht lange fackeln. 4, 3, 2, 1 – Prost. Mit Super-Amikumpel, Schampus, Feuerwerk
168

und den Petronas Towers im Rücken auf ins neue Jahr. Top! Silvesterabend gerettet.

Tipps Malaysia:

1. Multikulti Land mit super Stränden und flirrenden Großstädten
2. Lang Kawi als Ironman Triathlon Destination kombiniert man am besten mit einer Hochzeitsreise.
3. Silvester- oder Geburtstagsfeiern gehen am besten in der Skybar in Kuala Lumpur. Super Sicht zu den Petronas (Twin) Towers.

Malediven – Weib, Wein und Gesang

Bei Malediven denken die meisten an horrende Preise für die Nacht und Honeymooners, die die Inselgruppe beherbergen. Doch in der Realität sieht das ganz anders aus. Wer hätte gedacht, dass die Malediven zu den strengsten muslimischen Ländern gehören und lediglich die Resorts für Touristen westlichen Standard anbieten?

Gewusst wie spart Energie und Geld

Darüber hinaus lässt sich bei separater Buchung von Hotel und Flug jede Menge Geld sparen. Hotel- Übernachtungen sind da schon für 100 Euro drin – auch auf kleinen Islands, die man nur mit dem Flugboot oder Speed Boot-Zubringer erreichen kann. Natürlich kosten die Bungalows auf dem Wasser jede Menge Kohle, doch als Vielreisender gilt es das Budget auf ca. 200 Länder gleichmassig zu verteilen.

Egal wie man es dreht und wendet. Die Tage werden hier verbracht als Honeymoon Paar im Bett, beim Schnorcheln,

169

Candle-Light-Sunset Dinner sowie endlosen Strandspaziergängen inklusive Honeymoon- Aktivitäten.

Tipps Malediven:

1. Honeymoon Alarm! Am besten mit viel Kohle anreisen, dann ein Chalet buchen und das Leben genießen.
2. Für den kleinen Geldbeutel gibt es auf diversen Inseln Beach Bungalows für knapp 100 Dollar die Nacht. Auch nicht schlecht.
3. Schnorcheln, Lieben, Sonnenbaden – Das sind die Highlights hier.

Mali – Charity Organisation

Wie vor jedem Trip gilt ein Blick in die aktuelle Sicherheitslage. Bei diversen Ländern weiß man vorab, dass man jederzeit bei Massenveranstaltungen weggeballert werden kann (USA), geköpft wird (Syrien und Irak unter Fuchtel der ISIS), oder aber von Buschfeuern gegrillt wird (Australien). Für Mali stand folgendes in der Beschreibung im Internet: „Do not travel to the Capital, Bamako, or to northern Mali. This includes Kidal, Timbuktu, Gao, Mopti, alles gefährlich."

Eintrittsgeld am Flughafen

Deshalb galt auch hier wieder Risk mitigation und nur eine Nacht gebucht. Country Point is Country point. Bei Ankunft visa expired. Bloody hell. Nicht aufgepasst in Riyadh. War ja alles in Französisch. Stupid me. Gleicher Fehler wie vor Jahren in Kasachstan. Zum Glück beim Einchecken auch nicht richtig überprüft worden. Dann extra Fee on Arrival. Bribery ist das Schmieröl der Welt. Ob nun Fußball WM, andere

170

Milliardengroßaufträge, oder wenn es um Visaangelegenheiten in abgelegenen Erdteilen kommt.

Vertrauen ist gut, Kontrolle ist alles

Deshalb immer bei Visavergabe kontrollieren: Single Entry oder Multi-Re-Entry-Visa, von wann bis wann ist das Visa gültig, zudem wichtig in einigen Ländern: Beim Reinflug muss man auch wieder rausfliegen. Bus rein, Flug raus, geht dann nicht. Oder Land A zuerst, Land B danach geht auch nicht, wegen möglicher politischer Verwicklungen, siehe zum Beispiel Kaukasus oder die Gemengelage Israel, Saudi-Arabien, Iran.

Hilfe zur Selbsthilfe

Im Hotel dann selbst noch schnell ein paar Trainingseinheiten im Pool gemacht. Der nächste Triathlon wartete nämlich. Nebenher beim Fußball WM schauen einen Typen aus Mali kennen gelernt, der zufällig auch für den Lions Club vor Ort arbeitete. Der Lions Club ist eine internationale Organisation, die sich für Charity Projekte einsetzt und Geld einsammelt und dann spendet. Wir tauschten uns da aus, denn ich hatte ja mal auch eine Rede für den Lions Club gehalten über meine Reisen und meine Charity Projekte in Honduras und Mongolei. Und vielleicht gibt es ja demnächst eine Charity Spende fuer Afrika?

Malta – Italo-arabeskes Flair

Mehr und mehr hatte ich mir vorgenommen, sportliche Veranstaltungen zu besuchen bzw. mitzumachen, wenn ich in der Welt unterwegs war. Denn dadurch ist das Kennenlernen von Land und Leuten noch intensiver. Ob

nun Gezeitenschwimmen, Berge hoch- und runterradeln oder aber Strandläufe, den feinen Sand spüren. Alles geht.

Bestzeit in Malta

Am einfachsten ist es, sich für einen Marathon anzumelden. Beim Triathlon muss man entweder ein Fahrrad leihen oder sein eigenes mitbringen. Das ist dann also aufwendiger. Quasi vor der saudi-arabischen Haustür bot sich hier das pittoreske Malta mit seinen drei Inseln an. Marathonlauf und Sightseeing top. Das italienisch-arabisch geprägte Inselreich stand somit im Februar auf dem Reiseplan.

Natürlich dachte ich in der Hauptstadt Valletta Bestzeit laufen zu können, denn die Strecke ist leicht abschüssig und alle paar Kilometer würde eine Band spielen – so jedenfalls stand es in der Beschreibung. Doch Verletzungspech verhinderte einen Start. Trotzdem besuchte ich den Inselstaat im Mittelmeer – brauchte ja wieder ein neues Land. Somit streunte ich in Valletta umher, machte diverse Fotos der italienisch angehauchten Architektur und genoss den mediterranen Lebensstil.

Und dann traf ich noch das Malta Monster, einen Ultratriathleten mit sozialen Einschlag: Fabio.

DAS MALTA-MONSTER

"Hey Mann, lass uns ein Bier trinken oder zwei" - das waren die Worte kurz vor einem Triathlon-Rennen mit Fabio. Er ist der zweitschnellste Triathlet von Malta und seit 25 Jahren Triathlon-Trainer. Echt jetzt?" Wollte er wirklich vor dem längsten Rennen, das er und ich je gemacht haben, Alkohol trinken? Ich dachte, wir gehen zu einem harten Ereignis. Aber als ich beim Schwimmen das zerrissene Sixpack sah, glaubte ich, dass ein

Bier in Kombination mit einem langen, langen Training funktionieren sollte. OK. Zuerst Bier, dann das Rennen.

Ehemalige Profisportler zerschlagen die Altersgruppen

Ich: Du machst seit 25 Jahren Triathlon, hast Dich aber nie für Kona auf Hawaii qualifiziert. Warum nicht?

Fabio: Ich war schon immer nah dran. Mein bestes Rennen war 9'35 in Schweden, Kalmar 2013, wo ich den 8. Platz belegte und sich nur die ersten sechs qualifizierten. Der 6. war zwei Minuten vor mir. Im weiteren Verlauf ist es jedoch immer schwieriger, sich zu qualifizieren. In meiner Altersgruppe (40 - 44) sehe ich viele Ex-Profis, die nicht mehr gut genug sind, um Top-Profis herauszufordern, aber immer noch gut genug, um die Altersklasse zu gewinnen. Das zweite Problem sind die letzten 3 Jahre, in denen das Niveau in die Höhe geschossen ist. In Ironman Vichy gab es kürzlich vier Personen unter 9 Stunden in der AG 40 - 44

Wenn Du nicht schneller gehen kannst, dann geh einfach weiter: Ultra Tri

Ich: Trotzdem hast du immer noch die Geschwindigkeit. Jetzt gehst du zur 70.3 (Halbe Ironman Distanz: 1.9 Km Schwimmen/ 90 Km Fahrradfahren / 21 Km Laufen) Weltmeisterschaft. Was erwartest du? Was ist dein Ziel?

Fabio: Ich habe mich so gut vorbereitet, wie es möglich war. Beim Schwimmen und Fahrrad fahren fühle ich mich mit den letzten Trainingseinheiten in bestem Zustand. Beim Laufen musste ich die Belastung um 80% senken, da es einige Probleme mit der Wade gab. Leider habe ich viele Wadenverletzungen, wenn ich Speed-Sessions mache. Das ist auch einer der Gründe, warum ich auf Ultra umsteige. Je länger desto besser.

Reisen im Ausland

Ich: Selbst in 70.3 schon gefahren, und die Ironman Distanz bereits verdoppelt. Möchtest Du noch weiter gehen? Was ist Deine Motivation dafür?

Fabio: Ich habe mich seit dem letzten Jahr für Chattanooga qualifiziert, fünfter Platz in Rügen (Deutschland) 2016, aber ich hatte schon immer vor, einen Double Ironman zu machen. Es macht mir nichts aus, Entfernungen zu mischen, solange ich eine gute 3-monatige Vorbereitung habe. Ich habe auch eine halbe Ironman-distanz in Sizilien 6 Wochen vor dem Double gewonnen. Meine Motivation ist immer da. Egal, wie weit das Rennen ist. Ich liebe es, im Ausland zu trainieren und Rennen zu fahren.

Lang und langsam. Kein Sex. Blöd! Training natürlich!

Ich: Beim Training für weitere Ultras: Was ist der Unterschied beim Training im Vergleich zu 70.3 oder 140.6, abgesehen von längeren Sitzungen?

Fabio: Ultra ist eine andere Welt. Das meiste Training findet in Zone 1 und 2 statt. Lange, lange Stunden und meistens alleine. In meinem Fall bedeutete es aber auch weniger Verletzungen. 70.3 erfordern kurze, lange Intervalle und Qualitätssitzungen. In Bezug auf die Stunden für Ultra braucht man meiner Meinung nach 20 - 25 Stunden Training pro Woche, während für 70,3 15 - 18 Stunden Training ausreichen.

Das Herz macht Bumm - Verliebt in das Radfahren

Ich: Wie behältst du deine Motivation über Jahre hinweg? Hast Du schon einmal verschiedene Ausdauersportarten ausprobiert?

Fabio: Das kann ich nicht wirklich erklären. Ich denke, es muss von Natur aus sein. Motivation ist der Schlüsselfaktor für hartes Training. Ich bin jetzt 22 Jahre im Sport und mir war nie langweilig. Manchmal fahre ich und sehe ein paar Leute, die beim Training in einer Gruppe Fahrrad fahren. Sofort sagt mir mein Herz, ich wünschte, ich wäre mit ihnen Fahrrad gefahren. Es kommt einfach so.

Finishen ist alles

Ich: Was motiviert Dich in einem Rennen, wenn es nicht wie geplant funktioniert?

Fabio: Wenn etwas schief geht, etwa bei einer Verletzung oder so, mache ich alles, um das Rennen zumindest zu beenden und die Medaille zu bekommen. Ich sehe eher eine langsame Zeit anstelle von DNF.

Inzwischen hat Fabio in Lensahn einen Triple Ironman beendet und ist in nur 3 Tagen um Sizilien (Italien) gefahren.

Tipps Malta:

1. Manche schwimmen zwischen den Inseln hin und her. Aus Spaß an der Freude. Doch die wird schnell getrübt dank der Seekreaturen.
2. Der Marathon im Frühjahr auf der Hauptinsel ist aller boneur: Flach und schnell.

Marokko – Schau mir in das Sektglas!

„Schau mir in die Augen, Kleines", einer der besten Lines der Filmgeschichte aus dem Film Casablanca. Bei mir dagegen hieß es wohl eher: „Schau mir in das Vodkaglas, Kleines", denn beim Anflug auf Casablanca gab es reichlich alkoholische Geschenke. Ok, es war Weihnachten aber damit hatte ich nicht gerechnet.

Hoch die Tassen im Sinkflug

Zusammen mit meiner heißen Reisebegleitung hatten wir am hinteren Ende des Fliegers von Barcelona nach Casablanca kurz vor den Toiletten unsere Sitze. Sie kam gerade vom stillen Örtchen und zwinkerte mir schelmisch zu. Ich dachte sogleich, jetzt geht's los mit dem Stell-Dich-ein auf dem Fliegerklo und tick in the box für den High Flyer Club. Doch es kam anders. Der Steward schenkte uns reichlich Wein und Wodka ein und wir tranken was das Zeug hielt. Noch im Aussteigen gab der besten Flugbegleiter der Welt uns mehrere Dosen Bier mit ins Handgepäck. Ich glaube wir waren noch nie so abgestürzt bei sonst sicherer Landung.

Tipps Marokko:

1. Casablanca – Schau mir in die Augen kleines. Da wird Fernsehgeschichte live nachgespielt.
2. Marrakesch sei aber schöner wie Reisende und Reiseführer zu berichten wissen.
3. Marathon des Sables – Als ambitionierter Trail Läufer muss man das mal mitgemacht haben.

Marshallinseln – Travel Expert mit GPS

Weiter ging es auf die Marshallinseln. Empfang im Regen. Kein guter Start für Inselfeeling. Zudem gleich bei der Ankunft quasi abgewatscht von einem anderen amerikanischen Reisenden, der mich am Airport mit der Frage empfing, wie viele Länder ich denn auf dem Konto hätte?

Höher, schneller, weiter

Schließlich war mein buntgescheckter Koffer mit Länderflaggen sehr verräterisch. Der Reisekumpan hat bereits 182 Länder und scheint erst Mitte 30. Oh, mein Gott. Kaum bin ich im Pazifik in Ländern, die ich vor fünf Jahren nicht mal mit Namen kannte, haben alle Touristen nur eines im Kopf: Länder sammeln. Ich fühle mich in dieser Situation wie ein Anfänger im Marathonlaufen mit ungefähr sechs Stunden Endzeit und spreche gerade mit einem Weltrekordler. Vorher war ich stolz auf das Erreichte. Nun wurde das binnen zweier Tage mehr als relativiert, glaubte ich doch, niemals physisch einen Vielreisenden persönlich kennen zu lernen.

Learn from the best to travel like the best

Den nächsten Tag verbrachte ich auf Eneko Island, eine kleine traumhafte Insel. Zum Glück waren es an dem Tag 30 Grad und Sonnenschein. Strand fast für mich allein. Top. Was will ich mehr. Kristallklares Wasser – optimal zum Schwimmen und Schnorcheln. Zeit zum Genießen. Später am Tag traf ich den Amerikaner vom Flughafen bei meinem Hotel, ganz zufällig. Spontan lud ich ihm zum Essen ein, um sich über das Reisen zu unterhalten. Vielleicht kriege ich da noch den einen oder anderen Reisetipp fürs günstige Fliegen, Buchen, Sightseeing-Spots oder weitere Highlights. Wir verstanden uns so gut, dass wir beschlossen, die beiden folgenden Tage Kiribati Island gemeinsam unsicher zu machen. Zahlreiche Weltkriegsandenken a la Gedenkplatten, Steine etc.

Tipps Marschallinseln:

1. Ein Abstecher zu Eneko Island ist traumhaft.

Mauretanien – Auf Mördertour

Mauretanien war die letzte Station einer neuerlichen Mördertour von knapp sieben Tagen inkl. Road Trip mit ca. 10 Stunden pro Tag im Auto von Dakar im Senegal südwärts mit vorherigem Marathonversuchslauf, danach einer Übernachtung in Gambia und dann weiter Richtung Guinea-Bissau.

Nach Pleiten, Pech und Pannen (Ölfilter im Eimer, Reifenpanne, falsche Raum-Zeitrechnung der Reiseagentur, sowie Grenzschließung samt Extra-Umweg) gab es vor dem Flug nach Nouakchott noch eine Flugbuchungsfehlleistung eines schwindligen Flugticketanbieters. Um nicht unverrichteter Dinge wieder in die saudische Heimat zu düsen: Kreditkarte Marsch. 800 US Dollar, um hier noch schnell Mauretanien abzustauben. Somit wäre auch das erledigt auf dem Weg zu 193 UN-Ländern. Ist halt wie Trainingseinheiten um 5 Uhr früh (am Morgen). Macht nicht immer Spaß, aber mit dem großen Ziel vor Augen muss man da durch. Das nennt man auch Dedikation.

Scheiße nochmal!

Wenn US-Präsident Trump von "shithole countries" spricht, dann hat er sicherlich auch Mauretanien im Sinn. Der westafrikanische Staat ist nicht gerade auf der Top 10-Liste der Travel-Favoriten. Beim Kurztrip empfängt einen eine Räuberbande. So jedenfalls sieht es fast aus im staubigen, vermüllten Straßenbild von Nouakchott, der Hauptstadt. Der Sand samt beißendem Geruch hängt in der Luft. Die Szenerie könnte auch aus einem Wildwestfilm stammen, wo an den Straßenrändern Haudegen auf ihren schnellen Shot und ihre Beute warten.

Der hoteleigene Driver im kleinen verlotterten Minibus fuhr schnell über die buckeligen Sandpisten der Stadt. Na, hier will ich nachts nicht alleine sein, dachte ich mir und war froh, endlich im Hotel angekommen zu sein. Dort dann irgendwelche Pampe zum abendlichen Dinieren verspachtelt und nichts wie schnell in die Heia. Auf dem Weg zum Flughafen am nächsten Morgen dann noch mehr Buckelpisten mit dem Taxi mitgenommen, ein Selfie mit Moschee und Kamel gemacht, runter an den Beach mit bestialisch stinkenden Fischmarkt und allerlei Menschengewusel. Oh Mann, wenn es mich nochmal hierher verschlägt, dann ins Landesinnere mit sauberer Wüste.

Tipps Mauretanien:

1. Mit dem Zug von A nach B. Am besten ohne Ticket. Das erhöht die Spannung.

Mauritius – Rum Chamarel

Bereits zu Beginn meiner Triathlon-Ambitionen weckte mein französischer Rennbuddy Sylvain die Idee in mir, eine Veranstaltung auf Mauritius im November zu buchen. Bildschön, super Ambiente – und neuer Länderpunkt. Das war doch perfekt. Damit sich die Reise auch lohnt, beschloss ich das Ganze mit Madagaskar zu kombinieren. Schließlich ist ein Flug nur nach Mauritius oder nur nach Madagaskar relativ teuer.

Reise lieber ungewöhnlich schnell

Zwar musste ich hier Überzeugungsarbeit bei meiner schottischen Triathlon-Partnerin leisten, dass wir jeweils nur 3,5 Tage vor Ort bleiben würden. Doch ohne mich würde sie die

Sachen eh nie sehen. Zudem Racing in Paradise – wo hat sie sonst noch die Möglichkeit? Normalerweise habe ich herausgefunden, dass Landessammler und Schnellreisende ihre Frau alleine lassen oder durch das Leben als Single reisen. Da der Partner meist das schwächste Glied ist, indem er stöhnt, Zeit für Selfies und Geld verschwendet (bessere Unterkunft und Gastronomie) usw. Aber ich bin fest davon überzeugt, dass Menschen, die nicht mit mir reisen, niemals in diese seltsamen neuen Welten gehen werden. Jedoch hat sich nie jemand über die Reisepakete beschwert, die ich eingepackt habe. Oder sind sie alle nur schlau und höflich?

Bunte Fische in starker Strömung

Für das Triathlon-Rennen hatten wir vorab Leihfahrräder vorbestellt. Das spart Zeit und Mühe, den Bike Koffer mit ins Paradies zu schleppen. Einfach die TT-Lenker und Pedale mitnehmen. Schnelles Bike Fitting bei der Ankunft.

Auf geht's. Die Distanz für diesen schönen, aber harten Triathlon: 2 Kilometer Schwimmen, 60 Kilometer Radfahren und 12 Kilometer Laufen. Hört sich gut an. Aber das Schwimmen mit der stärksten Strömung, der ich je begegnet bin. Massenstart mit rund 200 Triathleten-Enthusiasten und einigen Profis aus Übersee. Das Wasser: Kristallklar, warm und weich, voller Fische mit vielen Farben. Nachteil: Diese 2000 Meter haben ewig gedauert. Bald fing ich an, die kleinen Fische im Wasser zu hassen. Ich fragte sie: "Wie kannst du so schnell sein und leicht schwimmen, warum ich so viel zu kämpfen habe?" Sie antworteten nicht mit Worten, sondern mit schnellen Bewegungen - die kleinen Bastarde!

Titanbeine schlagen den Ironman

Endlich auf dem Fahrrad. Ich hatte das verdammte, aber atemberaubende Wasser überlebt. Mit dem Rennrad und TT-Lenkern ging es in Ordnung. Wenig Wind den ganzen Weg durch die Landschaft von Mauritius. Geile Küstenlandschaft. Grüne Hügel rauf und runter. Aber dann kam der Chamarel-Aufstieg. OH MEIN GOTT. Immer schwieriger wurde es. Ich musste sogar vom Fahrrad steigen, da der Aufstieg zu schwer war und ich zu viel Angst hatte, wieder vom Fahrrad zu fallen. Das Bike war ja nicht meines und wer einmal fällt, fällt leicht wieder. Ich wollte nicht noch einen gebrochenen Ellbogen riskieren. Sicher ist sicher! Ich schob das Fahrrad den Hügel hinauf. Fühlte mich so elendig. „Ich werde meine Ironman - Finisher Shirts verbrennen wenn ich wieder in Saudi bin", rief ich in den Himmel von Mauritius. Endlich bergab und zurück auf dem Fahrrad, um aufzuholen. Aber inzwischen zu viel wertvolle Zeit verloren. Kurz vor der Transition 2 (Wechsel vom Fahrradfahren zum Laufen) überholte ich einen Mann mit einem künstlichen Bein. Titanium. Blutige Hölle! Nicht nur die Goldfische sind schneller als ich, auch die behinderten Leute. Gut gemacht, alter Titanmann! Titan ist halt cooler und stärker als ein Ironman.

Strandlauf nicht zum Spaß

Jetzt nur noch nach Hause laufen. Leicht gedacht. Aber der Strandlaufabschnitt hatte es in sich. Wunderschöner, weiß-gelber Sand, durch den man das wunderschöne Wasser betrachten kann. In einem Urlaub sehr einzigartig. Aber in einem Rennen ist es schwer, den Anblick zu genießen. Jeder Schritt fühlte sich hart an. Im Sand zu versinken ist besonders nach dem Killerhügel Chamarel schwierig. Endlich im Ziel und in voller Vorfreude auf die leckeren Speisen, Massagen, Relaxing und natürlich den Chamarel Rum.

Tipps Mauritius:

1. Als Triathlon ist der Indian Ocean Triathlon ein Muss.
2. Ansonsten ist Mauritius mit seinen Stränden ein Highlight für alle frisch Verliebten Honeymooners.
3. Chamarel ist der lokale Rum.

(Nord) Mazedonien – Auf Alexanders Pfaden

Es gibt immer wieder Leute, die meinen, sie wären zu alt oder zu jung für eine Sache. Sie sind einfach nur nicht willens und ausgebildet genug. Wen man nach Mazedonien reist und sich die Geschichte anschaut, erfährt der Reisende, dass der größte Held des Landes gerade Mal 28 Jahre alt war, als er halb Asien eroberte: Alexander der Große.

Das blaue Wunder Mazedoniens

Heutzutage dagegen studieren zukünftige Taxifahrer an die 30 Semester in Berliner Unis Genderstudies und sagen dann mit 35 für Kinder und Familie oder Karriere wäre es noch zu früh. Held Alex war mit 35 schon halb tot. Das alles im Kopf, auf zu einem Road Trip durch Mazedonien. Am Grenz See Lake Ohrid machten wir halt und wären auch beinah zum Tauchen ins Wasser gehüpft. Doch das entsprechende Personal zwecks Ausleihe von Equipment war nicht vor Ort. Der See bietet sich eigentlich hervorragend an. Glasklares Wasser und eine Unterwasser Stadt laden passionierte Taucher ein.

In Skopje trifft sich die Welt

Mit meinem Ami Kumpel im Schlepptau weiter auf in die Hauptstadt Skopje. Klein aber fein. Am Abend ein Expat Networking Event mit allerlei bunter Leute. Ein Argentinier ist mir im Gedächtnis geblieben. Angesprochen auf das Selbstbewusstsein der Gauchos und warum sie denn von sich behaupten besser zu sein als der Rest Südamerikas sagte er einfach nur: „Na, das sind wir doch auch." Das macht Eindruck.

Mexiko – Tequila Muchacho!!!

Cancun erreichte ich gegen Abend. Taxi marsch, marsch! Unterbringung in einer soliden Pension, fernab der Bettenburgen für die Amis, die hier ihr touristisches Unwesen treiben. Losgelöst vom Erschöpfungszustand und möglichen mexikanischen Raubüberfällen beschloss ich, meinen zweiten Ironman mit Tequila und Borito genüsslich zu feiern.

Ay, Caramba

Ich hatte nämlich gerade innerhalb von 3 Wochen meinen ersten und zweiten Ironman Triathlon innerhalb von drei Wochen erfolgreich beendet – in Österreich und in der Schweiz. Danach sollte es zu knapp zwei Wochen Lateinamerika mit den Ländern zwischen Mexiko und Panama gehen mit Bus, Flugzeug, Taxi. Auftakt Mexiko. Und als Mexico Food Lover brauchte ich dementsprechend bei Ankunft in einem kleinen Restaurant, einer livemusikgetränkten Hazienda auch keine Karte. Tequila und Borito – marsch, marsch! Nach den intensiven Renn- und Diätwochen kippte ich schon nach einem Shot aus den Latschen und machte den Abend nicht arg lang mit. Der Restaurantbesitzer half mir ins nächstbeste Taxi zurück zum Hotel.

Cancun – Mallorca der Amis

Im Osten Mexicos rund um Cancun geht die super Kombination aus Party, Sightseeing von alten Ruinen und Beachfeeling. Passend dazu der austrainierte Body der nach Muskelverkrampfungen nach Beachmassagen samt Tequila-Belohnungsdrinks lechzte. Und da gibt's in Cancun, dem Mallorca der Amerikaner jede Menge Gelegenheiten.

Tipps Mexiko:

1. Tequila – was sonst? Ok. Auch Borito.
2. Die Pyramiden und Azteken Tempel Anlagen.
3. Die Strände sowieso.

Mikronesien – Abtauchen und Chillaxen

3 Tage Palau, dann Chuuk, Mikronesien. Hierher kommen in der Regel nur Liebhaber des Tauchsports. Denn im 2. Weltkrieg gab es hier diverse Schlachten zwischen den Japanern und den USA – zuungunsten von Japan.

Hinfliegen zum Aussteigen

Viele japanische Schiffswracks liegen verstreut zwischen den Inseln. Im Blue Lagoon Resort gibt es beste Gelegenheit bis zu drei Tauchgänge pro Tag zu unternehmen. Das ansässige Resort lädt jedoch auch zum entspannten Verweilen tagsüber ein. In der Hängematte kann man das Leben am Wasser und Strand unter Palmen Genießen. Die hauseigene Beach- Bar ist voll bestückt mit super Getränken. Natürlich ist sie Richtung

Westen ausgerichtet, so dass die Sonnenuntergänge einmalig sind.

Tipps Mikronesien:

1. Weltkriegswracktauchen.
2. Studieren der Geschichte des Zweiten Weltkriegs wäre nicht schlecht. Das erhöht die Spannung und die Erfahrungen während des Tauchgangs.

Moldawien – Weinkeller und Grenzerfahrung

Road Trip auf dem Balkan zusammen mit Amikumpel Sam. Mazedonien und Serbien hatten wir bereits. Wir waren gerade in Rumänien. Da wollte er unbedingt nach Moldawien. Das wäre ja so dicht dabei. Nun hatte es ihn auch mit dem Ländersammeln gepackt. Eigentlich stand Moldawien ja nicht auf unserer Route und schmiss unseren Zeitplan auch gehörig durcheinander. Zudem wussten wir, dass wir mit dem Mietwagen nicht über die Grenze fahren könnten. Deshalb brauchten wir ein Taxi.

Per Anhalter durch Galați über die Grenze

Deshalb stoppten wir flugs ein Taxi im Grenzort Galați, um den moldawischen Länderpunkt einzuheimsen. Der Taxler willigte ein, um uns kurz hinter die Grenzkontrolle zu bringen. Nur zum Mittagessen oder für einen Kaffee versteht sich. Denn wir waren eng mit dem Zeitplan ohnehin. Wir rumpelten etwa 30, 40 Minuten zur Grenze. Dort stellte der Fahrer fest, dass er weder Pass, noch Erlaubnis dabeihatte, um die Grenze zu überqueren. Das war natürlich suboptimal. Also wieder zurück.

185

Beim nächsten Fahrer fragte ich direkt nach und wollte seine Ausweis- und Passpapiere sehen. Noch so eine sinnlose Fahrt konnten wir uns nicht leisten. Der Grenzübertritt folgte ohne Probleme. 10 Minuten Kaffeepause und dann wieder zurück. Denn wir mussten ja noch durch halb Rumänien zum Hotel.

Verzögerung beim Rückmarsch

Doch mit schnellem Rückmarsch nach Rumänien wurde es erstmal nichts. Eine Kilometerlange lange dreispurige Autoschlange versperrte die schnelle Wiedereinreise. Stoßstange an Stoßstange. Das muss schneller gehen, dachte ich. Und prompt kam eine Kolonne von Motorradfahrern. Die wurde einfach durchgewunken zum Grenzposten. Ich spielte schon mit dem Gedanken gegen ein wenig Spritgeld uns in die Stadt fahren zu lassen. Aber dann wüsste ich ja nicht mehr wo unser Mietauto stand. Somit probierte ich es mit der ehrlichen, direkten Variante beim Grenzsoldaten. Ich spielte die deutsch-amerikanische Karte aus und Schwupps wurden wir vorgelassen. Ein Glück. Schließlich seien wir ja keine potentiellen Schmuggler aus dem Osten Europas, sondern einfache Touristen auf der Jagd nach Länderpunkten. Ich weiß aber nicht, was schlimmer ist.

Tipps Moldawien:

1. Ein Besuch der Weinkeller in Cricova ist ein Muss.

Monaco – No Champagner Stopp

Auftakt dieses Wochentrips sollte Frankreich sein. Hochzeit am Strand meines Kumpels Stefan mit seiner Stephanie. Wie romantisch. Top. Gefeiert wurde die

deutsch-französische Liebe am Strand von Cap d'Agde. Nobel. Nobel. Drei Tage lang. Freitag – der Auftakt mit Kennenlernen der Familien und des französischen Weines.

Ich kombinierte den Trip doch gleich mit einem Abstecher nach Monaco. Vier Stunden Aufenthalt sollten reicher für ein paar schicker Fotos von Yachten und Ferraris und einem Selfie mit Champagnerglas. Zusätzlich absolvierte ich ein nettes Gespräch mit einem holländischen Pärchen. Natürlich über Fußball. Denn just zu diesem Zeitpunkt war die Europameisterschaft in vollem Gange. Die Anreise per Bahn.

Doch weit gefehlt. Ohne große Vorkenntnisse stieg ich aus den Zug. Handgepäck Rollkoffer gar nicht gut. Holter die Polter durch die Chicki micki Straßen. Wo ist jetzt der Champagner, wo die Boote, wo die Ferraris? Nach schweißtreibenden 30 Minuten entdeckte ich Wasser. Ja Boote gab es auch und einen kleinen Imbissstand quasi. Champagner? Fehlanzeige. Immer ein Bier war drin. Ein Pärchen nebendran. Bier connecting People. Aus Holland seien sie. Passend zur Fußball EM hatten wir unser Top Gesprächsthema.

Tipps Monaco:

1. Das Formel-1-Rennen in Monaco ist ein Highlight für alle Rennsportfans.

Mongolei – Charity Ladys mit Selfie Schuss

Wieder war ich unterwegs auf einen meiner Höllentrips: Erst Doppel-Ironman-Triathlon Wochenende in Deutschland mit 7,6 Km Schwimmen, 360 Km

Fahrradfahren und 84 Km Laufen – alles am Stück. Ok mit Pizza, Pipi und Massagenpausen. 29 Stunden das Ganze. Danach schwupp die Wupp in zehn Tagen durch 8 afrikanische Länder und am Ende Geburtstagspartywochenende in Bukarest. Und da ich noch drei Tage frei hatte zwischen Afrika und Geburtstag ging es geschwind nach Ulan Bator.

Voll fertig in Ulan Bator

Jet Lag, wenig Schlaf – fast schon fertig beim Arrival in Ulan Bator im Hotel. Flugs ein schneller kurzer Walk rund um den Block und ein wenig Schlaf. Dann das typische Bier on Arrival und lokale Köstlichkeiten. Am späten Nachmittag dann in eine Opern-Aufführung. Das haben mir die Hotelbediensteten empfohlen. Dort lernte ich zwei Damen kennen, die neben mir saßen. Ich half ihnen aus bei den feminin typischen Selfie Bildern, was mir hinterher ein nettes Bier Gespräch mit Charity Aspekten einbrachte. Seitdem unterstütze ich ihre Kinder-Hilfs-Organisation -Happy Bambini- mit nunmehr zwei Projekten: Eine Schule in Honduras und ein Kindergartenprojekt in einem kleinen Dorf rund vier Stunden weg von der Hauptstadt. Meist organisiere ich Partys und lasse die Leute entsprechend für Speis und Trank bezahlen und gebe Infotainment über die Projekte.

Party for Charity

Sowas kommt halt von sowas. Beim Feiern Gutes tun. Ich kam ja eigentlich nicht in die Mongolei mit Good Will Ideen sondern, um auch etwas vom Land zu sehen. Zudem wollte ich zur großen Dschingis Khan Reiterstatur. Und da steht sie nun nach mehrstündiger Fahrt durch die endlose mongolische Steppe: Turmhoch, metallisch Silber, manifest. Die Reiterstatue eines der größten Feldherren aller Zeiten. Man kann hoch hinaus auf die Statue und genießt dann einen grandiosen Rundumblick über die Steppen der Mongolei. Ein Museum am Fuße lädt zu Souvenirkauf und Leckereien ein. Zudem gibt es kleine Handler und Schausteller, um zahlende Kunden. Ich probierte mich im Bogenschießen. Mit der Pistole P8 bin ich aber besser. Das typische Reiten darf natürlich auch nicht fehlen. Am besten erkundet man die Mongolei auf dem Rücken von Pferden mit diversen Touren. Es gibt aber auch einige Motorbiker, die hierher kommen, um das Land auf dem Bike zu erobern.

Tipps Mongolei:

1. Pferdereiten. Wer nicht einen wunden Hintern hat, war nicht in der Mongolei.
2. Das Opernhaus samt Programm in Ulan-Bator bietet mongolische Tanz- und Musikeinlagen an.
3. Dschingis Khan Statue. Da wird man von seiner Größe erschlagen.

Montenegro – Kotor und Budva

„When you see others eating and drinking, move closer, if you see them working move away, do not disturb them." So steht es geschrieben auf einer Postkarte in Budva in Montenegro.

Das scheint so das Motto der Leute hier in Montenegro zu sein. Das können sie auch tun. Denn in den letzten hunderten von Jahren haben sie hier tolle Städte hin gezimmert. Marmorsteinerne Straßenbeläge in der Altstadt, samt altromanische Torbogen, mit Kirchen plus Yachthafen finden zu einer einzigartigen märchenhaften Kombination zusammen.

Mittendrin in der Schönheit der Stadt

Ich hatte eine billige Absteige mitten in der Altstadt gebucht. Mitten in der wunderschönen-romantisch verträumten City am Hang eines kleinen Berges. Den besten Überblick über die Altstadt samt dem kleinen Hafen mit den zahlreichen Yachten hat man natürlich, wenn man in aller Hergottsfrühe noch in der Dunkelheit nach oben auf die Zitadelle kraxelt. Bei Sonnenaufgang eröffnet sich dann ein traumhafter Blick. Dann schnell wieder herunter, um dann die lokalen Köstlichkeiten der Montenegriner zum Frühstück zu erleben. Neben dem Genuss reicht die Bedienung noch Informationen zum benachbarten Kotor, denn dort gibt es angeblich jeden Sommer angesagte DJs aus nah und fern, um den kleinen Ort in eine Party Location umzuwandeln.

Mosambik – Drei Strafzettel an einem Tag

In Mosambik hingegen ging es auch auf und ab mit unserer Gefühlswelt. Da ich mich als bester Fahrer anstellte, und am wenigsten das Auto abwürgte, wurde mir die Ehre zuteil, den riesigen SUV- Karren auf eine Schunkelautofähre zu pilotieren. Das Rangieren auf engstem Raum war eine Tortur, denn gefühlt halb Afrika wollte mit auf der Überfahrt vom Festland auf die Maputo Insel von unserem Hotel. Lastkarren, Autos, Motorräder, Fußvolk, Kind und Kegel. Alles war da.

Das Pech des besten Fahrers

Zum Glück ging alles gut. Doch innerhalb von 24 Stunden kassierte ich trotz deutsch-vorausschauender Fahrweise drei Strafzettel. Der erste war fürs Kurve schneiden. In Deutschland bei Einsicht in die Kurve schwupp zwei Meter gespart, abgekürzt. Doch in Mosambik steht hinter so mancher Drehung eine Polizeistreife und dann wird abkassiert. Meine Mitfahrer feixten und meine Begleiter auf der Rückbank tranken noch einen kräftigen Schluck aus der Pulle. Prost. Denn die mussten ja nicht fahren. Weniger fahren, mehr saufen. So war das Motto unsere Vierbande im Süden Afrikas.

Badewanne mit Meerblick

Weiter dann Holter die Polter über Schotterpisten, Schlamm-Straßen und Feldwege zum Hotel. Mittelklasse mit Top Location. Im Badezimmer hatte sich meine damalige Freundin bereits in der Wanne gemütlich gemacht. Standesgemäß war die Badewanne am großen Fenster in der vierten Etage mit Blick auf Strand und Wasser. Honeymoon-Alarm. Das hat man nicht alle Tage. Nach trauter Zweisamkeit, Sundowner Drinks mit den Freunden. Die anderen beiden Reisebegleiter warteten bereits unten mit Bier in der Hand im Sonnenuntergang am Bootssteg in der Couchecke. Schnell ein paar Snacks bestellt und zu viert das Leben genossen. Wasser im Hintergrund und immer der Sonne entgegen.

Der Preis ist heiß

Am nächsten Morgen dann auf dem Weg zum Airport. Strafzettel zwei und drei. Zuerst orientierte ich mich falsch und wendete in einer Einbahnstraße. Kaum geschehen, gab es das Tatütata. 100 US-Dollar cash in die Tasch der Polizei. Oh verdammt. Die Zeit drängte langsam, da die unvorhergesehenen Polizeistopps nicht im Anmarsch zum Flughafen einkalkuliert waren. Weiter ging es in eine enge Baustelle. Jetzt immer aufpassen. Doch oh Schreck. Ich war ein, zwei Wagen vor mir in eine Baustelle hineingefolgt. Sogleich war wieder ein Polizei-Team zur Stelle. Auch diese würden abkassieren. Alle Unschuldsbekundungen zwecks der irregeleiteten Ausschilderung halfen nichts. Wieder war ich ein wenig mehr Kohle los. Oh Mann. Natürlich wurde hier nicht der

191

Preis geteilt. Denn der Fahrer ist immer schuld und die Reisetruppe gab sich ahnungslos. Wenigstens erreichten wir unser Ziel den Flughafen right on time. Naja, drei Straftickets reichen für 24 Stunden ja auch völlig.

Tipps Mosambik:

1. Ein Studium der Straßen-Verkehrs-Bedingungen vorab tut not.

Namibia – Lodge Relax

Den Deutschen ist Namibia meist als vormaliges Deutsch-Südwest noch geläufig. Als Ex-Kolonialmacht hatten die Deutschen das Land unter der Knute bis zum Ersten Weltkrieg. Wohl deshalb gibt es dort noch jede Menge Straßennamen, die deutsche Ursprünge haben. Viele deutsche Urlauber zieht es sicherlich auch deshalb dort hin.

Eine Lodge allein, das ist fein

Ich musste jedenfalls auf alle Fälle hin. Und hatte Glück. Etwa eine Stunde westlich von Windhoek der Hauptstadt hatte ich eine Lodge gemietet. Da in der Off-Season nicht viel los war im Lande hatte ich quasi das Etablissement für mich allein. Insgesamt ca. 20 Zimmer samt Sonnen-verträumter Bank mit Futterplatz für diverse afrikanische Tierchen. Bei traumhaften Sonnenuntergang konnte man hier die Dinner der Wildtiere beobachten. Passend in der Hand das gekühlte „Windhoek", das lokale Bierlabel.

Backfrisch auf den Tisch

Die Lodge war fest in deutscher Hand, denn die Besitzerin war vor Jahren aus Deutschland hierhergekommen. Für ihre Gäste bereitete sie zum Frühstück frische Brötchen vor. Lecker wie bei Muttern daheim in der ostdeutschen Provinz. Alles hausgemacht. Nix Industrie. Jeden Morgen noch vor dem Frühstück stellte die Dame des Hauses Snacks und einen Kaffee auf die kleine Terrasse vor jedem Bungalow. Diesen genießt man dann am besten beim Sonnenaufgang mit Intonation der Tiere in der Umgebung.

Sand und Rodel gut

Mit Kaffee und Brötchen gestärkt auf zur Safari oder Richtung Westen zum Sandboarding. Ein Abstecher in die alten deutschen Kolonialen Hinterlassenschaften rund um Windhoek sollte auch nicht fehlen. Hier und da trifft man dann doch einen Good old German für einen Plausch beim Windhoek Bier.

Tipps Namibia:

1. Sanddünenreiten
2. Windhoek: Joes Beerhouse, Swakopmund Hotel, Etosha.

Nauru – Halbmarathon Flüchtlingsinsel

Hierher kommen nur Flüchtlinge, Gastarbeiter und Leute, die alle Länder der Welt bereisen wollen. Deshalb hieß es für mich: Ab dafür und ein weiteres Land abhaken.

Jetzt hatte ich schon 143 Länder bereist. Schon bei der Ankunft traf ich sogleich einen Kanadier, der bereits knapp 170 Länder besucht hatte und auch nur für zwei Nächte vor Ort war. Prompt beschlossen wir, das Sightseeing zusammen zu erledigen und uns unsere Heldengeschichten von unterwegs zu erzählen. Zum Glück hatte er sich ein wenig besser auf Nauru vorbereitet.

Der Weltkrieg lässt grüßen

So wusste er, dass die kleine Insel nur rund 20 Kilometer Umfang hat, reich an Phosphaten sei und es viele Flüchtlingscamps gibt. Zudem seien einzelne Weltkriegsbauten und militärisches Equipment zu bewundern.

Hundeattacken beim Morgenlauf

In der Tat laden die Strände nicht wirklich zum Schwimmen ein. Reich an phosphathaltigem Gestein kommt ein Beachfeeling wie im thailändischen Phuket nicht auf. Die Strände eignen sich trotzdem für einzigartige Fotos und, wer es mag, für Spaziergänge. Ein Halbmarathon zum Frühstück auf der Küstenstraße ist immer drin. Am besten mit Kamera für die obligatorischen Selfies und zur Landschaftsfotografie. Doch auch hier ist Hundealarm angesagt. Um nicht die Freundlichkeit anzutesten, gilt es hier einen weiteren Bogen um diese zu machen. Wer weiß, ob die bellenden Tölen wirklich nur spielen wollen. Und: Habe ich alle gängigen Hepatitis spritzen bereits bekommen? Zwei Fragen mit ungewisser Antwort.

Tipps Nauru:

1.   Morgenlauf einmal rund um die Insel.

Nepal – Hiking zum besten Omelette der Welt

Katmandu – die Hauptstadt des Himalaya-Staates ist Expat-sagenumwoben: Basecamp, Höhenkrankheit, Erfrierungen, Spiritualität, Hiking, Trekking, Bungeejumping, Lebensmittelvergiftung, Yoga – die Palette an Schlagworten bei meiner Vorabrecherche war bunt. Doch ich wurde nicht enttäuscht.

Deutsche Angst springt nicht

Bei Ankunft hatte ich sogleich den Eindruck, dass ich nach Katmandu hätte auch nackt reisen können. Denn gefühlt an jeder Hausecke gab es Rucksäcke aller möglichen Hersteller, von Trekking-Klamotten ganz zu schweigen. Gleichzeitig scheint man hier am Anfang des Lebens angekommen zu sein. Denn in den Läden gibt es neben Visa für jegliche asiatische Region auch Bus- und andere Verbindungsmöglichkeiten, angepriesen in großen Lettern. Mann, Mann, Mann. Ich hatte jedoch wie fast immer nur drei Tage. Deshalb erstmal einen Tages-Hiking-Trip gebucht, zudem Flug über den Himalaya und dann noch eine White-Water-Rafting-Geschichte. Für Bungeejumping und solche Abenteuer bin ich halt zu ängstlich. Habe das ja nicht unter Kontrolle – wenn das Seil reißen sollte. Wenn ich Matsch bin, habe ich ja auch nichts davon. Okay. Ich hatte keine Zeit – klingt als Ausrede männlicher.

Nächstenliebe auf dem Trampelpfad

Das Hiking mit Rucksack war sehr amüsant. Knapp acht Stunden auf und ab mit leichten Regenschauern an freundlichen Menschen vorbei: egal ob 40 Grad plus oder 40 Grad minus – der Nepalese an sich hat immer eine Zottelmütze auf, hat wettergegerbte Haut und sieht ein wenig schlitzäugig, fast spitzbübisch, aus. Und umweht wird er von einem buddhistisch-hinduistischen Hauch Nächstenliebe. Offen seien nicht nur ihre Herzen, sondern auch ihre kärglichen Häuschen. So eignet sich das Land einzigartig für Backpacker ohne großen

195

Geldbeutel. Und davon gibt es in Nepal eine Unmenge. In Nepal trifft sich halt die Reise-Welt. Es herrscht ein Gedränge unterm Dach der Welt. Doch eines fällt auf: Mehrheitlich nicht gediente weibliche Wesen versuchen schwer bepackt, sich beim Hiking und im Buddha-Yoga-Tempel zu neuen mentalen Höhen zu bewegen. In der Armee gibt es Marschieren unter erschwerten Bedingungen fast jeden Tag. Ab und an auch mit Schießgewehr und Verantwortung obendrauf. Zudem wird Mann und Frau dafür bezahlt. Okay. Es geht nicht nach Nepal – eher schon in den Kosovo, nach Afghanistan oder Mali. Aber Länderpunkt ist Länderpunkt!

Nepal – das beste Land, leider ohne Strandzugang

Wenn Nepal noch Strandzugang hätte, wäre das Land ein Top-Five-Land. Denn nirgendwo sonst gibt es freundliche Menschen, kulturelle Vielfalt von buddhistisch-hinduistischem Locals zum weltbereisten Trekker, leckere Speisen, günstige Lebenshaltungskosten, die Nähe zu Gott (welchem auch immer), militärische Elite (Gurkhas), 1-A-Kleidung (Kaschmirschals etc.) sowie eine hervorragende Szenerie sowie Aktivurlaubsgestaltung. Diese wird permanent untermalt durch ein Gewirr aus Autohupen, Shangri-La-Klängen, Glockengeläut sowie einem Sprachmix zwischen anglo-amerikanisch-lateinischem Indogermanisch bis hin zum Mandarin-Hindi-Nepali.

Rührei Deluxe am Straßenrand

Das Erste, was dem Backpacker bei der Hostel-Besichtigung in Nepal einfällt, ist nicht die Frage nach Strom oder Verpflegung, sondern nach heißem Wasser. Von Wi-Fi kann man hier bisweilen nur träumen. Auf dem morgendlichen Erkundungstrip durch Katmandu auf der Suche nach einem geeigneten Frühstücksplatz entdeckte ich das beste Essen der Welt: Ein-Dollar-Rührei eingewickelt in Zeitungspapier. Auf meinen
196

Reisen habe ich schon vieles verspachtelt. Von 5-Sterne-Deluxe-Hummer bis zu Wachteln. Aber dieses Ein-Dollar-Frühstücksei schlägt alles. Das lag vielleicht auch daran, dass es nur einen Dollar gekostet hatte. Bestimmt jedoch am Ambiente.

Tipps Nepal:

1. Meditation am Morgen vertreibt Kummer und Sorgen.
2. Hiking – Am besten mit dem neuen Equipment, das man sich frisch in Katmandu zugelegt hat.
3. Bungee Jumping und White water rafting.

Neuseeland – Die Schöne und das Biest

Während Kanada meines Erachtens das bessere Amerika ist (besseres Englisch, kultivierter, intelligenter), ist Neuseeland das bessere Australien (cooler, abgeklärter, schönere Landschaft). Ob Hobbit-Town, Vulkane, einmalige Berge, super Seen sowie Bungeejumping, White-Water-Rafting oder Sky diving – alles ist möglich. Die Nordinsel rund um Taupo lässt das Sightseeing-Herz höher schlagen. Einmalig!

Sportfrei in Wanaka

Doch die wahre Schönheit von Neuseeland entdeckt man mithilfe der einfachen Transportmittel: Schwimmen im kalten See Wanaka, danach hoch und runter die Berge gegen Wind und Wetter mit dem Fahrrad und dann über Stock und Stein noch Laufen. Das ganze gibt es beim Triathlon in Wanaka.

Hochzeitsfeier am schönsten See der Welt

Doch zuerst zur Hochzeit meines Freundes. Ich habe den Herrn Bräutigam 2 Jahre lang angefleht, das Datum für die Hochzeitsfeier so nah wie möglich um meine Wanaka Herausforderung zu legen. Er gab sein Bestes, aber der Ort, der für die Hochzeit vorgesehen war, war leider immer ausgebucht. Echt übel. Es sollte eine typische Kiwi-Hochzeit sein. Das Beste am See von Wanaka. Es ist einer der schönsten Seen der Welt, umgeben von Hügeln und Bergen. Auch im Sommer kann man auf den Gipfeln Schneeschichten erkennen. Der Hochzeitsort: Hotel Edgewater in der Nähe des Sees. Die Gäste haben einen herrlichen Blick auf das Wasser und können sich bei kuscheligen Temperaturen bei Tapas und leckeren Getränken entspannen. Auch nach dem verwöhnenden Abendessen am Abend lädt der See die Gäste zum Entspannen und Genießen der Musik ein. Das Licht der Sterne, die zusammen mit der Partystimmung auf der Wasseroberfläche tanzen – unvergesslich.

Die Bierwette

Bei meiner Ankunft auf der Hochzeit in Neuseeland, nur 2 Wochen vor dem Rennen, traf ich einen Profi-Triathleten, der 6 Mal auf der Strecke war und er sagte voraus, dass ich ungefähr 3 Stunden länger brauchen würde als meine persönliche Bestzeit. In diesen Tagen forderten die Temperatur und die kühlen, schweren Kiwi-Winde alles von den Sportlern und Sportlerinnen. Er gab den Rat, Neoprenhandschuhe und Schuhe und sogar eine zweite Neoprenmütze zu besorgen. Für das Fahrrad und die Laufstrecke empfahl er mehrere Schichten von Klamotten, die wind- und regensicher sind, um warm und trocken zu bleiben. „Man muss mehr essen als je zuvor und sich wärmer als je zuvor anziehen", sagte er. Er hat um ein Bier gewettet, dass ich in 15 Stunden fertig bin. Er war sich so sicher, dass ich mein Selbstvertrauen komplett verlor und ich es bedauerte, nicht härter und besser trainiert zu haben. Ich fühlte mich wie vor meinem allerersten Ironman: Unsicher, aufgeregt und nervös.

Geteilter Schmerz ist halber Schmerz

Zum Glück konnte ich mich mit der ehemaligen Riad-Triathletin Joanna, die sich die letzten 4 Monate für ihre erste lange Ironman-Strecke vorbereitet hatte, über dieses Rennen austauschen. Zusammen mit der Unterstützung einer Ernährungsberaterin und eines Trainers war sie sehr gut vorbereitet, aber immer noch sehr aufgeregt ihr erstes Fernabenteuer zu absolvieren - speziell dieses schwierige. Normalerweise entscheiden sich Anfänger für flachere Kurse wie Ironman Austria oder UK oder Challenge Roth wenn es der Zufall so will. Aber ihr Debüt war ein echter Killer. Die Belohnung für alle bevorstehenden Schmerzen wäre natürlich die atemberaubende Landschaft mit Seen, schneebedeckten Bergen und grünen Bäumen im italienischen Stil.

Klein aber fein

Am Challenge Wanaka Festival nahmen rund 2000 Triathleten teil. Es gab das „Kinderrennen", die halbe und die volle Ironman Distanz. Aber für die volle Ironman-Distanz schlossen sich nur 150 Athleten an. Da war ich schon etwas enttäuscht, als ich an der Startlinie wartete. Kein Wunder: Ironman Taupo (auf der Nordinsel wurde nur 2 Wochen später gestartet). Auch das jubelnde Publikum neben dem Platz war recht klein. Trotzdem unterstützten sie die Triathleten mit Freude.

Gute Wetterbedingungen am Renntag

Tagelang verfolgten Joanna und ich die Wettervorhersage. Und wir hatten echt Glück. Am Morgen des Renntages gab es fast keinen Wind und 9 Grad Celsius Lufttemperatur. Das bedeutete keine Wellen im 'arschkalten' 15 Grad Wasser. Ein Neoprenanzug war erlaubt - genau wie eine zusätzliche Neoprenmütze, Handschuhe und Schuhe. Wir hatten nur die zusätzliche Kappe auf, um den Wärmeverlust zu minimieren. Stell Dir kristallklares, flaches Wasser inmitten von Bergen vor, wo die Gipfel von Schnee bedeckt sind. Fabelhaft! Trotzdem fühlte sich das kalte Wasser wie tausend Nadelstiche in Händen und Füßen an. Überraschenderweise lief das Schwimmen sehr gut und ich konnte eine persönliche Bestleistung erzielen – und auch noch zufälligerweise neben Joanna schwimmen. Gemeinsam haben wir auch den T1-Übergang gemeistert und 2-3 lange Ärmel angezogen, in Erwartung des kalten Windes auf dem Fahrrad.

Achterbahn auf holprigen Straßen

Alle freuten sich raus aus dem kalten Nass zu sein und jeder wollte sich auf dem Rad schnell aufwärmen. Abgesehen von den mehreren Schichten beim Radfahren war es auch eine Pflicht, eine zusätzliche Anziehgarnitur in einer Tasche für besondere Bedürfnisse dabeizuhaben, da sich die Wetterbedingungen in Neuseeland sehr schnell ändern können. Nach kurzer Zeit stellte ich fest, dass die Straßenverhältnisse nicht so gut waren, wie es den Anschein hatte, wenn man sie mit dem Auto abfuhr. Die Oberfläche war sehr holprig. Also wurde der ganze Körper die ganze Zeit durchgeschüttelt. Es gab einige Steigungen auf dem Radweg, aber ich fühlte mich in Ordnung. „Verdammt, ich hätte mehr Bergtraining machen sollen", rief ich, als es in noch hügeligeres Gelände ging. Trotzdem ähnelte die Strecke dem Profil des sogenannten Humps-Kurses in Riad. Aber die Schönheit der Seen, umgeben von grünen Hügeln und schneebedeckten Bergen, haben alle schlechten Gedanken verworfen. Joanna war in einer großartigen Verfassung und verlor mit ihrem TT-Bike nur etwa 20 Minuten gegen mich. Immer ein Lächeln auf den Lippen, wenn ich sie an Wendepunkten sah. Das war für mich der Indikator dafür, dass sie noch Reserven in der Hinterhand hatte und ihre Ängste vor dem Rennen unbegründet waren.

Trail running vom Feinsten

Ich fühlte mich wirklich gut auf den Laufkurs vorbereitet, da ich mehrere Sessions in Riad auf Trail-Terrain absolviert habe und bei kurzen Rennen in Riad Bestzeiten absolviert hatte. Was könnte also passieren? Als ich vom Fahrrad stieg, wusste ich sofort, dass es heute nicht einfach ist. Die Beine fühlten sich nicht so frisch an wie bei meinem vorherigen Triathlon, aber der Anfang war nicht schlecht. Ich habe auf dem Trail-Run mit weichem Schotteruntergrund gut angefangen – genauso wie der Boden im Riyadh DQ. Etwa alle zwei Kilometer gab es Stationen mit Bananen, Wasser, Mineralgetränken und salzigen Crackern. Die Leute waren echt freundlich und haben einen tollen Job gemacht. Als sie riefen: "Du siehst toll aus" – da war sogar mir klar, dass es anders ist, getränkt von Salz und Schweiß.

Höhen und Tiefen mit großer Überraschung

Die ersten 7 km waren ziemlich flach und ich hatte ein gutes Tempo. Persönliche Bestleistung wäre möglich. Aber es gab Probleme mit der Ernährung. Ich konnte die Carbo-Gele nicht mehr essen und probierte stattdessen Banane. Aber es fühlte sich nicht so gut an. Außerdem änderte sich das Gelände und die nächsten 10 km waren ein ständiges Auf und Ab, voller Wurzeln und großer Steine. Der Lauf war nicht mehr einfach. Aber dieser Teil befand sich in der Nähe eines Flusses mit fabelhafter blauer Farbe. Bei all den Schmerzen, dachte ich - das ist der Grund, warum ich hierhergekommen bin. Großartig! Ich war so glücklich nach diesem Auf und Ab. Aber die Freude dauerte nur 1000 Meter. Nach ungefähr 18 Kilometern gab es einen steilen Hügel auf einer Straße. Ich dachte: „Machst du Witze mit mir? Das kann nicht sein". Ich erinnere mich an das Bike Training aus der Vergangenheit mit solch herausfordernden Hügeln. Es war eine große Anstrengung, diesen Hügel hoch zu rennen. Nachdem ich dieses Stück gemeistert hatte, war es ein Vergnügen, bergab zu laufen, um den See wieder zu sehen und die Runde auf dem Trail zu beenden. Im Zielbereich jubelten viele Leute den Triathleten zu.

Bier wird an der Ziellinie warten

Aus heiterem Himmel rief der Profisportler, mit dem ich vor dem Rennen die Wette abgeschlossen hatte, meinen Namen und war von meiner Leistung beeindruckt. "Ich will das Bier", rief ich ihm fröhlich zu, da ich wusste, dass ich die Wette gewinnen werde und glaubte sogar, dass ich eine großartige zweite Lauf-Runde haben könnte. Nach dem Wendepunkt sah ich, dass Johanna nur 30 Minuten nach mir großartig in Schuss war - immer noch mit einem Lächeln im Gesicht. Es war ihr Tag!

Einbruch wider Willen

Die zweiten 21 Kilometer waren zu viel und ich war von meiner Lieblingsdisziplin enttäuscht. Während ich 2,10 Stunden auf der ersten Runde hatte, verlor ich 10 weitere Minuten auf der zweiten Runde. Aufgrund des herausfordernden Geländes und der zu geringen Kohlenhydrataufnahme, beendete ich den Marathon erst nach 4 Stunden 30 Minuten. Inakzeptabel! Trotzdem bekam ich im Ziel das Bier, die Medaille und noch ein bisschen Sonnenschein am Wanaka See. Beim Zieleinlauf bin ich immer sehr froh, dass der Schmerz endlich vorbei ist.

Tipps Neuseeland:

1. Bei einer mehrtägigen Bus Tour auf der Nordinsel gibt's Abenteuer pur: Bunjee Jumping, Zorbing, Sky-diving

sowie besuch der Hobbit Town, Thermalquellen und Vulkanen.

2. Ironman Taupo oder Challenge Wanaka oder die Coast to Coast Challenge.

Niederlande – Vodka Marsch in Amsterdam

„Ohne Holland fahren wir zur WM, ohne Holland fahren wir zur WM." Alle Jahre wieder stimmen schadenfroh die deutschen Fußball Fans nicht nur an den Stammtischtheken diese Hymne an, wenn die deutschen Nachbarn es mal wieder nicht geschafft haben, sich für ein Groß-Event im Fußball zu qualifizieren. Die niederländische Antwort für den deutschen Schmähgesang lautet: „Schade, Deutschland, alles ist vorbei, alles ist vorbei."

Grundstein für diese Fußball-Hassliebe waren sicherlich die 1970iger Jahre und auch 1990, wo die Niederländer zeitweise besser waren als die Deutschen, aber trotzdem nicht gewinnen konnten. Auch Jahre später zauberten sie und zelebrierten den sogenannten Football total, scheiterten jedoch insgesamt wenn ich mich nicht irre, dreimal im WM Finale 1974, 1978, und 2010? Große Stars wie Ruud Gullit, van Basten, Robben etc. sind unvergessen.

Party on in Amsterdam

„Vollbepackt mit tollen Sachen, die das Leben schöner machen hinein ins Weekend Feeling. Mit Zott Sahne Joghurt, sahnig, fruchtig, frisch und dann: Hinein ins Weekend Feeling..."Lass dich mal gehen, schalt einfach ab. Erleb den sahnigen

203

Geschmack." So startete eine Zott Werbung in den 90igern und mit ähnlicher Untermalung ging es auf den ersten Holland Trip zu Silvester 1999 mit wenig Kohle in der Tasche aber mit guten Freunden und mehreren Flaschen Vodka-Coke für die richtigen Umdrehungen. Normalerweise fahren Leute nach Amsterdam, um dort high zu werden. Wir kamen dort schon high an.

Tipps Niederlande:

1. Amsterdam – Da wird man high vom Rotlicht und vom Kiffen.
2. ABC – Inseln in der Karibik.

Nigeria – Pimp my Hairs

Boko Haram. Böse. Böse. Terror im Lande. So steht's geschrieben. In den Zeitungen. So wird's gezeigt im Fernsehen und Internet. Deshalb lieber nur einen Tag. Ansonsten Gute Nacht! Selbst die afrikanische Reiseagentur wollte nicht über die Grenze von Benin fahren. Das wäre zu gefährlich. Deshalb Abflug von Togo mit Zwischenstopp über Lagos.

Better safe than sorry

James Bond lässt grüßen. Denn im Film Casino Royal ist er auf der Jagd nach einem Informanten und sprengt schweißgebadet und blutverschmiert eine Botschaft in die Luft. So viele Explosionen gab es bei meinem Trip nicht. Unter dem Motto „Safety first" habe ich das Hotel Sheraton gebucht. Da war die Abholung inclusive. Komisch. Entweder war ich der einzige weiße Mann im Hotel oder ich war sonst wie sehr einprägsam. Jeder Mitarbeiter kannte mich scheinbar mit Namen, obwohl wir uns nicht vorgestellt wurden sind. Vielleicht ist das der weltweite

Service von Sheraton? Es war schließlich die erste Nacht in dieser Hotelkette.

No French Kiss

Da wieder irgendein Ironman Rennen anstand, schnell ab aufs Laufband. Dort gab es eine Bestenliste für die meisten Kilometer am Tag, der Woche, Monat. Der Ehrgeiz packte mich und schwupp die Wupp wurden aus 5 Kilometer gleich ein Halbmarathon. Das kann sicher auch daran gelegen haben, dass sich eine fesche Läuferin links von mir zum Laufen anschickte. Im Nachhinein: Französische Stewardess kurz vorm Abflug back to Europe. Schade. Ein After Work Drink wäre sicher drin gewesen.

Du hast die Haare schön

Vom Land war ich trotz der kurzen Zeit derart begeistert, dass es zu diversen Tête-à-Tête kam mit einer feschen Dame aus diesem Lande. Während in anderen Staaten sich die Frauen mit Botox und Silikon obenherum und am Allerwertesten aufpimpen, so waren es bei Miss Nigeria die Haare. Quasi fast bei jedem neuen Date kam sie mit einer anderen Haarpracht daher. Perücken sind in Nigeria und in anderen afrikanischen Ländern fast ein Muss. Das spare Vorbereitungszeit beim Ausgehen und erlaubt eine gewisse Flexibilität im Look, wie mir Madame berichtete. Somit können die Ladies von Sexy hexi, über Hot and fesch, zu Business seriöses variieren. Das Ganze dient dann sicherlich nur dazu sich einen Mann anzulachen zwecks Kinderproduktion. Denn nicht ohne Grund gilt Nigeria als das bevölkerungsreichste Land des afrikanischen Kontinents mit einer Geburtenrate von bis zu sechs Kindern je Frau. Ich bin dem aber nicht auf dem Leim gegangen und war nach drei Monaten – ohne Kinder versteht sich – wieder mal Solo-Traveler.

Tipps Nigeria:

1. Vorsicht vor Boko Haram im Norden. Terrororganisation, mit der nicht gut Kirschen essen ist. Meist sind sie sehr sparsam mit der Verpflegung ihrer Gefangenen.

Nikaragua – Nicht arm, aber sexy

„Das essen doch noch die Kinder in Nikaragua!" Diesen Spruch mussten wir Kinder in der DDR stets hören, wenn wir mal unseren Teller nicht blitzblank leer gegessen hatten. Dies war in Anspielung an die schlechten Zustände in dem lateinamerikanischen Land gemeint. Bei genauer Betrachtung bewahrheitete sich dies jedoch nicht, was ich 2015 bei meinem zweitägigen Besuch feststellen konnte.

In den Städten am Meer jedenfalls sind die Touristen eine gut zahlende Einkommensquelle. Von Latin Dance, über Wassersafaris, Surfen, oder just Strand-Aktivitäten ist alles im Angebot. Das Land hat selbst seine eigene Biermarke: Tona. Und einem Land, das selbst Bier herstellt, kann es doch gar nicht schlecht gehen?

Niger – Baumkronenbier zur Fastenzeit

Gerade vom Doppel Ironman in Deutschland in Niger angekommen. Vor mir: In knapp zwei Wochen ca. 6 neue Länderpunkte einsammeln. Jeden zweiten Tag mit dem Taxi früh zum Airport. Dann via durchschnittlich zweier Zwischenstopps ab zum nächsten Ziel.

Vorsicht vor der Rassismuskeule

Warum macht man das? Weil man es kann und will. Natürlich geht die ganze Sache auch mit schnell mal 100.000 Euro nehmen und ein Jahr lang frei machen. Aber dann ist es wieder schwierig in den Job reinzukommen. Deshalb: Bei nicht so touristisch tollen und gefährlichen Ländern einfach hin und weg. Eine Übernachtung, ein Abenteuer sollten jeweils reichen. Auch bei diesem Land galt es vorher abzuchecken, wie denn das Land ausgesprochen wird. Denn bei Beantragung des Visas bestand die Gefahr, den Botschafter rassistisch zu beleidigen.

Banga, Banga, nicht Bunga, Bunga

Tagesausflug zum Cap Banga. Eine kleine Bar am Fuße des Flusses Niger. Einen herrlichen Blick hat der Gast hier eh schon auf den weiten Fluss, der rötlich schimmert. Doch das Lokal hat ein weiteres Highlight. Hoch in den Baumwipfeln sind kleine Plattformen installiert. Vor hier eröffnet sich ein majestätischer Blick über die Weite des Wassers und die Landschaft am Horizont. Perfekte Sundowner Location. Genüsslich zippte ich an meinem Arrival Country Bier. Auch natürlich mit dem Namen Niger. Obwohl es hier grade die Fastenzeit des Ramadans war im muslimisch geprägten Land, hat mein Fahrer keine Anstalten gemacht. Vielmehr er ermunterte mich sogar. In anderen muslimischen Staaten ist dagegen der Genuss von Essen und Trinken während des Ramadans in der Öffentlichkeit verboten. Das gilt auch für Touristen. Und jetzt sogar Bier, das ja eigentlich auch nicht koscher wäre. Aber: Andere (muslimische) Länder, andere Sitten. Mir gefällt es. Prost!

Nordkorea – Hundefleisch zum Nachtisch

Nordkorea gilt immer noch als gefährliches Pflaster. Angeblich kommen da Leute weg. Nicht nur die eigenen. Doch es gibt Tour Anbieter, mit denen man dorthin reisen kann. Zu den Massenspielen, diversen Festen und zum Marathonläufen.

Zum Marathonläufen? Genau! Jedes Jahr im Frühjahr gibt es einen 10 Kilometer Lauf, Halb Marathon und die vollen 42,2 km Distanz in der Hauptstadt. Als Hobbyläufer kann man in New York, Berlin, London laufen. Als Ambitionierter Runner fliegt man jedoch nach Pjöngjang.

Marathon mit Eisbären

Beim diesem Trip waren etwa 60 Läufer zugegen. Unglaubliche Athleten waren anwesend: Von Anfängern bis zu Ironman Triathleten, Multi-Marathon-Finisher, Boston-Qualifikanten und Ultra-Läufern. Zwei von ihnen haben bei der Marathon-Challenge ein Rennen auf jedem Kontinent beendet, darunter das Antarktis-Rennen plus das Rennen am Nordpol. Unglaublich! Ich will auch das Zeug: Laufen bei minus 30 Grad Celsius, den Schweiß zu Eis gefrieren lassen, eisige Luft einatmen und die Gefahr von Eisbären. JA! Machen wir das. Die Strecke ist 4 km lang. Die Teilnehmer werden von russischen Soldaten mit der Waffe AK 47 beschützt. Die Eisbären können bis zu 40 Kilometer pro Stunde schnell sein. Wenn du also einen entdeckst und ihn nicht mit der Waffe niedermachen kannst, hattest du vielleicht deinen letzten Moment im Leben.

Auch in Nordkorea essen sie Hunde

Neben den ganzen Laufstories der Reiseteilnehmer gab es ja noch die 3-Tagestour, bevor es zum Marathon ging. Diverse

Museen mit nordkoreanischer Pop Art Propaganda, Militärischen Ausstellungsstücken, großen weitere Straßen, Bahnfahrten in der Metro und kulinarischer Köstlichkeiten. Highlight war der Genuss von Hundefleisch. Sonst eigentlich in China verortet, gibt es das dort auch in Nordkorea. Man sagte uns vorab, dass Hund ähnlich wie Hühnchen schmeckte. Im Endeffekt stellte ich mir ein gegrilltes Huhn vor, als ich die Hundesuppe löffelte. Doch ich konnte mich nicht richtig fokussieren, so dass ich beim zweiten Bissen wieder an die Wauzis dachte und den Löffel weglegte. Kein Appetit mehr.

Die Beobachtungen in den nächsten Tagen: Trotz kalter Temperaturen trugen die Einheimischen keine Handschuhe (armes Land), Propagandasouvenirs überall, freundliche aufgeschlossene Leute (auch beim Marathonlauf gaben sie High 5), kurze Röcke bei Kälte (ähnlich wie in Japan) und die USA ist immer der böse Junge.

Abgekotzt und unterkühlt

Dann der Marathon. In der Nacht: Auweia: Lebensmittelvergiftung nicht vom Hund, sondern von irgendeiner Soße. Was oben rein kam, ging gleich wieder hinten raus. Auch Erbrechen. So kann ich den Marathon nicht laufen. Ohne Nahrungsaufnahme selbst bei langsamen Tempo und kalten Temperaturen (weniger Energieverbrauch) wäre das sicher nicht so gut. Aber ich komme doch nicht nach Nordkorea ohne eine Medaille mitzunehmen. Deshalb schnell am Morgen umgebucht auf Halb Marathon. Selbst hier auf nüchternen Magen kein Wasser und Essensinput. Sicher ist sicher. Leicht unterkühlt und abgekämpft doch dann ins Ziel. Medaille inklusive.

Lieber schlecht gelaufen als gut gefahren

Als es noch nach Hause ging, registrierte ich erst, dass wir einen Rollstuhlfahrer dabei hatten. Der hatte das Rennen mitgemacht auf einen mittransportieren Race-Rollstuhl. Am Zubringerflughafen in Shanghai wartete er eine geraume Zeit darauf, dass er abgeholt wurde. Völlig hilflos saß er da rum. In dem Moment dachte ich nur ich werde nie wieder darüber klagen, dass ich zu Triathlons mein Fahrrad mitnehmen muss.

Tipps Nordkorea:

1. Massenspiele.
2. Marathon – Mit Siegchancen
3. Nicht eingesperrt werden. Besser immer in der Touristengruppe bleiben.

Nordzypern – One night stand

Es gibt Staaten oder Gegenden in der Welt, da informiert sich der Reisende am besten vorab welche Sprache man anschlägt, welche Termini gang und gäbe sind. Denn sonst landet man im Knast, wird ans Messer geliefert oder ist einen Kopf kürzer.

Beste Beispiele: Im Süden der Türkei reist man nicht nach Kurdistan, sondern in den Irak. Im Land Brandenburg sollte man Taxifahrern nicht von einem gemeinsamen Bundesland Berlin-Brandenburg philosophieren, sonst wird man aus dem Beförderungsmittel geworfen. Und im südlichen Zypern wird auch nicht über Nord-Zypern geredet, sondern vom türkisch besetzten Teil der Nordinsel.

Hin und weg

Das alles im Kopf landete ich dennoch im südlichen Teil der Insel und wollte mir meine Stempel (zwar nur vom Hotel) vom speziellen nur von der Türkei anerkannten Norden abholen. Da meine Flugreiseplanung wieder mit der Nadel gestrickt war, musste fast jede Minute getaktet sein. Vorab informierte ich mich natürlich bei mindestens zwei verschiedenen Hotels ob denn der Grenzübergang auch in der Nacht geöffnet sei: 24/7 quasi. Denn Ankunft kurz vor 10 und Outbound irgendwann early Morning. Mehr als der Taxi- Flug durch die Nacht und border-crossing und ab zum Hotel samt kleinen Snack und Arrangement für den morgendlichen Airport Transport waren nicht drin. Hin und weg halt.

Norwegen – Mit dem U-Boot zum tiefsten Rührei der Welt

„Ihre Klamotten können Sie getrost hinterher verbrennen!", sagte der Kapitänleutnant, Chef auf dem U-Boot bei dem ich mitfahren sollte. „Der Gestank geht nie wieder raus." Naja ich war schon seit langem bei der Bundeswehr-Truppe und war schon einiges gewohnt. Deshalb konnte mich seine Warnung nicht schocken.

Doch als ich einen Tag vor Abreise in das U-Boot mit 20 Mann hinabstieg, fing ich beinah an zu kotzen. Denn ein halbes Jahr zuvor war ich auf einem Schnellboot auch als rasender Militär-Reporter unterwegs und wurde seekrank. Erbrechen war an der Tagesordnung. Und nun auf dem U-Boot kamen die Erinnerungen ... und nicht nur die wieder hoch.

Einweisung am Arbeitsplatz

Doch das muss der Brackmann abkönnen. 6 Tage auf dem Boot, um die Besatzung zu begleiten. Das wäre schon cool. Los geht's zusammen mit einer Offizier Kollegin. Selbige sollte meine Nachfolgerin auf meinem Posten als Chefreporter werden. Da konnte ich ihr gleich mal zeigen wie toll der Job doch sei.

Alles in einem Abwasch beim Duschklo

Schnell lernte ich an Bord, dass es eng ist auf dem Kahn. 20 Leute, eine Toilette, mehrere Kojen zum Teilen im Schichtsystem. Doch das Duschklo war das Beste. Da konnten sich die Leute die Haare waschen, gleichzeitig ihr Geschäft verrichten sowie die Zähneputzen. Super effektiv. Hygienisch? Das steht auf einem anderen Blatt Papier. Ich hatte vor dem geistigen Auge den Film „Das Boot", auf dem auch ein Reporter mitfuhr und langsam aber stetig das Leben an Bord lernen musste. Die Besatzung meines U-Bootes in real war viel softer als die rauen Mannen im Film von Wolfgang Petersen. Während der Boss im Film-Boot am Ende einen Vollbart hatte, hatte 206er Boss ein glattrasiertes Gesicht wie Kinderpopo. Das ‚Gespenst' im Film, in real ein 20 Jähriger verschmitzter kleiner Haudegen, der sich um die Technik kümmerte.

Der Zauberer in der Kombüse

Der Kümmerer der Besatzung jedoch war der einzige Koch. Er musste vier Mahlzeiten alle vier Stunden auf den Tisch zaubern. Wenn das Essen mal nicht schmecken sollte, war die gute Stimmung dahin. Deshalb begleitete ich ihn mehrere Stunden. Er gab mir den Tipp für Rührei. Eigentlich eine der einfachsten Sachen der Welt. Er rührt immer Mineralwasser unter das Ei. Dann wird das ganze fluffiger. Und wenn es mal schneller mit dem Pizzateig gehen sollte, dann brachte er diesen in den

Maschinenraum. Dort herrschen subtropische Temperaturen und der Teig geht auf wie nix. Nach zwei, drei Tagen auf dem Kahn fragte der Kaleu ob denn die beiden Gäste (meine Begleitung und ich) auch mal richtig arbeiten wollten, jenseits von Schreiben und Fotografieren. Er wollte uns zwei Sachen zumindest zeigen und beibringen, die man als U-Boot Besatzungsmitglied drauf haben sollte: 1. Die Bedienung der Boldschleuse und 2. Das Anblasen.

Sexismus Alarm auf dem Dampfer

„Anblasen? Ist ja wohl klar wer das macht", sagte ich im Scherz. Der Kaleu verschluckte sich. Ich beschwichtigte: Ja wir sind gut befreundet. Das passt. Chauvinist, Sexist, Rassist – einfach Brackmannist. LOL. Natürlich habe ich dann das Anblasen auch geübt (Die Tauchzellen des Bootes werden dabei teilentleert, um Aufzutauchen). Und das mit der Bold Schleuse sowieso (Ausstoßen von Tauesch köpern). Zudem lernten wir, dass es ein Unterwassertelefon gibt, das Feindboot im Übungsfall nur unterschossen wird. Denn in echt reicht da eine Explosion. Und Wumm ist das Feindboot kaputt.

Seekrankheit lässt grüßen

Zu guter Letzt gab es noch eine Sturmfahrt, bei der das Boot hin und her schaukelte. Als erfahrener Seekranker wusste ich, dass es dann besser ist, frische Luft zu tanken und sich den Horizont anzuschauen. Das ganze hilft auch bei normalen Überwasser booten. Doch beim U-Boot das auf Schnorcheltiefe fährt, ist die Deckenluke zu bei knapp sieben Metern unter der Wasseroberfläche. Nix mit frische Luft und Horizont auch nicht. Dann hilft nur noch flach ins Bett und eine Pille einwerfen.

Tipps Norwegen:

1. Fjorde und Meer. Wer es schafft mit einem U-Boot. Wenn nicht, dann auf einem Kreuzfahrtschiff.
2. Das Englisch ist das Beste der Welt.
3. Norsemann Triathlon.

Oman – Armer Tropf am Tropf

Hey, Du Schuft! Du hast doch noch was zum Trinken gefunden, sagte ich am Morgen zum Stefan, meinem Reisekameraden. Denn ich nahm an, er hatte heimlich die ganze Nacht durchgemacht und durchgetrunken und konnte den Alkohol nicht bei sich halten. Doch es war ganz anders. Lebensmittelvergiftung. Denn beim abendlichen Salatdinner hatte er sich den Magen und somit die ganze Nacht verdorben. Echt zum Kotzen.

Noone gets left behind

Deshalb ab dafür ins nächste beste Krankenhaus, an den Tropf und Relaxation: Marsch. Nichts da mit Beach Party und Night out, sondern vielmehr spartanische Wände und Krankenhaustechno-feeling. Und als guter Brother in Arms – Noone gets left behind - blieb ich mit von der Partie. Kurz vor Abreise am nächsten Tag konnten wir dann noch kurz in die Berge und die Traumstrände rum um Muskat erkunden. Dann mit Taxi zum Airport. Dabei lernten wir Freundlichkeit der Omanis kennen. Manche meinen sogar, diese wären die Jamaikaner des Mittleren Ostens. Wegen der Freundlichkeit und dem strahlenden Lächeln im Gesicht.

Tipps Oman:

1. Natural Pools
2. Freundlichkeit der Omanis inklusiver Strände.
3. Jemen Country Points dank spezieller Reiseagenturen.

Österreich – Der kleine Bruder

Österreich hat die Welt zweimal betrogen: Einmal der Welt glauben zu machen, Hitler wäre Deutscher und beim zweiten Mal Beethoven als Österreicher zu verkaufen – so jedenfalls erzählte mir mal eine österreichische Diplomatin. Immerhin Humor haben die deutschen Nachbarn im Süden. Doch auch einmalige Kulissen und Historie bietet der kleine Bruder der Deutschen.

Ironman Austria

Ähnlich wie die Schweiz gibt es in Österreich aber auch zahlreiche Möglichkeiten Sport zu treiben. Hier sollte deshalb auch mein erster Ironman Triathlon sein. Der Ironman war Auftakt für einen weiteren super Sommertrip. Natürlich hätte man wieder mehr trainieren können. Doch das ist ja immer so. Typische Ausrede eines Triathleten. Doch der Wettkampf sollte in Klagenfurt etwa zwei Stunden Autofahrt vom Wiener Flughafen entfernt stattfinden. Die Unterbringung war unweit des Rennplatzes an einem schönen Waldsee in einem kleinen Hotel. Super. Idylle pur. Vögel zwitschern, das Wasser plätschert, die Baumkronen wiegen sich im Wind und die Fahrradnabe surrt. Was will das Sportlerherz mehr?

Bestes Wetter für beste Zeiten

Am Wettkampftag war alles top: Das Wetter, die Motivation, das Equipment. Ich startete in der letzten Männer gruppe, so dass mich als eher schlechten Schwimmer die nach uns gestarteten Damen überholten. Nebeneffekt: All nice bodies in front of me on the bike. Da strampelt der Herr der Schöpfung nochmal schneller. Das ist wie im Gym. Kaum kommt eine Dame rein, pumpen die Kerle gleich doppelt so stark. Das sind sicher die Gene, die die alten Macho-Bären-Töter und Prinzessinretter innehaben.

Was man rauf muss, darf wieder runter fahren

Somit ging es die Berge rauf und runter und alles lief wie am Schnürchen. Selbst der abschließende Marathonlauf nach 4 Kilometer Schwimmen und 180 Kilometer Fahrrad fahren, war aller Bon heur. Mehrere Male passierten die Läufer Touristen und Einheimische, die bei einem zünftigen Bier und BBQ einem zuprosteten und anfeuerten. Die einmalige Kulisse mit dem Wörther See – Hammer! Ok. Es gab pro Runde auch einen Red Bull stand. Und das Haribo Getränk verleiht ja bekanntlich Flügel. Erschöpft aber glücklich im Ziel war leider keine Energie mehr für ein Belohnungsbier.

Schnitzelbelohnung in Wien

Doch schon am nächsten Tag mit dem Transporter schnell nach Wien. Die obligatorischen Schnitzel und Ex-Kollegen Max abgefrühstückt und dann sogleich mit dem Boot nach Bratislava für einen Tagesausflug. Dort zum Mittag eine Schweineplatte verdrückt. Denn nach dem Sport wollte ich mich doch wieder belohnen. Jedoch wohl wissend, dass ich in drei Wochen noch nach Zürich wollte oder musste, schließlich hatte ich noch eine weiteren Ironman gebucht. Ob die Regeneration bis dahin durch war, musste sich noch rausstellen.

Tipps und Tricks:

1. Wiener Schnitzel – ein Muss zum Genuss.
2. Wien ist ein Gesamtkunstwerk.
3. Sissi Filme zur Vorbereitung eines Besuches ist sehr zu empfehlen.

Ost Timor – Reisemission accomplished

Und schon wieder im Flieger. Diesmal nach Ost Timor. Endlich am Ziel meiner Träume. Endlich zum 193. UN Mitgliedsstaat. Mission erfüllt. Überall gewesen. Champagner hatte ich nicht zur Verfügung. Dagegen genoss ich lokale Getränke zur Feier des Tages: Riesige Kokosnüsse. Danach wie immer ein 10 Kilometer Strandlauf samt Sonnenuntergang.

Dann das Übliche in der Südsee: Strandhaus mit Meerblick, Latinoflair dank portugiesisch sprechender Bevölkerung, flauschiger Sand am Wasser und wieder mal ein einmaliger Sonnenuntergang am Abend. Dazu natürlich – Kokosnüsse ohne Ende!

Pakistan – Arrival and Survival in Karachi

„Ich komme aus Pakistan, bin aber kein Terrorist", sagte mein erster Taxler in Riyadh, Saudi Arabien. Aha. Es passen also Eigenbild und Fremdbild halbwegs überein.

Will heißen: Die Leute denken bei diesem asiatischen Staate, es handele es sich um ein schwieriges und gefährliches Land.

217

Möglich. Deshalb bin ich da auch nur kurz hin, rein und raus. Nicht länger als einen Tag. Zu heikel ☺ Denn dort stirbt man sicherlich. Entweder durch eine amerikanische Drohne oder durch einen Selbstmörder.

Medienbild versus Eigenbild

Das ist jedenfalls das Bild was man aus den gängigen Medien hat. Wenn man dann noch die einschlägigen Seiten des Auswärtigen Amtes liest, kann einem angst und bange werden. Deshalb flugs Visa beantragen. Weit gefehlt. Ich war insgesamt vier Mal in der pakistanischen Botschaft in Riyadh und verbrachte mehr Zeit dort beim Ausfüllen, Passfotos abgeben, Interviews geben und, und, und, als in Karachi. Aber Country Point is Country Point. Und ich bin immer noch am Leben. Selbst ein Interview mit dem Konsul war drin. Sicherlich kann sich keiner vorstellen, dass man freiwillig als Tourist in das Land will. Ich präsentierte ihm alle meine Pässe und Reisebücher und erzählte Stories von hier und da. Dann war der Konsul willens mir das Visum zu geben.

Ende vom Lied: Ich flog zunächst nach Australien für einen Triathlon an der Westküste und legte auf dem Rückflug eine Nacht in Karachi ein. Abholung vom Airport, Fahrt zum Hotel, Dinner, ein Souvenir, ein paar Fotos im Hotel, Gute Nacht, Frühstück, Transport zum Airport und Abflug. Sicher ist sicher.

Tipps Pakistan:

1. Arrival and Survival. Immer noch ein gefährliches Pflaster dort.
2. Highlands.
3. Pakistanische Küche mit Chili Chicken. Feueralarm!

Palau – Japanischer Schwimmunterricht

Schnorcheln, Schwimmen, Kajak fahren, Sonnenbaden, sowie eine asiatisch angehauchte japanische Küche. Das sind die Highlights für den kleinen Staat Palau im Pazifik.

Für kurze Zeit von Ende des 19. Jahrhunderts bis zum Beginn des 1. Weltkrieges gehörte Palau zum Deutschen Reich. Die Japaner übernahmen dann die Macht. Später folgten die USA. Heute gibt es deshalb hier einen bunten Mix aus deutschen und japanischen Touristen.

Deutsch-Japanische Freundschaft
Und Amerikaner sind ja sowieso im ganzen Pazifik verstreut. Bester Moment bei meinem Aufenthalt: Eine Ex-Profischwimmerin gab mir Tipps für eleganteres Schwimmen im kühlen Nass. Sie war als Guide auf einem Ausflugsboot und sah meine kleine Trainingseinheit. Das ganze geschah auf einem Kanu-Trip inmitten der wunderschönen Wasserlandschaft. Witzig zu erwähnen: Das kleine deutsche Konsulat ist in einem Souvenirladen untergebracht. Leider war der Konsul nicht vor Ort. War grad beim Empfang deutscher Gäste einer der zahlreichen Kreuzfahrtdampfer, die hier Halt machen.

Tipps Palau:

1. Kajak fahren.
2. Japanische Küche.
3. Schnorcheln.

Panamá – Canalé Grande und Skybar

Von Mexiko schlug ich mich durch Gesamtmittelamerika. Panama das Ziel. Während andere Backpacker diese Tour in zwei bis drei Monaten absolvieren, wollte die Sache in nur zwei Wochen fertig machen. Alles mit dem Flieger. Mehr Urlaub hatte ich nicht. Im Schnitt zwei bis drei Tage pro Land. Mexiko: Tequila, Belize: Schnorcheln, El Salvador: Strand, Panama: der Kanal. Für die restlichen Länder plante ich einfach, nicht ausgeraubt zu werden.

Unterwäsche Modelling hoch oben in Panama

Deshalb lumpige Klamotten an. Drei-Tage-Bart, der immer länger wurde und kaputte Hosen. Die Tarnung war perfekt. Der Gringo auf Travel-Tour durch die lateinamerikanischen Lande. In Panama gilt es natürlich den Kanal samt Museum klar zu machen. Dann meinte doch der Taxler, dass es eine tolle Bar hoch in einem Skyscraper gäbe. Also ab dafür. Tolle Drinks, fesche Bilder im Sunset hoch oben über der City. Bei Ankunft gab es einen Hammerblick. Eine geniale Aussicht. Und was hatte die Bar noch zu bieten? Richtig! Einen Infinity Pool gab es dort. Ich checkte sogleich meine Unterwäsche. Yes! Schwarz. Sicht geschützt. Somit ab rein in den Pool. Denn Pool ist cool. Noch besser mit einem richtigen Getränk. Vodka-Redbull. Denn der Abend kann ja noch lang werden.

Tipps Panama:

1. Panama Kanal
2. Roof Top Bars and Hotels

Papua Neu Guinea – 50 Dollar Training

Kurzer Besuch von Papua-Neuguinea. Durch Flug Verzögerungen gab es hier eine Reduktion von zwei auf einen Tag. Ok. PNG ist sowieso nicht der sicherste Ort. Also war ich überhaupt nicht traurig.

Reisetraining wie gewohnt: 50 USD im örtlichen 5 Star Crown Plaza brachten mir 3 Stunden im Fitnessstudio. Split Session Bike Run, der Spaß macht. Danach eine schöne Massage in meinem günstigen Flughafenhotel. Oh Gott. 50 Soldaten hatten hier eine Party. So hatte ich anstelle von Ayurveda-Relax-Ambiente eine marschierende Armeemusik in den Ohren. Das gibt es auch nicht alle Tage. Zum Glück gab es keine menschenfressenden Horden, denn gemäß Reiseführer soll PNG dafür ja berühmt sein.

Paraguay – A Beer a night and Shit storm auf Facebook

Arrival kurz vor Ladenschluss bzw. Sonnenuntergang im Hotel. Aufgrund Flug Delay, relativ an genervt. Denn schon am nächsten Morgen sollte es weiter gehen. Deshalb kurz gecheckt wo es zum nächsten Pub for Dinner und Bier geht.

Dann dort gleich Bier hinter die Binden gekippt, im angetrunken Zustand in einer Facebook Gruppe einen englischen Post abgesetzt. Leider dabei vergessen zwischen dem Imperativ und der konjugierten Ich Form zu unterscheiden, bzw. das Ich – I vergessen. Dann wird aus dem „Ich habe gelesen (I read), dass alle guten Triathleten einmal auf Hawaii gewesen sein sollten" ein „Lest das (Read,…). Der Shitstorm ließ nicht lange auf sich warten.

Peru – Latin Lindas in Machu Pichu

Im Sommer auf nach Südamerika. Peru. Kurz vor ein Uhr nachts Landung in Lima in der Erwartung, die ganze Nacht Salsa mit einer heißen Latina zu tanzen und das Feuer der Liebe zu entfachen. Manchmal kann man ja so naiv sein.

Denn nicht nur, dass der Flug eine Stunde Verspätung hatte, gestaltete sich die Kommunikation mittels Taxifahrer-Touristen-Spanisch und iPhone-3-Sprachqualität nicht sehr toll. Konnte ich jedoch schon bei Landung relativ schnell merken, dass es wohl eher kompliziert werden würde, da nicht eindeutig ein Si oder No über das Telefon von der Dame zu vernehmen war.

Mit dem Wing man auf Vogeljagd

Nach gefühlten Ewigkeiten und Umwegen in Lima erreichte ich endlich das Hotel. Sogleich sah ich einen jungen Kerl. „He du, kannst du Spanisch und Englisch, ja? Dann frag mal die Tante am Telefon, ob sie heute Nacht noch hier aufschlagen oder nicht. Si or no.“ Die Dame sagte „No“ for tonight. Somit zog ich mit dem jungen Herrn aus Chile als Wingman los. Er machte gute Arbeit, so dass wir alsbald zu viert unterwegs waren. Jeder mit einer Latina im Arm. Die ersten Frage stets: „Hast Du eine Freundin?“ Mit den Frauen im Arm und Pisco Sour (Nationalgetränk) immer in Reichweite wurde die Nacht zum Tage gemacht. Die Nacht war kurz, und für beide Damen gab es in den nächsten Tagen weitere Arrangements auszumachen. Das ist halt Südamerika. Das ist Peru. Ok, es gab dann noch Machu Pichu mitzunehmen. Easy peasy via

Train and Bus. Nix da Inka Trail. Keine Zeit. Die Luft dünn, die Aussichten grandios. Ich dachte nur: Da muss eine Bar hin. Da kann man den Pisco Sour im Sonnenuntergang genießen, ein Meerschweinchen, das Alpaka streicheln und mit der Peruanerin flirten.

Tipps Peru:

1. Pisco Sour ist das Nationalgetränk. Meerschweinchen dazu. Dann ist das Essen perfekt.
2. Mit Salsa zum Machu Pichu hoch und Selfies machen.
3. Al Paka streicheln, essen und anziehen.

Philippinen – Singende Köche

Die Filipinos sind optimistische Gesellen. Sie sind nur einen Meter groß, spielen jedoch wie verrückt Basketball. Ebenso können sie scheinbar nicht schwimmen. Dabei leben sie auf unzähligen Inseln. Hinzu kommt ein starkes Selbstbewusstsein, was die Zubereitung von Speisen angeht. Diese werden dann in sozialen Medien zur Schau gestellt. Die Mixe aus Eintöpfen sehen nach westlicher Lesart eher nicht so appetitlich aus.

Essen nicht jedermanns Geschmack

Trotzdem sind sie überzeugt, dass ihre Kochkunst super toll ist, weshalb sie gern sehr familiär jeden um sich herum zum Essen einladen. Aber ihre Küche ist leider nicht so. Halt! Halt, könnte man jetzt sagen. Das liegt immer im Auge bzw. Gaumen des Betrachters oder Verkosters.

Enteneier mit Ekelzerrung

Kein Wunder, es gibt es im Ausland kaum philippinische Restaurants. Oder waren Sie schon mal in einem? Eben! Die Leute gehen eher zum Chinesen, Thai, Japaner oder Italiener. Die Krönung ihrer Speiseschaffenskunst: Balut: Ein Entenei, indem ein prämatur Entenbaby drin ist. OMG! Eklig! Aber die verschmitzten strahlenden Filipinos lieben es zu singen! Karaoke. Wenn die Babys zur Welt kommen, schreien sie nicht. Sie singen! Brillant!

Tipps Philippinen:

1. H2O Hotel in Manila. Da sind in den besseren Zimmern Aquarien in den Wänden eingebaut.
2. Besuch der Trauminsel Boracay. Super Strände!
3. Wer sich traut, kann Balut essen, das Entenküken im Ei. Lecker.

Polen – Schneegestöber beim Warschau-Express

„Wenn man als Deutscher nach Polen will, braucht man nicht mit dem Auto hin. Warum nicht? Das ist dann ja schon da." **Typischer Witz aus deutschen Landen in Anspielung an die vielen geklauten Mercedes und BMW. Wohl deshalb ging es im Jahr 2009 nach Polen auch sicherheitshalber mit dem Berlin-Warszawa Express. Mit drei Partykumpels im Zug ab nach Warschau zur Silvesterparty.**

Mit dem Brutzelwagen durch die Nacht

Bei leichtem Schneefall und Dunkelheit Abfahrt am späten Nachmittag in Berlin. Trotz Platzreservierung hatten wir es uns sogleich im kuscheligen Bordrestaurant gemütlich gemacht. Im Gegensatz zur deutschen Bahn waren die Polen noch mit Live cooking unterwegs. Da roch und schmeckte das Essen erste Sahne. Lecker. Das polnische Bier war auch eine Wucht. Ein, zwei rinn in den Kopp. Zicke, zacke, heu, heu, heu. Männerbünde zu Jahresendfeiern. Auf dem Weg mit der Bahn nach Polen war doch plötzlich das Ticket weg. Kurz hinter der Grenze: Kontrolle. „Wie Sie haben kein Ticket?" – „Na, dit haben wa ´39 ooch nicht gebraucht...", dachten wir im angetrunkenen Zustand. Doch das Ticket tauchte wieder auf, ebenso unsere Manieren.

Die zweite Stadt ist meist besser

Das übliche Sightseeing war bei Schmuddel Wetter nicht so doll. Zudem gilt Krakau als schönere Stadt anyways. Das ist in vielen Ländern so, dass die sogenannte zweite Stadt mehr zu bieten hat und touristisch besser ausgestattet ist. Beste Beispiele: Türkei mit Ankara und Istanbul, die Schweiz mit Bern und Zürich, Südafrika mit Johannesburg und Kapstadt, Spanien mit Madrid und Barcelona, sowie Brasilien mit Brasilia und Rio de Janeiro.

In Warschau feiert die Welt

Während in anderen europäischen Metropolen Massenschunkeln angesagt war, feierte man im kleinen Warschau ganz edel im Platiniumclub. Sehr erstaunlich: Viele Partypeople waren extra aus Norwegen, Schweden, Schweiz, Russland und Deutschland angereist obwohl Polen bisher international eher als Durchmarsch- oder Aufteilungsland bekannt war.

James Bond auf der Tanzfläche

Bei der Silvesterparty ging es auf der Tanzflache dann schnell heiß her. Einer meiner Reisekumpane war der James Bond des Abends. Er überzeugte weniger mit Schießen, Schlagen und Schachmatt setzen, sondern vielmehr mit den Lady-killer-skills. Somit hatte er gleich ein fesches Mädel aus Schweden im Arm. Schwarze Haare, bildhübsch, gefühlte zwei Meter groß. Sie war zwar nicht blond – das sind die Schweden seit Zlatan Ibrahimovic immer seltener, doch top. Mister James Bond performte bereits auf der Tanzfläche so gut, dass andere Damen zum Bondgirl werden wollten und bereits abzuklatschen gedachten mit der Frage: „Wann bist Du denn mit der hier fertig?"

Ende vom Lied wie in jedem guten Bond movie: James hatte nicht nur ein Bond Girl zu Silvester, sondern gleich zwei und erledigte seine Mission „In Poland with Love".

Eigenproduktion ohne Ende

Auf dem Rückweg saß der 4-er Trupp gleich im Restaurant und ersparte sich die Platzreservierung. Die deutsch-polnische Freundschaft wurde mit heimlich mitgebrachten Likör und frisch gekauften Pivo (polnisches Bier) ein ums andere Mal besiegelt und begossen. Das machten wir so lautstark, dass sich ein Nachbar Paar sich darüber echauffierte, wobei der James Bond in unseren Reihen erneut seinen Charme spielen ließ und die Dame zu uns einlud. Zunächst gab es hier nur einen Austausch von Bierflüssigkeiten, die im weiteren Verlauf nach der Reise zu anderen Flüssigkeiten wurden.

Tipps Polen:

1. Wenn man die Wahl hat zwischen Warschau und Krakau. Immer Krakau zuerst.

Portugal – Hotel Mama in Lissabon

Was ist das Gemeinsame an Portugal und Brasilien? Coole Sandstrände, die gleiche Sprache und ein wenig die Historie. Naja kein Wunder. Portugal war das Mutterland und Brasilien die Kolonie. Dann hört es scheinbar aber schon auf.

Brasilien – light

In beiden Ländern beim Erstbesuch merkte ich schnell: Musik, Kultur, und Fußball entsprechen dem Lebensrhythmus: Fado in Portugal und Samba in Brasilien. Das eine theatralisch, depressiv, ruhig – das Andere lebensfreudig, impulsiv, exotisch. Genauso wie die Musik sind die Menschen und der Fußball. 5 – Fach Weltmeister hier mit Zauberakrobatik und genialen Pässen und bis Ronaldo kam nur Tristesse ohne große Titel bei den Portugiesen. Einzige Highlights: Eusebio vor einem halben Jahrhundert und die Goldene Generation mit Figo und seinen Recken – aber ohne großen Titel.

Wessen Brot ich ess', dessen Liedchen ich sing

Beim Besuch der Hauptstadt Portugals, Lissabon, quartierte ich mich bei einem älteren Ehepaar in Lissabon ein. Die Dame des Hauses war eine frühere Kollegin aus Saudi-Arabien, die bei ihrer Verabschiedung jeden zum Kaffee in die portugiesische Hauptstadt einlud, sofern man denn vor Ort sei. Dies ließ ich mir nicht zweimal sagen. Dank ihrer Gastfreundschaft durfte ich drei Tage bleiben. Ich fühlte mich wie im Hotel Mama. Das Ehepaar kochte für mich, chauffierte mich ins Spiele- und Formel-1-Paradies Estoril, vorbei an den unzähligen Stränden wie an der Côte d 'Azur, zeigte mir Cascais und entfachte in mir die Liebe zum Portwein.

Free Food is Good Food

Ich glaube, ich habe dort keinen Cent ausgegeben, obwohl ich beide immer wieder versuchte zum Essen einzuladen. Der Nachteil bei der Unterbringung bei Freunden ist – ich musste und wollte immer pünktlich zu Hause sein. Somit kein Abstecher ins Nachtleben oder Casino vor Ort. Na ja, wessen Brot ich esse, dessen Liedchen ich sing. Aber damit konnte ich leben. Deshalb war an lange Partynächte nicht zu denken. Ein wenig Pause tut ja auch ganz gut.

Tipps Portugal:

1. Malerische Sandstrände im Süden des Landes oder in Lissabon
2. Portwein, Portwein, Portwein.
3. Casino, Cascais, Madeira etc.

Ruanda – Massenmordsmuseum

Killing them – fast und furios – so könnte ein Filmtitel lauten. Mann oh Mann. Der Reisende wandelt immer auf geweihten, geschichtsträchtigen Boden. Orte wie Stalingrad, Normandie, Sarajewo, Hiroshima, Tschernobyl, Coventry, Berlin, Pearl Harbour, Dallas, usw. haben sich in das kollektive Gedächtnis der Welt eingebrannt. Und nun: Ruanda.

Zwar verblassen Ereignisse über die Zeit oder sind in diversen Kulturen nicht ganz so präsent, doch sie sind da. Beim Besuch von Ruanda wusste ich beispielsweise von Beginn an über das

Gemetzel zwischen den Hutus und Tutsis in den 1990iger Jahren. Der Film „Hotel Ruanda" reflektiert eindrucksvoll die Gräuel, die Hilflosigkeit, aber auch die Menschlichkeit in der Not zu dieser Zeit.

Killing them hardly

Als Geschichtsinteressierter sollte deshalb ein Besuch in dem Landesmuseum nicht fehlen. Dort sind zahlreiche Fotos ausgestellt von Menschen jeglichen Alters, die ihr Leben verloren – ermordet vom Nachbarn, Arbeitskollegen, Freunden, oder Familienangehörigen. Es sind Fotos zu sehen mit kurzen Statements wie „Aurore Kirezi. Alter: 2 Jahre. Lieblingsgetränk: Kuhmilch. Lieblingsspiel: Verstecken mit großem Bruder. Verhalten: Sehr gesprächig. Todesursache: Lebendig verbrannt in Gikondo Kirche." Das geht schon durch Mark und Bein.

Tipps Ruanda:

1. Wer wissen will, wie die Hutus und Tutsis sich massakriert haben, der sollte in das Nationalmuseum gehen in der Hauptstadt. Nichts für schwache Nerven.
2. Gorillas am Morgen.

Rumänien – Limo-Party mit Sightseeing

„Saalrunde – alle Getränke auf mich" – Diesen Spruch wollte ich unbedingt einmal im Leben loswerden. Das geht ganz gut, wenn man das Etablissement kennt, genauso die Preise. Am besten: Einem gehört der Laden. In der rumänischen Hauptstadt Bukarest im MOJO Club sollte es so weit sein. Und das ging so:

Party on

Ein englischer Kollege war jahrelang in Rumänien. Da hatte er viel Erfahrung im Lande. Mit glücklichen Händchen und feinen Gespür für Geschäftsideen investierte er in Pubs und Property. Als ich ihn kennenlernte war ich schnell dabei. Hatte ein wenig Reisegeld über. Somit ein wenig in einen Pub gesteckt. Zum Zeitpunkt meines runden Geburtstags sollte dort selbiger stattfinden, um europäische und arabische Freunde einzuladen. Somit ein langes Party-Wochenende!

„Wolverine" lief gerade im Kino. Er jobbte als Stretch Limo Fahrer. Geil. Das konnte ich doch auch? Nicht selbst fahren. Doch aber für meine Gäste buchen. Und zum Geburtstag sicherlich eine Wucht. Somit gleichmal auf Google gecheckt. Prompt kam die Antwort eines Anbieters in Bukarest. 150 Euro pro Stunde. 150 Euro je Stunde extra für ein Strip Girl. „PS. Samples attached.". Und wirklich im Anhang gab es eine reichliche Auswahl, obwohl ich gar keine Anfrage hatte. Zwei Stunden sollten genügen mit Sightseeing und drinking. Ohne Striptease-Einlage, da ja auch Pärchen mit dabei waren.

Officer and Gentleman brings bottles of champagne

Der englische Kollege war beim Feierwochenende mit am Start und zeigte seine generösen Gentlemen Qualitäten und spendierte 10 Flaschen Schampus für ca. 12 Leute in der Limo. Samt Limo und Chauffeur gab es vom Veranstalter noch eine Flasche Whisky on top plus Musik, Lichtanlage und ein paar Soft Drinks. Im VIP Style und voller Ladung Alkohol ging es dann durch die City von Bukarest bei herrlichem Sonnenschein. Bestes Wetter für Foto-Stopps an diversen altrömischen Stadttoren samt Gruppenbildern und Limo im Hintergrund. Voll im Schädel zur besten Mittagshitze lohnte sich dann mit allen Buddys ein kühles Nass im Radisson Blu Hotel Pool. Weitergefeiert bis in die Nacht mit lokalen Köstlichkeiten und dann ab ins MOJO meinem Pub. „Saalrunde Marsch. Heute ist mein Geburtstag". Wie geplant so ausgeführt. War trotzdem noch recht billig, da weniger extra Gäste als gedacht vor Ort waren. Die Saalgemeinschaft gedachte mir mit Hoch-Soll-Er-Leben und der Aufforderung mich beim Karaoke zu versuchen. Doch ich hatte noch nicht so viel getankt, um meine nicht vorhandenen Gesangskünste darzubieten. Somit blieb mir am Mikro nur, mich beim Feiertross zu bedanken und weiter zu machen wie den gesamten Tag schon über: Trinken, trinken, trinken.

Tipps und Tricks:

1. Mojo Club – Das Pub in der City.
2. Mit ner Stretch-Limo durch Bukarest. Und dann bei diversen Sightseeing Spots anhalten und Fotos machen.

Russland – Mit 20 Dollar Putin zum Selfie

Für Russland fühlte ich mich gewappnet: russische Freunde, Schulkenntnisse der Sprache, Geschichtswissen diverser Kesselschlachten. Doch als ich ankam, gestaltete sich bereits die Order für ein Tagesticket der berühmten Moskauer Metro als ein schwieriges Unterfangen. Nix verstehen. 1941 sollen deutsche Truppen auch etwa an der Metrostation in Moskau, 13 Kilometer außerhalb, zum Stehen gekommen sein. Geschichte wiederholt sich.

Der blonde Engel als Helferin in der Not

Die Dame hinterm Ticketschalter verstand mein Russisch überhaupt nicht. Ihres war für mich auch nur ein böhmisches

Dorf. Wie im Film stand dann plötzlich ein blonder Engel neben mir. Die Rettung. Anfang 20. Hübsch anzuschauen. Sprach in Russisch auf mich ein. Ich parierte mit Englisch. Schon zog sie mich am Arm und wollte wissen, wohin ich strebte. Roter Platz. Lenin-Mausoleum. Ah. Dann ging es los. Russische Gastfreundschaft. Sehr überraschend – und unverhofft.

Mit dem 20-Dollar-Putin auf Facebook

Am Roten Platz angekommen, erwartete mich bereits der russische Präsident. Ja, richtig. Putin. Doch als ich auch Lenin und Stalin sah, dämmerte es mir. Aha. Doppelgänger. Schnell ein Foto machen und ab dafür auf Facebook. Nix da. „20 Dollars!", raunzte mich Putin höchstpersönlich an. „10?", probierte ich. „No, I am Putin." Okay. Wenn er Putin ist, wollen wir ihm mal glauben. Der blonde Engel nahm mein Smartphone. In den typischen weltmännischen Posen wie Shakehands, In-die-Kamera-Grüßen, Mit-dem-Finger-aufeinander-Zeigen usw. usw. waren schnell fünf, sechs Bilder im Kasten bzw. im Telefon.

Auskunftsschalter im 5-Sterne-Hotel

Es folgten die üblichen Aufnahmen auf dem Roten Platz. Selfie hier, Panorama dort. Klick, klick, klick! Jetzt noch schnell eine Sightseeing-Tour organisiert. Wenn kein englischsprachiger Touri-service-mitarbeiter vorhanden ist, am besten ins nächste 5-Sterne-Hotel. Da werden Sie geholfen. Am besten beim qualifizierten Barmann nach Informationen fragen. Wodka hatte ich ja auch noch nicht. Als ich nach dem russischen Nationalgetränk fragte, reichte der Barmann mir ein Tablet und ich scrollte rund eine Minute die Wodkakarte durch. Beim zweiten oder dritten Glas gab er mir den Tipp zum Hauptbahnhof zu gehen. Von dort solle es Busse geben. Gesagt, getan.

Wodka connecting People

Mir nichts dir nichts stand ich vor diversen Ticketautomaten mit allerlei Destinationen. Ein russischer freundlicher Herr nahm sich meiner an. Wohin solle denn die Reise gehen? – Sightseeing und vielleicht St. Petersburg, meinte ich. Flugs löste er das entsprechende Ticket. Nicht für den Bus, aber für die Bahn. Teilstück der Transsibirischen Bahn. Richtung St. Petersburg. In 30 Minuten Abfahrt. Retour in 24 Stunden. Ohne Sack und Pack ab in den Wagon mit russischer Familie und Wodka sowie ein paar Bier. „Wodka connecting People", hatte ich mal auf einem T-Shirt gesehen. Wohl wahr. Im besten Schulrussisch und Denglish gab es das eine oder andere Prost und Nastrovje auf die deutsch-russische Freundschaft. Die Weltpolitik schien keinen Platz zu haben in diesem Wagon. Solange der Alkohol fließt, ist der Weltfrieden gesichert. Soviel war klar.

Ohne Power keine Fotos

Bei Sonnenaufgang angelangt, löste ich sogleich ein Ticket für einen Touristenbus und einen Bootserkundungsfahrschein. Nach dem Frühstück startete der Bus. Ich war aber so übermüdet, dass ich die ganze Busfahrt verschlief. Nur ein, zwei Fotos. Welch ein Jammer in einer schönen Stadt. Nicht besser war es auf dem Boot. Trotzdem konnte ich irgendwo noch Souvenirs kaufen und diese für die Daheimgebliebenen mitbringen.

Eine russische Bar ohne Wodka ist keine russische Bar

Am Flughafen erlebte ich noch ein Highlight. In aller Euphorie über die letzten Tage wollte ich zwei reisende Russen zum Wodka einladen. Fehlanzeige. Jegliche Form von Spirituosen samt Bier wäre verfügbar. Aber kein Wodka. Echt? Ich dachte:

‚Eine russische Bar ohne Wodka ist keine russische Bar. ' Egal. Bier geht auch.

Was mir in den drei Tagen Russland auffiel: Während die Russen scheinbar nie lächeln, obwohl sie auch glücklich sein können (beim Wodka zum Beispiel), Lachen im Gegensatz die Thailänder fast immer (obwohl sie des Öfteren nichts zu lachen haben. Wird ja viel geputscht dort). Bevor ich in den Flieger stieg, stellte sich mir noch eine Frage: „Kann der Deutsche endlich in Moskau siegen? Fußballsiegfrieden 2018 bei der Fußball-WM? Wie die WM dann gezeigt hatte. Die Deutschen Können in Moskau nicht gewinnen, erlebten sie nach 1941-45, in 2018 ihre zweite große Klatsche vor Ort.

Tipps Russland

1. Geile Leute – Nicht immer freudenstrahlend. Aber die innere Wärme überzeugt.
2. Am Roten Platz in Moskau gibt es Lenin, Stalin, Putin – allesamt Doppelgänger. Aber genial für Selfies.
3. Mit Putin einmal Judo machen, oder schießen, oder Eishockey spielen. Oder halt reiten. Was kann er eigentlich nicht?

Salomonen – BMX Bike Sightseeing Tour

Direkt nach der Hochzeit geht es über Zwischenstopp Brisbane zu den Salomonen. 2 Tage lang eine Mischung aus Sightseeing- und Trainingsvorbereitung für die Triathlon-Challenge Wanaka. Unterkunft in einem kleinen Strandhaus außerhalb der Hauptstadt in der Nähe des Strandes. Schwimmtraining im offenen Wasser möglich. Ja. Mächtige Wellen ließen mich aber zweimal nachdenken. Zumindest kein Schwimmtraining in meinem Strandhaus.

Neopren bei 30 Grad

Mein freundlicher Gastgeber fuhr mich zu gemütlichen Buchten, wo ich meinen Neoprenanzug in 30 Grad warmem Wasser getestet habe. Nur um zu gucken, ob sich der Körper anpassen kann. Morgens schwimmen, nachmittags laufen, Maniok und frischen Fisch zum Abendessen. Yummi. Und was ist mit dem Fahrrad? Der Gastgeber gab mir von seinem Sohn ein BMX Rad. 100 km Sightseeing-Training auf diesem kleinen Fahrrad. Die Einheimischen machten Fotos, lachten und winkten mir zu, als ich sie im Dschungel passierte. Ich denke, sie haben noch nie einen weißen Jungen gesehen, der auf einem Kinderfahrrad fährt. Ich kam an Flugzeugwracks aus dem Zweiten Weltkrieg vorbei, wilde und weniger wilde Schweine wurden von Hunden gejagt, klasse Strände und freundliche Menschen. 100 km Radtour.

Selbstmordgefahr dank Malariaprofilaxe

Ich hatte aber Probleme mit Malaria seitdem diese Gegend von Mücken befallen war. In einem kleinen Laden habe ich das Medikament Lariam bekommen. Ich nahm eine Pille und überprüfte später die Nebenwirkungen: Schwindel, Selbstmorde von amerikanischen Soldaten. Hallejullah - mit Drogen auf die nächste Ironman Distanz. Yippieh. Wenn Du keine Probleme hast, mach dir deine eigenen. Also nahm ich nur eine Tablette, ignorierte die Nebenwirkungen, versuchte mich zu entspannen und genoss die Sundowner am mit Weltkriegswracks gesaumten Strand.

Tipps Salomonen:

1. Bike Tour mit Weltkriegs-Sightseeing

Samoa – Ferkeleien am Traumstrand

In Samoa läuft das Mittagessen quasi kreuz und quer durch das Land. Wenn es mal eine Abkühlung braucht, dann nehmen die vielen Schweine ein wohltuendes Bad im Meerwasser am Strand.

So richtig possierlich ist es anzusehen wenn Mama Schwein ihre kleinen Ferkel an den Strand bringt. Daneben baden meist Touristen, um dann im richtigen Moment Selfie Fotos mit dem Getier zu machen. Ja und ein paar Stunden später werden die Brüder und Schwestern zur Sau gemacht bzw. landen auf dem Teller. Meist für die Touristen in Kombination mit Hula-Hula Tanzeinlagen einer Show aus Samoa. Guten Hunger!

Rugby Visa Machenschaften

Insgesamt essen nicht nur die Leute in Samoa, sondern im gesamten Pazifik viel Schwein. Ob damit ihre Körperfülle zusammenhängt lässt sich schwer sagen. Dennoch zählen die Inselbewohner des Pazifiks zu den voluminösesten der Welt. Es scheint jedoch, dass viele eher kräftig und stark sind, denn fett. Das passt auch zu ihrem Nationalsport: Rugby. Der wurde durch die Engländer vor Jahren eingeführt. Man munkelt die Leute in Samoa sind deshalb so gut, um sich für Neuseeland zu empfehlen und um dorthin überzusiedeln. Das erlaube eine schnellere Immigration nach Australien, dem eigentlichen Ziel.

Tipps Samoa:

1. Schweine essen, sehen.
2. Kulturelle Shows mit Tanzeinlagen der Einheimischen.
3. Strand und Meer erleben.

Sambia – Das Nilpferd im Kinderpool

Man war nur in Sambia, wenn man im Devils Pool geschwommen ist. Der Plan war, vor Ort im angemieteten Hotel einen Reiseveranstalter aufzutun und diverse Sachen zu buchen wie Cross-Country-Taxifahrten sowie Sightseeing-Tours zum Teufelspool.

Da wollen wir trinken 1000 Liter Wein

Doch bis der lokale Reiseexperte zu uns in unsere Bleibe kam, machten wir es uns mit einer Flasche Rotwein im kleinen, aber feinen Hotelpool gemütlich. Nach ca. einer halben Flasche gesellten sich diverse Locals hinzu, mit einer Big Fat Zambian Mama – wie im Film. Gefühlt eintausend Kilogramm Lebendgewicht hoben den Wasserspiegel im nun viel zu kleinen Pool merklich an. Darauf gleich noch einen Schluck aus der Pulle. Mit Alkohol, zumal gutem Roten aus Südafrika, lässt sich so manches ertragen. Dann endlich kam der Touristen-Guide, bei dem Christian und ich diverse Trips buchten. Von Helikopterflug über die Wasserfälle, Devils Pool bis hin zu Botswana-Wassersafari. Alles aus einer Hand. Bei späteren afrikanischen Touren buchte ich jedoch alles im Voraus, denn in manchen Ländern ist die touristische Infrastruktur sehr schwach.

Teufelspool – der Kick in Sambia

Am nächsten Tag: der Teufelspool. Gesehen im Internet auf YouTube. Das gehört zu Sambia beim Besuch der Victoriafälle. Nicht zu verwechseln oder in die geographische Nähe zu bringen mit dem Viktoriasee. Zwar auch in Afrika, aber viel weiter nördlich. Der Teufelspool ist eine kleine, unter der Wasseroberfläche befindliche, etwa zwei Meter tiefe Mulde. Darüber hinweg sausen die Wogen der Victoriafälle. Kurz vor der Abbruchkante ist eine etwa 80 Zentimeter lange Ebene, auf die sich die Mutigen unter uns legen können – festgehalten durch den lokalen Guide – sicher ist sicher. Beim Selfie-Foto – meist geschossen durch einen Begleiter oder einen anderen Guide – sieht das Ganze sehr spektakulär aus. Hinterher gibt es dann noch ein kleines, sehr schönes Frühstück mit Eggs Benedict. Sehr edel! Den Abend kann man dann noch ausklingen lassen mit diversen Steaks und köstlichen Rotwein im Hotel Royal Livingstone während man den Sonnenuntergang über den Wasserfällen genießt.

Tipps Sambia:

1. Devils Pool baden und Fotos in Social Media hochladen.
2. Sundowner-Drink oder ein Dinner im Hotel Livingstone.
3. Helikopter Flug über die Victoria Fälle.

San Marino – The man in the High castle

In knapp 10 Jahren bereise ich jedes Jahr etwa 30 Länder. Bei knapp 30 bezahlten Urlaubstagen und 10 Public Holidays geht das schon. Die Staaten werden geclustert und zusammengelegt, geniale Reisepläne gemacht, die Überschussenergie in Aktion umgewandelt und dann gereist, was das Zeug hält. Und wenn es dann doch mal eng wird mit dem Urlaub, greift man auf clevere Alternativen zurück. Aus der Not eines Todesfalls in der Familie wurde eine Reisetugend gemacht, da es extra Urlaub gab.

Im Osten gehen die Serpentinen rauf

Flug nach Bologna, Rental Car und dann immer Richtung Ost-Küste. Denn dort liegt irgendwo hoch oben San Marino. Bei herrlichem Sonnenschein und blauem Himmel immer weiter die Serpentinen in die Höhe. Beim Schlendern durch die nächtliche Altstadt, eigentlich ist hier alles Altstadt, entdeckte ich das Weihnachts-Café. Mitten im Sommer ist das Interieurs schon oder immer noch auf Weihnachten getrimmt. Da ist der Name Programm. Ansonsten alles sehr italienisch hier. Am nächsten Morgen spazierte ich hoch zur kleinen Burg. Von hier aus eröffnete sich ein weiter Blick in alle Himmelsrichtungen. Im Osten erspähte ich sogar das Meer. Ein genialer Trip für Zwischendurch, für das das Wochenende oder zum Jahrestag.

Tipps San Marino:

1. Hoch auf die Burg.
2. Weihnachtsbar inmitten der Altstadt.
3. Ab an die Beach und sich dann den Rest von Italien gönnen.

Sao Tome & Príncipe – No, No Rap Show on Radio

Am Strand gab es eine Kirche oder sowas Ähnliches. Plötzlich strömten gefühlte tausend Kinder aus den kleinen Bussen. Alle in rosafarbenen T-Shirts. Als Touri war ich natürlich mittendrin statt nur dabei. Viele kreischten und umringten mich. Fotos hier, Fotos da. Wir machten Gruppenfotos und ich ließ sie jubeln.

Kinderlachen verbessert die Stimmung und die Welt

„Die Hände zum Himmel, komm lass uns fröhlich sein. Wir klatschen zusammen und keiner ist allein", Liedtext der deutschen Karnevalband Kolibris. Das hätte nicht besser gepasst. Es ist immer wieder schön ein Lächeln auf die Lippen zu zaubern. Besonders bei Kids, egal in welchem Erdteil, geht das sehr gut. Ob arm oder reich - es sind alle gleich.

On Air und ab dafür

Mein Fahrer war gleich so inspiriert, dass er vorschlug in sein Tonstudio zu fahren, das er mir zeigen wollte, denn er arbeitete noch als Radiomann und Rapper. Ha, das wäre doch was als unmusikalischer Banause schnell noch eine Platte irgendwo in Afrika aufnehmen. Mit ein wenig afrikanischen Hakuna Matata Beats hinterlegt, startet vielleicht die große Rap Karriere in Afrika.

Doch erstmal fuhren wir weiter in den Dschungel ans Meer zum Lunch. Was auf den ersten Blick aussah wie überfahrenes Chicken, entpuppte sich als Delikatesse. In der Tat ließen sich Reifenspuren vermuten auf dem flachgepressten aber delikaten Hühnchen. Gegrillt und nicht gekocht, versteht sich.

Saudi Arabien – Eine Liebeserklärung

Liebes Riad!

Was muss ich sagen: Es gibt Paris, New York und London. Und es gibt Dich! Es war zwar nicht die Liebe auf den ersten Blick. Auch vielleicht nicht auf dem zweiten. Wenn ich ehrlich bin auch nicht beim dritten oder vierten. Es dauerte etwa knapp zehn Jahre bis ich die Liebe zu Dir entdeckte. Dann hat es Bumm gemacht.

Naja bei den ganzen Sandstürmen ist die Sache mit Dir auch wahrlich nicht ganz so einfach. Deine Schönheit ist dann schnell verdeckt vom Sand - bei den vielen Stürmen kein Wunder. Oder aber bin zu sehr beschäftigt damit im Straßenverkehr am Leben zu bleiben. Du machst mich da ja ganz wirr. Du kannst ja beides: Rechts und Links. Überholen versteht sich. Da verrenke ich mir jeden Tag den Kopf. Schulterblick ist dabei erste Auto Lovers Pflicht. Wer meint, Autofahren in Deutschland wäre gefährlich, der irrt. Hier sterben rund 0,1 Prozent der Bevölkerung jährlich durch den Straßenverkehr: 23.000. Eigentlich kein Problem. Denn hier wird ständig für Nachschub gesorgt. Selbst in der Ruhepause an der Ampel machst Du mir Spaß. Von der vierten Spur rechts gibt es ein totales Linksabbiegen. Da bin ich jedes Mal ganz baff und möchte ins Lenkrad beißen. Dieser sogenannte Saudi Sweep wischt mich immer ganz doll weg. Und wenn mal der Sprit ausgeht? Hohe Benzinpreise können mich jedenfalls nicht schocken. Ich tanke immer nur in Saudi Arabien, meiner neuen Liebe. Am Anfang gab ich sogar Trinkgeld.

No Money no honey

Dank Deiner reichhaltigen finanziellen Aufwendungen für die lieben Gäste des Landes ist so manches Trinkgeld drin auch nicht nur zum Tanken: Für die Maid, den Teaboy, den Autoreiniger, den Schneider und, und, und. Das verwundert mich immer wieder aufs Neue, denn arbeitstechnisch scheint das nächste Business Inshallah erst bukra – so Gott will morgen – gemacht zu werden. Bei Dir heißt es: Ihr habt die Uhren, wir haben die Zeit. Das ganze galt sicher vor allem als es auch noch hieß: Wir haben das Geld und ihr das Öl. Noch läuft der Laden. Doch du hast erkannt, dass das Sprudeln bald zu Ende geht. Deshalb wie in jeder guten Beziehung veränderst Du Dich auch: Du entdeckst mehr und mehr Deine femininen Seite, denn die Abaja Kleidung wird bunter, Autofahren ist drin, arbeiten sowieso. Hochmotiviert und voller Tatendrang geht's voran.

Besonders das Reisen und der Tourismus haben es Dir angetan. Da sind wir ja auf einer Wellenlänge. Nicht nur nach Mekka soll es gehen. Neue Ziele hier im Lande sind: Neom, Read Sea, Madinah Saleh und, und, und. Viele Gründe, um Dich noch mehr zu lieben.

Tipps Saudi Arabien:

1. Madinah Saleh ist das bessere Petra von Jordanien.
2. Farasan Islands liegen im Südwesten des Landes. Da der Touristenboom noch nicht komplett eingesetzt hat, ist man in der Traumlandschaft noch fast allein.
3. Edge of the world sieht fast so aus wie der Grand Canyon. Diese Abbruchkante liegt nur ca. eine Autostunde entfernt von der Hauptstadt Riad.

Schweden – Nordisches Berlin in Stockholm

Mit der Fähre von Helsinki nach Stockholm. Eine Stadt, die aussieht wie Berlin. Nur, dass das Wasser in den Kanälen und Buchten salzig ist. Die Stadt ist relativ flach und mit schönen royalen Bauten versehen – na ja, Berlin halt. Ich habe deshalb fest eingeplant, irgendwann hier auch mal einen Marathon zu laufen. Vielleicht ist ja da auch eine schnelle Zeit drin.

Full non blondes

Beim Sightseeing muss man seine Vorurteile revidieren. Von blonden Schwedinnen keine Spur. Aufgrund

Massenimmigration sind die Leute in Schweden vielmehr dunkler Natur. Selbst der Held dieser Tage Zlatan Ibrahimovic trägt auch keinen typischen schwedischen Namen mehr wie die Helden früherer Tage: Björn Borg, Gunde Svan, Erik the Wiking. Zudem kann selbiger, nicht typisch schwedisch, auch Fußball spielen und zaubern. Ok. 1958 im eigenen Lande erreichte man das Finale bei der Fußball WM. Aber das ist lange her.

Der Weltraum ruft

Auch ein anderer Welt reisender Schwede, den ich traf, ist nicht mal mehr blond. Ok. Glatze. Blond war mal. Der schwedische Reisende Markus Lundgren hat mindestens sechs Monate in der Schweiz, in den Vereinigten Staaten von Amerika, in Guatemala und in der Volksrepublik China, in Nigeria und im Königreich Saudi-Arabien gelebt. Er begann nicht mit dem Ehrgeiz, jedes Land zu besuchen, obwohl er mit großem Interesse über Menschen in schwer zu erreichenden Länder und Regionen las. Trotzdem hat er bereits vor einigen Jahren alle 193 UN-Mitgliedsstaaten abgeschlossen. Und er hat immer noch Hunger nach mehr.

Besser spät als nie

Ich: Warum bist du in alle UN-Länder gereist?

Markus: Ich habe erst spät angefangen zu reisen. Als ich 13 Jahre alt war, hatte ich meine erste Auslandsreise (ohne die nordischen Länder) mit meiner Familie nach Zypern. Ich bin danach aber öfter auf Reisen gegangen, und als ich 15 Jahre alt war, besuchte ich China mit einer Gruppe, in der ich vor der Abreise niemanden kannte, und mit 19 reiste ich regelmäßig (mit einem geringen Budget) durch Europa. Nachdem ich ungefähr 100 Länder besucht hatte, erkannte ich, dass es möglich ist, alle zu besuchen, und begann zu planen, sie alle in Clustern zu besuchen.

Sicherheit zuerst

Ich: Was rätst Du Menschen, die es lieben, neue fremde Orte in Bezug auf Budget und Sicherheit zu erkunden?

Markus: Ich bin immer mit einem Budget gereist, das für fast alle Teile der Welt erreichbar ist, wobei der Pazifik die erst beste Ausnahme ist. Auch Afrika ist teuer, wenn man mit dem Flugzeug reist, aber wenn Du auf dem Landweg unterwegs bist, kann auch Afrika billig sein, obwohl aus Sicherheitsgründen nicht alle Regionen Afrikas für Überlandreisen geeignet sind. Meines Erachtens gibt es nicht ein einziges Land, das in seiner Gesamtheit verboten ist, aber sicherlich spezielle Regionen. Um die neuesten Informationen herauszufinden, versuche ich, mit den in der Gegend lebenden Menschen in Kontakt zu treten und sie um Rat zu fragen. Nur gelegentlich musste ich Bodyguards einstellen, um auf der sicheren Seite zu sein und nicht mehr als eine Nacht im Hotel am gleichen Ort zu verbringen, um potenziellen Entführern kein leichtes Ziel zu geben.

Bargeld ist der König beim Reisen

Ich: So viel Geld für all die Reisen ausgeben: War das Geld gut angelegt, vor allem wenn man in Länder reist, in die kein normaler Tourist möchte?

Markus: Ich glaube, das Geld, das ich für Reisen ausgegeben habe, wurde gut ausgegeben, obwohl ich noch nie eine Übersicht darüber erstellt habe, wie viel ich insgesamt für Reisen aufgewendet habe, obwohl ich weiß, dass es ein erheblicher Betrag ist. Ich würde lieber mit vielen Reiseerinnerungen sterben als mit viel Bargeld auf meinem Bankkonto. Viele meiner interessantesten Länder waren diejenigen, die nur wenige Touristen besuchen, z. Bhutan, Eritrea und Nordkorea.

Bereise die Welt und triff interessante Leute

Ich: Was hast du gelernt, nachdem du die ganze Welt bereist hast? Wo hattest Du den Moment Deines Reiselebens?

Markus: Es war ein bisschen leer, als ich 2013 mein letztes Land, Kanada, besuchte. Ich hatte es sehr genossen, alle Länder zu besuchen, so dass ich nicht wusste, wie ich mich fühlen würde, wenn dieses Ziel erreicht werden wird. Ich habe gelernt, dass die meisten Länder mit schlechtem Ruf viel besser sind als erwartet. Wenn ich nicht gereist wäre, hätte ich nicht gewusst, dass eines der gastfreundlichsten Völker der Welt die Iraner sind. Ich kann mich nicht erinnern, während meiner Reisen echte Epiphanien gehabt zu haben, keine winzigen Momente, sondern eher kleine Enthüllungen darüber, wie die Welt und die Menschen funktionieren, und aus dem naiven Schweden stammend, dass der Unterschied zwischen dem, was jemand sagt und später macht, ziemlich groß ist.

Der Weltraum ruft

Ich: Was kommt als nächstes für dich? Versuchst Du, mehr in entlegene Regionen zu reisen, in Zukunft vielleicht in den Weltraum?

Markus: Ich würde gerne ins All gehen, obwohl es wahrscheinlich noch ein paar Jahre dauern wird, bis das finanziell machbar ist. Ich habe auch noch einige Regionen in der Welt zu besuchen. Die höchste Priorität auf meiner Prioritätenliste ist derzeit der Besuch der jemenitischen Insel Socotra außerhalb Somalias. Ich habe zwei dreijährige Zwillinge, also bin ich seit ihrer Geburt viel weniger unterwegs und meistens nur für begrenzte Zeit in der Region. Bis sie älter sind, werde ich nur zeitweise weiterreisen. Hoffentlich werden beide gerne reisen, wenn sie groß sind, damit wir gemeinsam an Orte gehen können, die ich noch nicht besucht habe. Wenn nicht, muss ich warten, bis sie unabhängiger sind, bevor ich längere Reisen unternehmen kann, z.B. mit dem Boot in die Antarktis und zum Nordpol, zu mehr den bewohnten Inseln in Ozeanien oder zu meinen übrigen Nomadmania-Regionen in Europa.

Schweiz – Raclette, Rennen und Moneten

Das kleine Nachbarland Deutschlands ist das bessere Deutschland: Pünktlicher, reicher, freundlicher. Fast jeden Ort kann man mit einem Sportevent in Verbindung bringen: Biel, Zermatt, Thun, Bern, Buchs. Hier kraxelt halt die gesamte Nation und lädt die Welt dazu ein. Dazu gibt's dann pünktlich dank der Schweizer Uhren Käse und Schokolade.

Zürich for Dessert

Ironman Zürich stand auf dem Plan! 3 Wochen vorher Ironman Klagenfurt. Recovery ist relativ. Dennoch hatte ich Angst. Ich fragte Triathlon Crack Kris um Hilfe. Er empfahl Massagen, Proteine und Aminosäuren für eine schnellere Genesung. Darüber hinaus habe ich die mentale Kraftkombination verwendet: Verrücktheit und reichhaltiges Essen. Natürlich nahm ich zwei Kilo zu, aber ich würde diese wieder verlieren. Zürich Yallah! Mietwagen, Hotel in der Nähe des Flughafens für die Lagerung des Fahrrades für die Weiterreise. Ich hatte einen cleveren Deal: Nirvana, der Sportreiseveranstalter hatte mein Fahrrad vom Ironman Austria zum Ironman Zürich für nur 200 USD verschifft. Also habe ich meine Nerven und mein Geld geschont, indem ich es vor und nach den Rennen nicht herumschleppte. Herrlich!

No race gear is no Solution

Diesmal war ich nicht allein. Eine Triathlon-Kollegin aus Riad kam ebenfalls, um ihren 2. oder 3. Ironman zu absolvieren. Ihr Pech: Ihre Rennausrüstung kam nicht an. Ihr Gepäck steckte irgendwo in Frankfurt fest. Also musste sie alles ganz neu kaufen. Eine andere Rennregel wurde gerade zerschlagen: Niemals mit neuem Race gear antreten. Ha. Aber in Krisenzeiten muss man tun, was man tun muss. Auf der Ironman-Ausstellung verbrachten wir rund 3 Stunden damit, neue Triathlon- Anzüge, Socken, Brillen, Sonnenbrillen, Laufschuhe und Fahrradschuhe zu bekommen. Mehr als 1200 US-Dollar verballerte sie. Natürlich war sie überhaupt nicht glücklich darüber, da sie jetzt alles zweimal hatte. Aber zumindest konnte sie am nächsten Tag beginnen. Ein Rennrad konnte sie sich ausleihen. Alle Ausrüstungsprobleme waren behoben. Check! Also auf zum Carbo-Loading-Lunch. Omg! Nach dem Mittagessen war ihre brandneue Ausrüstung weg. Verloren oder gestohlen? Die Einkaufstaschen waren nicht da! Ich habe noch nie jemanden so viel weinen sehen wie in diesem Moment. Was für ein Pech. Vielleicht ist es einfach nicht ihr Rennen? Zuerst kam das Gepäck nicht an, jetzt war die gesamte Ersatzausrüstung verschwunden. Wir glaubten immer noch an die positive Seite des Lebens und überprüften alle Einkaufszelte, in denen wir vorher waren. Und hey... war hatten Glück im Unglück. Wir hatten die Taschen im Sonnenbrillenladen vergessen. So konnte sie am nächsten Tag doch ihr Ironman Rennen durchführen. Sie hat sogar ihre persönliche Bestzeit geknackt.

Terminator pain

Und ich? Am späten Nachmittag vor dem Rennen habe ich auch etwas Geld verschwendet. Jeder hat so eine Gewohnheit am Rennwochenende; meine: Pizza-Kohlenhydrate für das

Rennen am nächsten Tag. Gefolgt vom Kino zum Entspannen. Diesmal Terminator. 40 USD für Taxi ins Kino. 40 USD Kino und 40 USD zurück. Dumm? Ja. Aber wenn du nervös und aufgeregt bist, machst du dumme Dinge. Egal, die Kosten. Einige Leute denken zweifellos, dass 2 Ironman Rennen innerhalb von 3 Wochen dumm ist. Doch mit dem Renntag kamen auch die Schmerzen. Ich hatte mich halt noch nicht erholt. Aber Kompensation durch Verrücktheit, betäubt den Schmerz.

Post Achievement Stress Disorder

Nach der Rückkehr von dieser Sommerreise /Rennreise fühlte ich mich nicht nur stolz, sondern empfand auch ein Gefühl der Leere im Inneren. Was mache ich als Nächstes? Ich gab diesem Gefühl einen Namen: 'Post Achievement Stress Disorder'. Ich habe wochenlang nicht trainiert, da ich keine Ahnung hatte, wofür. Ironman getan. Sogar 2 in 3 Wochen. Doch langsam kam die Motivation zurück, da die lokalen Rennen in Riad immer noch angingen. Die Saisonmeisterschaft war noch offen. Kampf um den ersten Platz und ungefähr die Idee für die nächsten 12 Monate: Schneller werden! Immer stärker!

Tipps Schweiz:

1. Zermatt Marathon, Ironman, Berner Marsch, Inferno Triathlon
2. Schweizer Multi Kulti samt der vier Sprachen: Deutsch, Italienisch, Französisch und Romanisch.
3. Käse, Schokolade, Uhren.

Senegal – Road Trip after 10 km Run

4 Länder in einer Woche inclusive Marathon und Road Trip. Nur die Harten kommen in den Garten. Senegal, Gambia, Guinea-Bissau und zum Schluss Mauretanien. So der Plan. Marathon zuerst in Senegal mit 2 Tagen Erkundungstour. Trainingsrückstand nötigte zur Umbuchung.

Rosa See mit Salzgehalt

Pick Up am Airport von meinem Driver. Mit ihm sollte ich mehrere Tage an der Westküste Afrikas verbringen. 3 Tage Senegal, dann Gambia und runter nach Guineas-Bissau alles im Auto. Per Email waren Raum-Zeit-Berechnung klargemacht worden. Auch, dass ich am Anfang den Dakar Marathon machen wollte. Oder zumindest 10 Km, da ich noch nicht fit genug war. Die Umbuchung klappte. Und auch das Laufen war ganz ok. Ohne große Probleme easy peasy ... quasi ein Trainingslauf. Der Lohn war eine schöne Medaille mit anschließenden Sightseeing in und rund um Dakar. Highlight hier mit Sicherheit der sogenannten Pink Lake. Aufgrund Salzablagerungen ist dieser See rosa verfährt. Am Ufer gewinnen die Locals Salz für den Export ins Ausland.

Der beste Fahrer der Welt

Der Senegal Trip brachte wie bei so vielen anderen Ländern, die ich besuchte nicht nur bloße Sightseeing Fotos und Finisher Medaillen, sondern erneut den Charity Aspekt. Mein Fahrer war ein ganz Harter und fuhr mich jeden Tag etwa 10 Stunden in der Gegend rum. Der Zeitplan musste ja eingehalten werden. Aber das schien er gewohnt zu sein, denn er spulte das Programm auf der linken A- Backe ab. Wir connecten uns in den Social Media, da er wusste ich bereise die Welt and beyond. Da wollte er sozusagen an den Abenteuern teilhaben.

Großer Bruder spendet eine Ziege

Und da kam dann nach ca. einem Jahr eine Anfrage von ihm. Er wollte als Muslim für das Opferfest eine Ziege schlachten. Aber aufgrund der schlechten Touristenlage war er knapp bei Kasse. Hmm. Nach einem bestimmten Betrag fragte er nicht. Ich wollte das auch nicht so genau wissen und überwies ihm einfach mal 100 Dollar. Das sollte für eine Ziege in Afrika reichen. Die Befürchtung, er würde nach mehr fragen, war nicht gegeben. Somit alles im Lot und gut. Ok. Die Ziege landete im Topf bzw. im Magen.

Tipps Senegal:

1. Pink Lake.

Serbien – Liebe auf den ersten Tritt

Als ich etwa die 100er Ländermarke erreichte, war ich auch immer mehr sportlich unterwegs. Meist buchte ich eine Laufveranstaltung am Beginn des Trips, um dann eine recovery week mit Sightseeing zu verbinden. Triathlon oder Marathon first, Country Point und Sightseeing second. So auch beim Besuch von Serbien.

Balkanfahrfeldzug mit Start in Belgrad

Zusammen mit einem amerikanischen Buddy waren wir auf einem klassischen Road Trip. Serbien, Mazedonien, Rumänien und Bulgarien. Zunächst für mich der Marathon. Highlight, das mich bis heute prägte, war eine für solche Events typische Exhibition, auf der diverse Sportartikelhersteller allerlei Krimskrams feilbieten – von Laufschuhen, Ernährungsgels,

Wettkampftickets, Klamotten. Dort verkauften sie auch Asics Gel Kayano. Sondermodell. 20 Jahre Jubiläumsedition. 30 Prozent oder so unter normal Preis. Reintreten und sich wohlfühlen. Und so war es auch. Es war Liebe auf den ersten Tritt.

Marathon als schönste Nebensache der Welt

Der nachfolgende Marathon war eigentlich Nebensache, denn ich war vollends hin und weg mit den neuen Laufschuhen. Wohl deshalb fehlte mir die Konzentration mit der GPS Lauf Uhr und ich verpeilte diverse Einstellungen, weshalb die Uhr nicht das anzeigte, was sie eigentlich sollte: Die Zeit und Kilometer. Wie ein Laufidiot musste ich bei Leuten, die ich hinter mir ließ öfters nach Zwischenzeit und Kilometer fragen. Ende vom Lied: Neue Bestzeit für mich und eine neue Liebe: Asics Gel Kayano 20.

Tipps Serbien:

1. Serbien Marathon in Belgrad.
2. Freundliche Grenzbeamte.
3. Serbischer Eintopf.

Seychellen – Hochzeitsreise ohne Hochzeit

Mit der in Abu Dhabi aufgetanen Lady in Red gab's dann diverse gemeinsame Trainingsstunden. Denn sie war auch eine ambitionierte Triathletin. Im Übereifer lud ich sie sogleich auf die Seychellen ein, um dort das Leben zu genießen. „Ich komme aber nur mit, wenn du mir keinen Antrag stellst", meinte sie noch vor Abflug. Somit wäre das auch geklärt.

Frisch verliebt, ging es los mit der Holden. Was würde mich erwarten? Zu viele Getränke und schlemmen, bis der Arzt kommt, oder doch eher Liebesurlaub? Und was ist mit all dem Ironman Training? Mein erster Ironman Triathlon steht ja nun in Bälde vor der Tür. Da will ich mir doch nicht noch die Form vermasseln lassen. Aber die rosarote Brille war auf.

Ironman Training im Paradies

Die Seychellen waren nicht nur wegen der schottischen Braut eine Wucht. Das Land bot super Strände zum Laufen, Liegen, Sonnen. Das Wasser klar: Schwimmen natürlich. Und auf einer der Inseln – Praslin – sind Autos verboten. Fahrräder sind an der Tagesordnung. Ideal für die Triathlon-Vorbereitung also. Doch die riesengroßen Schildkröten bremsten. Die waren überall auf den Wegen und kleinen Straßen. Ein weiteres Highlight war zudem der lokale Karneval. Wir hatten das Glück, dass just zum Reisezeitpunkt die bunt geschmückte Parade durch die Straßen zog. Bunte Menschen, lauter Gaudi in der Hauptstadt. Genial.

Eine Pizzeria ohne Pizza ist keine Pizzeria

Nach sehr viel Jubel, Trubel, Heiterkeit kam der leise Hunger auf beim Karneval. Ab in eine Seitenstraße. Dort ein Italiener. Pizzeria. „Wir hätten gern eine Pizza". Nee, nix da. Ausverkauft. Eine Pizzeria ohne Pizza ist keine Pizzeria. Da lachte der Inhaber und gab uns stattdessen ein anderes Schmankerl. Jedenfalls keine Pizza. Oh Mann. Egal. Der Spaß mit den bunten Kostümen ging weiter.

Tipps Seychellen:

1. Abstecher nach Praslin, einer kleinen autolosen Insel. Beste Fortbewegungsart ist mit dem Fahrrad oder halt zu Fuß – von Traumstrand zu Traumstrand.

2. Jacuzzi in Hotel.
3. Insel Jumping mit Karneval

Sierra Leone – Ebola - Training Stopover

Während James Bond am Morgen mit einem Bondgirl den Tag startet, zum Frühstück zwei feindliche Agenten um die Ecke bringt, dann gegen 9 Uhr schon einen Vodka Martini mit Kaffee bestellt, am Mittag einen Datenklau betreibt und im Vorbeigehen über Lunch Time Bond Girl Nummer 2 klar macht, da er sie vorab gegen böse Schurken verteidigt hat, erlebt der schnell Reisende eine Lower Level Adventure Tour in Sierra Leone. Und das geht so.

Fast Travel Plan

Um 2 Uhr nachts mit dem Flieger gelandet. 3 Uhr: Check in Hotel. 7 Uhr 5 Kilometer Morgen-Run. Dann um 07.30 Protein-Frühstück. Um 8 Uhr zwei Stunden Sightseeing mit dem Taxifahrer. Gibt es hier nicht Ebola, die Krankheit wo man Blut spuckt und einfach so dahinstirbt, wollte ich vom Taxifahrer erfahren. Er beruhigte mich: „Ja, aber das ist nur in den Dörfern". Alles klar, meinte ich und schaute aus dem Fenster und blickte in die vorbeiziehenden Häuser eines kleinen Dorfes. Besser wir lassen die Seitenfensterscheiben oben, dachte ich.

Wieder zurück im Hotel: 30 Minuten Swim Session. Es folgt Mixed Veggie plater for Lunch. Um 14.00 ab zum Airport denn um 17.00 sollte Abflug sein. In der Gewissheit etwa 2.5 Stunden bis zum Flug zu haben laberte ich noch mit einem chinesisch-asiatisch aussehenden Touri, der auf demselben Flieger war. Naja die Chinesen räumen Afrika auf, investieren und bringen den Kontinent voran, denke ich, als ich zum Check-In Schalter schlendere.

Wir sind alle gleich

Überraschung: Der Flug wurde sage und schreibe um 90 Minuten vorgezogen. Oh Mann. Schnell Boarding Pass geschnappt und gleich mal den Chinesen vorwarnen: „Chinese Guy", rief ich ihm zu. "Der Flug wurde vorgezogen." Er dankte es mir mit einem Kopfnicken. Später in der Lobby erfuhr ich, dass der Chinese ein Südkoreaner war. Ha, ein super Korrekter hätte das als rassistisch empfunden. Aber als normal denkender Mensch war auch der Koreaner sich bewusst, dass die Europäer jeden in Asien für Chinesen halten. Umgekehrt wird das sicher genauso sein. Jeder Durchschnittsdeutsche sieht für sie aus wie ein Engländer oder Franzose. Solche Anekdoten zum Korea-Konflikt tauschten wir bei einem lokalen Bier aus. Auch hier ist der Unterschied zu James Bond klar zu erkennen, trinkt er doch immer Vodka-Martini.

Tipps Sierra Leone:

1. Ebola, watch out!

Simbabwe – Das Krokodil zum Mittagessen

Um die Victoriawasserfälle in aller Pracht zu genießen, muss man auch auf die andere Seite der Grenze. Natürlich geht's auch hier wieder um den wichtigen Länderpunkt. Somit machten Christian und ich uns auf den Weg mit unserem überteuerten Fahrer.

Von weitem sahen wir die rauschenden Wassermassen sich in die Tiefe stürzen. Uns teilte man mit, dass es in der Regenzeit noch stärker sei. Nichtdestotrotz war der jetzige Anblick schon beeindruckend. Gut erinnerten wir uns an unser Bad im Devils Pool, als wir auf der sambischen Seite diverse Touristen sahen – in typischer Selfie-Pose. Das versteht sich von selbst.

Mit Mugabe auf du und du

Nach der Sightseeing-Tour dinierten wir sehr chic in einem Hotel im Kolonialstil. Zum ersten Mal hatte ich Krokodil. Das schmeckte wie eine Mischung aus Huhn und Fisch. Lecker. Zudem leerten wir bei lebensphilosophischen Gesprächen die eine oder andere Flasche Wein. Dabei erzählte mir mein Reisefreund von seinen Zeiten in Südafrika. So kannte er den Präsidenten Mugabe von Simbabwe persönlich. Das sagte er so nebenbei. Ich fragte, wie er den denn kennengelernt hatte. Da meinte er, Winnie Mandela habe sie einander vorgestellt. Da war ich baff.

Feuer auf dem Flussboot

Doch auch die zweite afrikanische Geschichte von Christian hatte es in sich: Denn zu Studienzeiten war er mal eingeladen zu einer Bootstour mit feinem Zwirn, Grill und Open Bar. Der Grillmeister stand auf dem Achterdeck hinten und grillte bei offenem Feuer die Steaks und Würstchen. Die Tour fand auf dem Sambesi Fluss oder Nil statt. Als das Boot dann eine 180-Grad-Drehung machte, um wieder zurückzufahren, blies der Wind nun nicht mehr von hinten, sondern von vorn. Der Wind wehte das offene Feuer Richtung Mastergriller. Sogleich fing dieser Feuer, und in seiner Panik sprang er über Bord. Doch da warteten die vielen Krokodile bereits auf den Nichtschwimmer. Die Party war natürlich zu Ende und keine Hilfe für den armen Tropf mehr möglich. Komischerweise schmeckte mir mein Krokodil dann umso besser. Doch Christian schien seine

255

eigene Story, oder aber die Pasta, die er zum Mittag hatte, nicht bekommen zu haben. Jedenfalls ließ er sich so einiges durch den Kopf gehen im Niemandsland zwischen Simbabwe und Sambia, als wir uns auf den Heimweg machten, auf nach Sambia, wo unser Fahrer wartete.

Tipps Simbabwe:

1. Krokodil zum Essen. Schmeckt wie eine Mischung aus Fisch und Hühnchen.
2. Victoria Falls for Lunch.
3. Millions an Money.

Singapur – My fine City

Singapur zählt zu den Stadtstaaten in der Welt und bietet diverse Besonderheiten. Trotz der geringen Größe ist das Land relativ reich. Mit strikten Maßnahmen ist das Land auf Fortschritt getrimmt. Multikulti quasi von oben aufoktroyiert, zudem modern Begrenzungen der privaten PKW dank super public Transport. Ebenso gibt es harte Strafen gegen Verunreinigung der Straßen. Kaugummi wegwerfen verboten. Für falsches Parken oder Gehwegbenutzung gibt es auch extra Fee. Deshalb macht schnell der Spruch "Singapur my fine City" die Runde.

Singapur – Das Dubai in Fernost

Ähnlich wie in Dubai bietet Singapur mit Sentosa Island auch eine Vergnügungsinsel. Hier gab es für mich erstmaliges Segway fahren rund um das Eiland. Weitere kuriose Eindrücke beim Trip nach Südostasien: In Thailand gibt's Singa-beer aber in Singapur Tiger beer. Und: Während die Omanis die

Jamaikaner des mittleren Ostens sind, so könnte dies für die Menschen in Singapur und den Fernen Osten gelten. Ein bunter Sprach- und Kulturmix mit dauerhaften 30 Grad und 80 Prozent Luftfeuchtigkeit lassen keine schlechte Laune aufkommen. Kein Wunder hat doch Singapur eine einmalige Skyline oder auch einen Nacht Zoo. Die Besucher können sich die Tiere in aller Dunkelheit ansehen. Ein Kleinbus fährt die Interessenten durch die Gehege-Landschaft.

Ein Selfie im Marina Sands Hotel, das auf drei Türmen errichtet ist, darf natürlich auch nicht fehlen. Denn der Infinitypool ragt hoch über der Stadt. Der Blick auf die unzähligen Schiffe in der Bucht ist einmalig.

Tipps Singapur:

1. Sentosa Island – Die Vergnügungsinsel vor dem Festland.
2. Singapore Sling – Der Drink so fruchtig wie das Land.
3. My fine City. Aufpassen: Denn selbst Kaugummi ausspucken wird hier streng geahndet.

Slowakei – Fleischgewordene Belohnung

Ironman Österreich in Klagenfurt done. Schnell noch am Tag nach dem Rennen nach Wien. Die obligatorischen Schnitzel und Ex-Kollegen abgefrühstückt und dann sogleich mit dem Boot nach Bratislava für einen Tagesausflug. Länderpunkt Slowakei. Dort zum Mittag eine Schweineplatte verdrückt. Denn nach dem Sport wollte ich mich doch wieder belohnen. So der Plan.

Das kleine Prag

Wien – Bratislava mit dem Boot geht's es besten. Zwei Stunden ca. In der Ruhe liegt die Kraft und wunderschone Flusslandschaften. Herrliche Fotomotive warten beiderseits des Flusses und das lässt sich sicher auch bei längeren Fahrten erleben. Jedoch wohl wissend, dass ich in drei Wochen noch nach Zürich wollte oder musste, schließlich hatte ich noch einen weiteren Ironman gebucht. Ob die Regeneration bis dahin durch war, musste sich noch rausstellen.

Wieder zurück nach Wien am gleichen Tag. Flug nach Deutschland. Eigene Geburtstagsfete in Dresden inclusive Deutsch-Libanesischer Hochzeit sowie in Berlin Ironman-Geburtstags-Sekt im Hotel Mama.

Tipps Slowakei:

1. Hohe Tatra und die Wasserfälle sind einmalig.
2. National Gericht: Bryndzove Halusky – Kartoffel Spätzle mit speziellen Frischkäse.

Slowenien – Die Kirche im See

Die Altstadt der Hauptstadt Ljubljana ist great. Kirchen, alte Fachwerkhäuser, viele kleine Restaurants und Cafés. In einem ließ ich mich natürlich nieder. Denn in jedem Land gilt es das Land und die Leute zu entdecken, jedoch auch die lokalen Köstlichkeiten zu genießen.

Das ist Kennenlernen eines Landes mit allen Sinnen. In Libanon gibt's Shawarmer, in Deutschland Brot und Bier, in China essen sie Hund und vielleicht auch Katze, in der Türkei gibt's den Döner, in Griechenland Ouzo und Moussaka. Und in Slowenien – jede Menge Fleisch und Wurst.

Spontane Reiseplanung

Quasi die kalte und heiße Platte Fleischallerlei hätte sicher für zwei Leute gereicht. Darauf machte mich ein Pärchen aufmerksam, das am Nebentisch saß. Our Talk: Travelling the world, meet interesting people, and talk to them. Ich erzählte von meinen Welt Eroberungsplänen, den Rennen, das Reisen, über meine neue Heimat Saudi Arabien. Da meinte doch das Pärchen in der Nähe auf dem Weg zum Flugplatz gäbe es einen tollen See samt Schloss im Ort Bled. Das sollte ich nicht verpassen. Deshalb gleich am nächsten Morgen den Fahrer 4 Stunden früher angefordert, Preis vereinbart und auf geht's.

Einzige Insel des Landes mit einer kleinen Kirche inklusiver Bootstouren und Wanderwegen. Den besten Blick - natürlich von oben. Deshalb schnell mal hochgerannt. Die Marathonbeine machten da auch noch mit, so dass in Windeseile auch das erledigt wurde.

Tipps Slowenien:

1. Lake Bled eignet sich super fur einen Family Day.
2. Lujubana city center.
3. SPA im Osten des Landes ist einen Besuch wert.

Somalia – Better safe, than sorry

Vier vermummte Gestalten. Männer mit Masken und mit Sturmgewehr. Russisches Modell AK 47 vermutlich. In der Mitte: Eine hagere Gestalt. Touri-klamotten. Ein Versuch des Lächelns. Die Augen blinzeln. Der Sonne wegen. – Das könnte ich sein, dachte ich mir bevor es nach Somalia ging.

Quick and dirty

3000 Dollar für zwei Tage für 4 Close Protektion Team, gepanzertes Fahrzeug. Plus ein wenig Sightseeing am Strand, über Land und Marktplatz. Oh – Marktplatz? Als Afghanistanveteran und aufmerksamer USA Beobachter (wöchentliche Massen-Erschießung-Events) sind Marktplätze ein super Ziel für alle möglichen Heinis mit Waffen und dem Hang zum Töten. Als Sekundär- oder Primäropfer wollte ich da nicht anfallen. Deshalb die sicherere Variante. Quick and dirty ab in den Norden von Somalia. Mehr als eine Nacht sollte es dann auch nicht sein. Immerhin eine kleine Rundfahrt mit einem Taxifahrer reicht schon. Rund um Hurgaisa.

Blackhawk down, Blackhawk down

Als ich dann meine Tagestour über Abfallberge, halbtoten Tieren und durch eine Wolke erbärmlichen Gestanks machte, fragte ich den Taxler wie denn die Sicherheitslage in Mogadischu sei. „Nein, nein da werden wir vielleicht in die Luft gesprengt. Selbst wenn man in einem Kaffee sitzt." Oh ja, das dachte ich mir und hatte im Hinterstübchen den Film: „Blackhawk down" bei dem Tausende von Somalis mit Handfeuerwaffen mehrere Amerikanische Soldaten Anfang der 1990iger attackierten, nachdem ein Blackhawk Hubschrauber abgeschossen wurde und dann das große Feuerwerk anfing.

Shitburning als Weihnachtsgeschenk

Das ist natürlich nur der Film aber basierend auf wahren Tatsachen der UN Mission vor Ort. Aus erster Hand erfuhr ich von einem deutschen Soldaten, der dort auch im Einsatz war, dass die Sicherheitslage und die hygienischen Zustände unter aller Kanone waren. So wurden zur Weihnachtszeit freiwillige Soldaten gesucht im UN Camp für eine ganz besondere Aufgabe: Der wöchentliche Latrineneinsatz stand an. Denn im

Lager gab es keine normalen Toiletten, sondern nur Plumpsklos. Und jede Woche mussten die Ausschüttungen vernichtet werden. Mit Feuer. Und mein Kumpel musste zum Weihnachtsfeste das sogenannten „Shitburning durchführen". Na Prost Mahlzeit und frohe Weihnachten.

Spanien – Tag des Donners

Wenn Du ein herausforderndes Ironman-Triathlon-Rennen mit dem Geist des Urlaubs verbinden möchtest, aber dennoch das Gefühl haben willst, zu Hause zu sein, dann ist Ironman Mallorca die beste Option für einen durchschnittlichen Riyadh Triathlet Expat.

Fast 80 Prozent aller Teilnehmer auf Mallorca sind Engländer oder Deutsche. Kein Wunder, dass die Insel Mallorca sowohl für Deutsche als auch für Briten ein beliebter Touristenort für die Sommerferien ist. Im Jahr 2016 fand der Ironman Mallorca am 24. September zum dritten Mal statt. Für mich war es perfekt, weil wir wegen des Saudi-Nationalfeiertags ein langes Wochenende hatten.

5 Minuten Fahrradmontage

Ich kam 2 Nächte vor dem Rennen am Flughafen von Palma an und hatte einen persönlichen Fahrer vorab arrangiert, der mich zu einem Fahrradverleih bringen sollte (Palma on Bike). Dort bestellte ich ein Carbon-Rennrad, da der Flughafen Riad mein Fahrrad immer noch nicht transportieren konnte, ein Versand zu kompliziert war und ich sowieso über Algier (Algerien) zurückkehren wollte, um einen neuen Country Point abzuhaken. Insgesamt dachte ich, dass es in Ordnung sein sollte, einen Ironman auf einem Rennrad mit vielen Auf-und

Abfahrten zu absolvieren. Ich habe die Montage in nur 5 Minuten erledigt (Sattelhöhe, Bremsen und Zahnräder) und zusätzliche TT-Lenker befestigt. Mein Hotel war nur 500 Meter vom Startbereich entfernt, sodass ich zu Fuß zum Start, Ziel und zur Registrierung gehen konnte. Grundsätzlich ist es das Gute auf Mallorca, das viele Unterkünfte in der Nähe der Rennstrecke liegen. Darüber hinaus haben viele von ihnen ein angeschlossenes Restaurant in der Fußgängerzone mit Meer- / Hafenblick. Perfekt für die After Race Party / Drinks.

Am Vortag - Pizza-Weinpower

Der Tag vor dem Rennen läuft wie gewohnt: Mit Triathlon-Kumpel Wolle Kuhl aus Deutschland im klaren Wasser der Lagune von Alcudia baden. Überraschenderweise hatte ich ein gutes Schwimmen. Kein Schmerz. Wir haben beides ausprobiert: Schwimmen mit und ohne Neoprenanzug. Danach hatte ich meine traditionelle Pizza vor dem Rennen zum Mittagessen und ein Glas Rotwein. Zufällig hatte ich vor dem Ironman 70.3 Bahrain 2015 und dem Ironman 70.3 Busselton in Australien 2016 ein Glas Rotwein. Beide Male fuhr ich am folgenden Tag schnelle Rennen und war sehr glücklich über mein Gesamtergebnis. Also habe ich an die Kraft von Pizza und Wein geglaubt. Ändern Sie niemals ein Gewinner Rezept. Seltsamerweise gab die Rennleitung am Vorabend keinen Neoprenanzugwettbewerb bekannt. Die Ankündigung erfolgt in der Regel am Rennmorgen 1 Stunde vor dem Start. Trotzdem war ich auf alles vorbereitet. Frühe Schlafenszeit, viel Wasser und Wecker auf 5 Uhr eingestellt. Aufregung? Ja. OK. Ein bisschen. Nichts Besonderes. Nicht wie vor anderen Rennen. Ich hatte diesmal keine persönliche Bestzeit erwartet - es gab zu viele einschränkende Faktoren. Aber ich wusste auch, dass ich finishen werde. Basta! Die Frage war nur, in welchem Zustand ich es schaffen werde, die Ziellinie zu passieren. Mangel an Training, Training in Eile und immer noch nicht zu

100% erholt von meiner Schulterverletzung. Aber zumindest war der Geist frisch und ich war ready for Action.

Auf die Plätze, fertig, los

Vor jedem Triathlon hatte ich den besten Schlaf: Tief und lang. Ich war ziemlich entspannt. Ich wusste, was jetzt kommt: Fahrradvorbereitung mit Flaschen und Endkontrolle der Umhängetaschen mit Laufschuhen, Gels, Sonnenbrille usw. Dann die Überraschung: Neoprenanzug erlaubt. Für mich als verletzten schlechten Schwimmer war es großartig. Also: Schnell zurück ins Hotel und fertig. Neoprenanzug an, aufwärmen, dehnen, warten. Endlich der Start. Mit Wellen. Schlechte Schwimmer starten am Ende des Feldes. Die Top-Leute am Anfang. Das soll die Angst für Anfänger mindern und glatter machen. Es war 1,2 km geradeaus und dann wieder zurück in Richtung Land und mit einem australischen Exit bei km 2,4. Das heißt: Du musst aus dem Wasser rennen und wieder ins Wasser laufen. Zum Glück hatte ich keine Schmerzen und konnte mein gleichmäßiges Tempo halten. Normalerweise verliere ich die Richtung, aber diesmal war es ganz ok. Extrakurven wie gewohnt. Ich bekam keine Krämpfe wie bei meinen vorherigen Ironman-Rennen. So konnte ich ohne Unterbrechung schwimmen. Am Ende hatte ich 1,36 Stunden. Bei dem Feld war es immer noch eine schlechte Zeit, aber für mich nur 6 Minuten langsamer als meine Bestzeit. Überraschung. Das hat mich für das Fahrradfahren ermutigt.

Fahrrad - verregneter Ironman

Mein Plan war es, während der holprigen und hügeligen Straßen in der ersten Hälfte eine durchschnittliche Geschwindigkeit von 30 km / h zu erreichen, um Energie für den großen Hügel bei km 105 zu sparen. Dieser hat eine Steigung von etwa 10 Prozent und eine kurvige Abfahrt. Nach dem Rauf und Runter bei 120 Kilometern wollte ich schneller werden und

263

sehen, wie viel Reserven ich noch habe, da ich vorher nicht richtig trainieren konnte und immer noch Angst hatte, bergab zu fahren. Selbst mit diesem Rennrad und nicht mit meinem eigenen TT-Baby bin ich gut vorangekommen und alles verlief nach Plan (alle 10 km trinken, alle 20 km ein Carbo-Gel, Mineralien an jeder Hilfsstation einnehmen usw.). Ich bin an allen Leuten vor mir vorbeigekommen, weil meine Schwimmzeit so schlecht war. Dann kam der Hügel und ich war überrascht über den Aufstieg. Es war ok. Mein Training war also anscheinend gut genug. Aber ich sah auch die schwarzen Wolken aufsteigen und plötzlich wurde es dunkel.

Zu viel Regen über dem Paradies

Ein Gewitter überkam uns mit starkem Regen. Ich freute mich nicht auf die Abfahrt, wenn es weiterregnete. Zum Glück hörte der Regen auf, als ich oben ankam. Alle Leute, die ich bergauf passierte, haben mich überholt, als es hinunterging. Ich hatte solche Angst vor einem erneuten Sturz und hatte auch ein Fahrrad, an das ich nicht gewöhnt war. Die Kurven waren sehr eng. Ich sah hinter den kleinen Wänden der Kurven. Es ging 400-500 Meter gerade hinunter. Wenn Du die Kurve nicht bekommst, bist Du bei den Toten. Ganz sicher. Das Tempo ging auf 5 Kilometer pro Stunde zurück. Das war manchmal meine Durchschnittsgeschwindigkeit. Ich hoffte, zwischen 120 und 180 km zu beschleunigen, um unter 6 Stunden die Bike-Strecke zu absolvieren. Aber als wir das Tal erreichten, fing der Regen wieder an. Ich war mittlerweile 45 Minuten hinter dem Zeitplan. Komplett nass. Die Socken, die Schuhe - alles vom Wasser durchtrieft. Zum Glück war es nicht so kalt. Aber der Regen und das Wasser auf den Straßen kosteten durchschnittlich 4 - 6 km / h. Diese Straßen verursachten Stürze, da es sehr rutschig war. Inzwischen war die Sicht nur noch etwa 30 Meter. Also musste ich wieder langsamer fahren. Am Ende der 180 km fühlte ich mich noch frisch. 6,27 Stunden.

Tageslicht-Finish gegen Nachteulenläufer

Irgendwie habe ich geträumt, noch persönliche Bestleistung zu erbringen (unter 12 Stunden). Nach dem Radfahren hatte ich nur 8,10 Stunden. Wenn ich weit unter 4 Stunden laufen könnte, könnte ich es schaffen. Auch wenn man sich für den letzten Marathon nicht so gut vorbereitet fühlt - die Temperatur lag bei etwas über 20 Grad und der Regen hörte in der Zwischenzeit auf. Also habe ich ganz gut angefangen. Leider zeigte mir meine Uhr kein Tempo mehr. Vielleicht war sie nicht mehr wasserdicht oder die Batterie war leer. Ich konnte meinen Speed jedoch nicht kontrollieren. Dummerweise musste ich andere Leute nach dem Tempo fragen. Irgendwie wurde ich müde und habe das dann als Trainingslauf abgehandelt. Aber ich war auch froh, dass ich überhaupt so weit gekommen bin. Am Ende konnte ich in 4.12 mit 10 Stundenkilometern das Laufen beenden. Mit einer richtigen Uhr hätte ich vielleicht unter 4 Stunden schaffen können. Endergebnis 12.29. Persönliche Bestzeiten im Wechsel. Abgesehen von keinen Verletzungen und Schulterschmerzen nach dem Rennen - ein positives Ergebnis.

Nach einem Ironman ist vor einem Ironman

Nach ein paar Tagen Pause habe ich mich auf die Challenge Wanaka vorbereitet, die im Februar 20187 stattfindet. Mehr Speed-Arbeit, mehr Intervalle. Ich glaube, ich kann es in weniger als 12 Stunden schaffen, auch wenn es ein hartes Rennen ist, da das Wasser abgehackt und die Strecke hügelig ist und der Marathon eher ein Trailrun ist. Aber die Leute sagen, die Landschaft und die Aussicht sind atemberaubend. Das könnte die harten Bedingungen ausgleichen.

Tipps Spanien:

1. 1. After-Party's auf Mallorca Standard. Alle Kohlenhydrate, die Du während des Rennens verbrannt hast, werden danach leicht aufgesammelt.
2. 2. Mallorca ist ein guter Ort, um Urlaub und Training zu kombinieren, insbesondere für Radfahrer, da viele Fahrradverleihfirmen zur Verfügung stehen.
3. 3. Pamplona Stierhatz gibt es auch. Nichts für Tierliebhaber.

Sri Lanka – Kandy Crash

Im Reiseprospekt steht Sri Lanka ist so etwas wie die Mischung aus Thailand und Indien. Traumstrände und Traumküche. Nun gut, beim ersten Trip kurz nach dem Tsunami 2004 sahen die Strände vor Ort nicht so doll aus. Leider. Die Insel hat die volle Breitseite erhalten gehabt.

Die Spuren der Verwüstung sahen wir noch deutlich. Mehrere umgekippte Züge lagen am Wegesrand, Palmen waren bis auf den Boden umgeworfen, zahlreiche Holzhäuser zerfleddert. Es sah aus wie in einem Roland Emmerich film nachdem die Außerirdischen zu Besuch waren.

Zu dem Zeitpunkt war ich noch als normaler Tourist unterwegs. Will heißen: Strandhotel mit gelegentlichen Ganztagestouren. Deshalb durfte auch hier nicht der Besuch von quirligen Colombo fehlen. Zudem sahen wir uns den einen Tempel auf dem Pidurangala Rock an. Zudem gab es Teeplantagen und Elefantenausritte. Einziges richtiges Highlight und Erkenntnis für künftige Partys: Poolbar mit TV. So eine Bar eignet sich ideal für Fußball WM oder sogar mit Projektor für Kinoabende.

St. Kitts and Nevis – Doppel Insel Sightseeing

Kick off mit Bahamas, Jamaica, Florida, St. Kitts & Nevis, Haiti, Suriname, Guyana, French Guyana – wie immer in knapp zwei Wochen. Denn das Urlaubsbudget war begrenzt und in 2018 sollten es rund 49 zu besuchende Länder werden, um die letzten 26 UN-Länder von 193 in total fertig zu Machen. Naja was sieht man denn da? Da kriegt man doch nichts mit? Zeit ist relativ meine Damen und Herren. First man in space: 108 Minuten.

Langeweile bei Safety first

Juri Gagarin wurde ja auch nicht penetriert mit diesen Fragen. First man on the Moon hat sicher auch keine Woche dort verbracht. Die Deutschen brauchten knapp 4 Wochen im Zweiten Weltkrieg für Frankreich. Dafür aber 4 Jahre, 20 Jahre früher. Mit besserer Technologie und Know how kann man sich Zeit sparen. Gleiches gilt für das Reisen. Hat man 80 Prozent der Welt gesehen. Dann ist fast alles gleich und die Eindrücke ebenfalls. Ok. Wenn man ausgeraubt wird, einen Unfall baut, eine Love Affair hat oder sonst etwas mit High Impact dann schlägt das Herz wieder schneller und höher. Und in St. Kitts und Nevis, einem Karibikinselstaat wie so viele andere auch, erwartete ich nicht das Spektakuläre. Trotzdem zwei Übernachtungen unweit des Kreuzfahrthafens gebucht.

Die Zukunft des Reisens

Da gab es dann spektakuläre Bilder von den dicken Dampfern im engen Hafenbecken. Zeugnis des wachsenden Touristenbooms. Keine Spur von Reduktion in Zeiten von Climate Change und Greta Wake Up Calls. Und auf den Kähnen sind meist ja nur Amis und Europäer. Was ist wenn irgendwann noch halb Indien und China den Wohlstand haben und die Kreuzfahrten für sich entdecken? Dann haben sich die Deutschen dank ihrer Klimaschutzpolitik wieder in einen Agrarstaat verwandelt, während die asiatischen Touristen den CO2 Ausstoß in die Höhe schießen lassen.

St. Lucia – Muddy Hill bilies Schlamm

Eine Seefahrt, die ist lustig, eine Seefahrt, die ist schön. Um aber noch schöner zu werden, machten wir auf St. Lucia bei der Karibikkreuzfahrt von den landestypischen Schlamm gebrauch und besorgten uns ein naturelles Facial Treatment. Von allen Inseln auf diesem zwei Wochen Trip war der unabhängige Inselstaat St. Lucia einzigartig mit hot Springs samt reichlich Pampe gesegnet.

Voll in die hübsche Visage

In einem vulkanischen Park schmierten wir uns den gesamten Body mit dem warmen, feuchten, grau kolorierten Mud ein. Nach ca. 30 Minuten Trockenzeit ab in die heißen Quellen. Obwohl die Außentemperaturen eh schon um die 30 Grad waren, war das heiße Bad trotzdem sehr willkommen. Naja wie hätten wir auch sonst die Pampe von der Haut bekommen sollen? Hinterher fühlt man sich um mehre Prozentpunkte hübscher, denn Schlammpackungen sollen ja das Hautbild enorm verbessern. Vielleicht liegt das wohlige Gefühl wohl eher daran, dass die Pampe endlich vom Body runter ist und das befreiende Lächeln wirkt anziehen und attraktiver auf andere?

St. Vincent & the Grenadines– Dschungel beach Excursions

Wie kombiniert man das Ländererkunden schnell und effektiv, besonders in der Karibik? Genau! Mit einer Kreuzfahrt. Knapp 12 Stopps mit 9 UN Ländern. Ab geht's von der Dominikanischen Republik mit den drei ABC-Inseln (Aruba, Bonnaire, Curacao). Alle drei gehören zu den Niederlanden. Viele Top Stopps sind dabei: St. Lucia, Guadeloupe (Frankreich), Dominika, und auch St. Vincent & the Grenadinen.

Tag ein, Tag aus

Der Tagesablauf ist dann immer so: Über Nacht fährt das Schiff von Punkt A zu Punkt B. Pünktlich und romantisch zum Sonnenaufgang gegen 6 Uhr morgens läuft das Schiff dann im Zielhafen ein. Die Schiffsgäste haben dann eine lange oder kurze Nacht hinter sich, genießen beim morgendlichen Kaffee, Gymsessions die Einfahrt in den nächsten Hafen. So auch in St. Vincent.

Relaxing in all seinen Facetten

Vorab haben die Gäste stets eine Wahl zur Tour Buchung über den schiffseigenen Service. Dieser ist meist teurer als lokale Anbieter im Hafen. Dafür ist die Qualität besser. Für St. Vincent hatten Diane und ich den Vormittag für einen Nationalpark verplant. Im Gegensatz zu anderen Inseln, auf denen wir schon waren, war St. Vincent sehr grün und frisch. Der Tau oder war es der morgendliche Regen, lag noch auf den Blättern der zahlreichen Pflanzen. Die unterschiedlichen Farben hoben sich ab von den Farben der anderen Inseln. Dschungel kann so schön sein.

Erst die Abenteuerarbeit, dann das Strandvergnügen

Und bei wie bei fast allen Tagestouren bietet sich eine Zweiteilung an: Morgens eine Abenteuer- oder Sightseeing tour und am Nachmittag Relaxing am Strand mit Schnorcheln und in der Sonne brutzeln Daneben dann Karibischen Rum und Fisch genießen, während langsam die Sonne am Horizont versinkt und das der Weckruf ist, wieder zum Schiff zu gehen. Auf geht's zum Captains Dinner, abendlichen Musik Show Programm, Happy Hour drinking, sowie Dance Party auf dem Achterdeck.

Südafrika – Aug und Aug mit den Haien

Es ist Herbst. Oktober. Wieder mal fünf Tage frei. Bei Überbrückung beider Wochenenden macht das knapp zehn Tage. Vier Länder sind bei ordentlicher Planung immer drin. Besonders in Afrika. Da ich schon immer einmal einen Road-Trip machen wollte, bot sich Südafrika erstklassig an. Am besten mit Freunden über mehrere Tage. Da wären Spannung, Spaß und Kontroversen garantiert. Denn durch profundes Kartenstudium fällt auf, dass das Land zwei andere unabhängige Staaten umkränzt: Lesotho und Swasiland.

Über Stock und Stein

Mein Ursprungsplan sah vor, von Johannesburg nach Süden durch Lesotho über den sogenannten Sani-Pass zu fahren. Sehr herausfordernd und langsam. Dann mit einer Schleife Swasiland mitzunehmen und einen kurzen Abstecher über Maputo in Mosambik zu machen. Ende sollte in Johannesburg sein. Vier Länder in knapp zehn Tagen, über Stock und Stein – kurz, aber intensiv.

Mehr Sport, Party und Kultur durch neues Team

Doch da hatte ich die Rechnung ohne meine Reisepartner gemacht. Texas Buddy Clint, Südafrikanerin Marianne und Kollege Chris wollten entweder das schöne Kapstadt sehen, in Durban surfen oder einfach zum Partymachen nach Johannesburg. Mein Credo: Solange ich auf meine vier Länder komme, mache ich alles mit und plane für das Team den Trip. Muss ja sicherstellen, dass alles läuft. Also neue Route: von Saudi-Arabien runter nach Johannesburg und Weiterflug nach Kapstadt. Dann mit dem Mietwagen via Bloemfontein Richtung Osten, zum Frühstück nach Lesotho, Weiterfahrt durch Südafrika und Durchfahren von Swasiland, und dann nach Maputo für eine Nacht in Mosambik.

Aug in Aug mit dem großen weißen Hai

Nachdem Texas-Clint gleich zu Beginn beinahe die Schaltung unseres Vehikels ins Jenseits beförderte, indem er permanent im dritten Gang fuhr, erlebten wir am ersten Tag südöstlich in Gansbay unser erstes richtiges Abenteuer. Haifischtauchen im sicheren Käfig hatte den Vorzug erhalten vor Helikopterrundflug. Und wirklich, der Bootsführer des Ausflugskutters lockte die Haifische mit blutigem Fleisch an, so dass wir alle auf unsere Kosten kamen: Die Haie hatten etwas zu spachteln, die Touristen ein wenig Schreck und super Fotos. Schließlich kamen die Haie bis etwa eine Nasenspitze an die Käfigstangen heran. Ich hatte komischerweise kein flaues Gefühl, konzentrierte ich mich nur aufs Fotomachen. Als ich hinterher das große, aufgerissene Maul auf den Fotos sah, wurde mir dann im Nachhinein doch ein wenig mulmig.

Tipps Südafrika:

1. In den USA gibt es Beef jerky, getrocknetes Fleisch. Hier ist es Biltong.
2. Garden Road im Süden des Landes am besten mit dem Zug.
3. Der 2 Ocean Marathon gilt als einer der schönsten weltweit.

Südkorea – Locker vom Hocker

Die Koreaner sind zwar nicht so toll gebaut wie die Japaner. Dafür oder gerade deswegen sind sie nicht so verkrampft. Ein wenig lockerer. Strahlen häufiger, (auch ohne Atomkraftwerke) scherzen mehr.

Abgeführt in Korea

Kaum in Korea schon gibt's einen Platz im Polizeiauto. Kein Wunder, ist es ja auch bitterkalt mit – 12 Grad im Winter und die Polizei Dein Freund und Helfer ist zur Stelle. Ich nutzte die Gelegenheit für Small Talk und das Polizeiauto als Aufwärmstation, um die Zeit zu überbrücken bis zwei Hostelmitarbeiter anrauschen, um mich zum Etablissement zu bringen. Oh Mann. Ich bezahle hier 20 Euro für die Nacht und bekomme Chauffeure samt eigenen Polizeischutz. Im besagten Hostel gab es als Krönung noch eine Fußbodenheizung, das Frühstück war inkludiert und das Internet auch umsonst. Ok back in 2014 war das nicht gang und gäbe.

Sprache ist schwer

Achja die koreanische Freundlichkeit gibt es obenauf. Was die aber nicht können: Ordentlich Englisch: Die Sache mit dem „R".

Das kriegen die halt nicht hin. Alles immer nach dem Motto: ..
Wolle Du Lose kaufen...;)))?

Alles wie daheim

Kein Wunder, warum man nur noch zwei Tage für ein Land
braucht. Schließlich befindet sich überall McDonalds etc. „Da
kann ich ja gleich zu Hause bleiben", denkt sich da der Touri.
Doch dann heißt es koreanische Bodymassagen machen zu
lassen, auf koreanischen Boden mit den Erfindern von
Taekwondo und Hapkido sich zu prügeln und dabei die Arme
verdrehen zu lassen sowie dem kommunistischen Feind in
Nordkorea an der Grenze in der Demilitarisierten Zone ins
Gesicht zu schauen. Da reicht Google nicht aus und Balkonien
allemal nicht.

Tipps Süd Korea:

1. Ähnlich wie in Japan sollten die Kampf-Künste studiert
   werden. Ob Taekwondo oder Hapkido. Da kriegt man
   immer seinen bleibenden Eindruck vom Land, sprich
   blaue Flecke.
2. Kimchi – ist das Standardgericht in Süd-Korea.
3. Solange es die Grenze zu Nordkorea gibt, ab in die
   DMZ – Demilitarisierte Zone. Da gibt's den Kalten Krieg
   quasi wieder. Die Spannung wie am Checkpoint
   Charlie.

Süd Sudan – Running in Camp

**Seit 1990 setzt sich ein Trend fort: Sowohl im
zwischenmenschlichen auch im groß politischen Bereich
liegen Scheidungen an der Tagesordnung. Nur**

Deutschland und Jemen zogen wieder zusammen bzw. an einem Strang und haben sich wiedervereinigt. Andere Staaten reichen die Scheidung ein und trennen sich. So auch Sudan.

Scheidungskrieg

Jugoslawien zerbröselte mit Ach und Krach, leise auf die getrennte Reise machten sich die Tschechei und die Slowakei, und auch der Sudan erlebte sein Split. Wie bei guten Scheidungen spielte natürlich das liebe Geld eine Rolle. Im Sudan arm gegen reich. Der Süden ist reicher als der Norden und kulturell auch eher christlich geprägt. Es ist quasi ähnlich wie Indien (Hindu) und Pakistan (muslimisch). Aus einem Gesamtkunstwerk erfolgte die Trennung religiös-kulturell.

Trotzdem kann man da hin reisen. Das Fotografieren ist eigentlich verboten und ansonsten ist es auch recht gefährlich sowieso. Somit entschied ich im Hotel Resort zu bleiben und einige Laufrunden zu drehen. Naja bei einem 1 Km kommen da einige Runden zusammen. Egal. Training ist Training. Und Länderpunkt, auch ohne viel Sightseeing, ist Länderpunkt.

Sudan – Bazooka Judo Training

Einige Länder sind schwer zu bereisen. So auch Sudan. Drei Mal Einreisevisa beantragt. Dreimal abgelehnt. Ohne Angabe von Gründen. Deshalb flugs eine sudanesische Agentur im Internet gebucht. 400 US-Dollar. „Payment upfront" – Bezahlung per Vorkasse natürlich. Dann lief es auch mit der Einreiseerlaubnis, Abholservice am Flughafen inclusive. Ankunft nachts um 02.00. Hotel dann um 03.00. Es lief alles wie geschmiert. Ein Tag in Khartum, der

Hauptstadt. Nicht viel. Trotzdem entpuppte sich der Tag als abenteuerlich.

Hot Run

Im Hotel schnell in die Heia. 4 Stunden Schlaf. Frühstück um 07.30. Danach gleich bei 40 Grad 3 mal um den Block gejoggt. Die Sudanesen wunderten sich über den verrückten Europäer, der bei Affenhitze wild umherrannte. Aber Lauftraining geht immer. Keine Entschuldigungen.

Judo Training im Sudan

Um 9 Uhr Taxi Marsch zum Sightseeing. Zusammenfluss des blauen und weißen Nils. Dem Taxifahrer sagte ich noch, dass ich in Saudi Arabien Judo unterrichte für Kinder und Erwachsene. „Hey ich kenne ein deutsches Mädchen in Khartum, das Judo für Frauen anbietet." Super. Schnell gab er mir die Telefonnummer und wir verabredeten uns für den frühen Nachmittag. Bianca erzählte mir dann von ihrem Expat-Leben und den Herausforderungen des Judotrainings der Frauen im Land. Ich ermunterte sie stark zu sein wegen Olympia 2020. Vielleicht kann sie ja dahin fahren als Trainerin mit dem Frauen Team? Wer weiß oder halt Inschallah – so Allah will.

Hilfsproject in Indien

Beim Kaffeetalk kam dann noch eine Kollegin von Bianca hinzu. Sie war eine passionierte Schriftstellerin und kümmerte sich um ein Charity Project in Indien. Da gab es natürlich wieder Anknüpfungspunkte: Wie geht das mit dem Schreiben, wo gibt es den besten Verlag, welche Themen sollen es sein, was kostet das Charity Projekt, was ist mein Mehrwert und, und, und. Insgesamt tolle Gespräche an diesem Nachmittag. Doch am Abend ging es immer so weiter.

Crash, Boom, Bang mit der Armee

Im Hotel wartete das Dinner. Bei selbigen traf ich dann einen weiteren Deutschen. Ein deutscher Soldat auf UN Mission. Wir

275

plauderten über die Bundeswehr und was sich denn alles verändert hatte in der Truppe. Er war Militärbeobachter. So musste er observieren, wenn immer etwas los war in der UN Mission. So erzählte er mir, dass ein Bazooka Raketenschütze im Mannschaftstransportwagen hinten auf der Ladefläche sitzend, die Konzentration verlor, als es über die holprigen Pisten ging. Bam. Es löste sich ein Geschoss und flog in einem hohen Bogen in das eigene Camp. Zum Glück gab es keine eigenen Verluste. So glimpflich ging es nicht ab beim zweiten Fall. Einer Soldatin rutschte ihr Gewehr von der Schulter. Spontan versuchte sie ihr Gewehr beim Heruntergleiten mit der Hand zu greifen. Dabei löste sich ein Schuss und traf sie im rechten Fuß. Gar nicht Schön.

Delay am Airport
Für einen Tag in Khartum hatte ich eine Menge erlebt. Alles ungeplant. Dafür aber durch eigene Erfahrungen schnell Gespräche angefangen. Wer etwas erlebt hat, kann immer etwas erzählen und kriegt immer wieder neues zu hören. Aber viel zu viel musste ich mir die Leidensgeschichten diverser Mitreisender dann nachts am Flughafen anhören, denn wiedermal hatte mein Rückflug nach Saudi Arabien Verspätung. Ich glaube, es waren mehr als 8 Stunden, die ich in der Boarding Halle im stickigen Dunst der Nacht verbringen durfte. Aber die vielen interessanten Geschichten des Tages machten die Wartezeit schnell vergessen und wurden von mir als Kollateralschaden abgebucht.

Suriname – Rasend in die Radarfalle

Der Name des Landes klingt eigentlich irgendwie nach Afrika. Doch weit gefehlt. Suriname ist ein Staat in Südamerika. Beim Trip nach Mexiko 2015 lernte ich

jemanden von dort kennen. Deshalb war mir dann das Land geläufig. Somit sollte es 2018 soweit sein.

Tell me a country, I tell you a story

Abflug Miami Airport. Tief in der Nacht. Der Flug wieder mal Verspätung. 8 stunden. Oh Mann. Zum Glück konnte ich diverse Reisende mit meinen Stories from around the world unterhalten. Mein Spiel: Tell me a country I have not been, then I buy you a drink", fand viel Zuspruch. Out of 5 Versuchen musste ich nur ein Bier bezahlen. Der Spaß war es wert. Great. Dabei lernte ich ein freundliches Paar aus Suriname kennen. Beide boten mir sogar eine Bleibe in ihrem Haus an, aber ich hatte schon ein Hotel gebucht und durch die 8 Stunden Verzögerung wurde der Zeitplan sehr, sehr eng. Denn ich wollte ja eigentlich noch bei Ankunft schnell nach Französisch Guyana, um dieses Overseas Territorium abzuhaken und danach noch einen englischen Travel Buddy auf ein Bier oder zwei zu treffen.

Ab an die Grenze

Das Paar brachte mich vom Airport zum Hotel und ich bedankte mich artig dafür und auch für den Tipp einfach in ein Taxi zu springen, um vom Hotel an den Grenzfluss zu fahren, dort ein kleines Fischerboot zu chartern und um nach Französisch Guyana überzusetzen. Da dann die Zeit drängte, gab es nur das obligatorische Arrival Beer, ein, zwei Shots mit den Locals und diversen kleinen Bötchen. Da der Taxifahrer merkte, dass ich es eilig hatte, gab er extra Gas. Und es gibt nicht nur in Europa versteckte Polizistenkameras am Straßenrand auch im abgelegenen Südamerika. So raste er in eine Radarfalle und musste extra blechen. Ich gab ihm natürlich hinterher einen erhöhten Fahrpreis, schließlich war es ja meine Schuld.

Expat Treff an Hotelbar

Im Hotel traf ich beim Freundschaftsbier Mister Peter, einen Expat-Buddy aus Saudi Arabia. Der hatte seinen Job gekündigt und reiste jetzt um die Welt. Genug Cash hatte er ja jetzt gemacht, so dass er erstmal auf Welttournee war. Er zeigte mir die Innenstadt und wir verabredeten uns auf ein Wiedersehen am anderen Ende der Welt – in Palau ein halbes Jahr später. Wieder für einen Bier Talk.

Swasiland – Ordnung muss sein in Afrika

Road Trip Südafrika, Lesotho, Swaziland, Mozambique in 10 Tagen. Wir waren gerade an der Grenze. Raus aus Südafrika, weiter durch Swasiland. Quasi easy peasy. Falsch gedacht. Rein ging es diesmal ganz gut nach Swasiland. Alles legal und richtig. Raus jedoch machte der Grenzposten Stress. Um uns irgendwelche Diskussionen zu ersparen, fragte ich sogleich, wieviel Geld er denn wolle, als er noch spezielle Papiere sehen mochte. Schließlich waren wir in Afrika und aus Erfahrung läuft Einiges schneller mit der richtigen Schmierung, sprich US-Dollar.

Faxen machen im Niemandsland

Er bestand darauf, dass noch diverse Erlaubnisdokumente vom Mietwagen fehlten. Eine Weiterreise ausgeschlossen. Ich machte mir Gedanken, um unsere Zeitplanung. Wenn wir wieder zurück müssten, wäre der geplante Länderpunkt Mozambique nicht mehr möglich. No way, Jose! Zum Glück fanden wir an diesem heruntergekommenen Grenzposten eine schäbige Bude mit Telefon und Tatsache: Ein Faxgerät. Dann lief es zack, zack. Ein Fax aus Kapstadt reichte und die

Weiterfahrt war geregelt. Einziger Herzklopfen-Moment für Swasiland. Weiter durch die wilde Buschlandschaft Richtung Mosambik.

Syrien – Klein – Saudi Arabien

Nach kurzer Nacht im libanesischen Beirut, Abmarsch um 7:00 Uhr. Auf nach Damaskus – Hauptstadt von Syrien. Heute Kriegsgebiet. Damals 2010 noch ganz okay und friedlich. Hatte den Trip beim Hotel-Check-in gleich gebucht. Go with the flow.

Damaskus – Das Riad von Syrien

Auf dem Plan: Busfahrt, Grenzübergang, Essen, Trinken, Marktplatz, Moschee, ein wenig Kultur. Für einen Tag geht das. Alles streng getaktet. Den Schlafmangel kompensierte ich auf der Busfahrt und erlebte einen Schock beim Aufwachen. Damaskus erinnerte mich an Riad mit heruntergekommenen Gebäuden. Lediglich die große Moschee war ein Lichtblick. Sehr schön verziert und hell. Gutes Fotomotiv. Aber sonst? Nicht der Rede wert.

Ein bisschen Spaß muss sein

Beim Mittagessen traf ich einen chinesischen Komiker, der um die Welt tingelt und in gefährlichen Ländern unterwegs ist. Nebenbei ist er Poet und schreibt Gedichte. Das ist aber komisch sagte ich naiv. Er entgegnete nur „Wenn Du in komische Länder reist, triffst Du komische Menschen", sagte mir ein chinesischer Reisende beim Besuch in Damaskus. Naja ich sollte später bei meinen weiteren Reisen noch viel mehr solcher Typen kennenlernen.

Tadschikistan – Expat Friend mit Negativ Impact

Als der Taxifahrer erfuhr, dass ich aus Deutschland käme, meinte er nur: „Mercedes ist the Beauty of Germany. BMW the Power of Germany, and Opel the Shame of Germany." Na, wo er Recht hat, hat er Recht. Denn nicht ohne Grund ist die Abkürzung OPEL auch gleichbedeutend mit Ohne Power ewig Letzter.

Der Driver brachte mich zu einem Resort etwa zwei Autostunden außerhalb der Stadt. Wir passierten Kraftwerke, kleine Dörfer, Wiesen, sowie dahin trottende führerlose Kuhherden. Die waren das Highlight auf der Fahrt. Der Aufenthalt im Tagesresort – ein Mix aus Swim Training, beer - connecting People from India, sowie lecker lunch und more Beer.

Am nächsten Tag traf ich eine Freundin eines Arbeitskollegen. Mit Sohn. Die Sowjetzeit hatte kein gutes Haar an ihr gelassen. Oder zumindest einen negativen Eindruck manifestiert. Sie meckerte in einer Tour über die Vergangenheit aber auch über die gegenwärtigen Zustände im Land und in der Hauptstadt im Besonderen. Sicherlich ohne Moos nicht viel los. Sie hätte Deutsche sein können, denn die Deutschen sind ja bekanntlich Weltmeister im Rumnörgeln.

Taiwan – 5 Silvester in einer Nacht

Wie jedes Jahr Silvesterfeiern in einem anderen Land. Dubai sollte es dieses Mal sein mit Kind und Kegel, sprich mit einer Gruppe Expats. Flug gebucht. Hotel sowieso.

Dinner Cruise und Feuerwerk am Burj Khalifa. Super Plan. Doch meist machen einem die eigenen Gäste einen Strich durch die Rechnung. Absagen wegen Arbeit, Krankheit etc. Deshalb umdisponieren.

Ich suchte nach einem Land, das sich schnell von Dubai aus erreichen ließe, indem ich noch nicht war und bei dem ich kein Visum vorab brauechte. Taiwan kam mir in den Sinn. Eigentlich kein UN-Member der 193 Mitgliedsschaden aber breakaway und politisch gesehen immer noch zu China zugehörig. Wie bei den meisten asiatischen Staaten überzeugt die Freundlichkeit der Einwohner, die Mannigfaltigkeit der Küche sowie die sauberen, aufgeräumten Straßen. Da kann sich der Rest der Welt eine Scheibe abschneiden. Diverse Museen mit chinesisch-taiwanesischen Hintergrundgeschichten sowie botanischen Gärten und einer winterlichen Weihnachts-Großstadt Atmosphäre ließen so die romantisch deutsche Feierstimmung aufkommen.

Upgrade an die A380 Bar

Highlight des Trips war der eigentliche Rückflug mit 400 US-Dollar Upgrade in die Business Klasse des Airbus A 380. Denn dort gibt es eine High Flyer Bar, die den gesamten Flug über geöffnet hat. Sehr edel. Nobel geht die Welt zugrunde. Schnell lernte ich die Crew kennen. Denn insgesamt waren nur eine Handvoll Gäste in der Business- Klasse und die meisten davon schliefen entweder oder schauten ein Movie. Die Stewards und Stewardessen waren natürlich im Emirat chic gekleidet, sahen alle passable aus und hatten elegante Umgangsformen. Sie würden nur in der Business Klasse fliegen und ihren Dienst versehen. Das sei bei anderen Airlines anders. Da werde durchgetauscht. Wieder etwas gelernt.

Born rich, Baby!

Zwei der Stewards versuchen auch alle Länder der Welt zu bereisen. Naja, ca. ein Drittel der Länder steuert Emirates ja selbst an. Somit tick in the box bei Business Trips. Andere müssen da ihre hart erarbeitete Mark selbst berappen. Der Jüngste in der Runde – Mitte Zwanzig – ist schon bei 150 Ländern. „Ich habe mit Anfang zwanzig angefangen mit dem Reisen", erzählte er. Reisen ist ja gut und schön und einfach heutzutage. Aber woher kommt denn seine Kohle fragte ich unverblümt. „I am born rich, Baby", erwiderte der geborene Schweizer Jung. Richtiger Money Background, richtiger Reisepass. So geht Reisen einfach. Andere kaufen Ferraris oder Klunker. Er reist und sammelt Länder.

Tipps Taiwan:

1. Taiwan 1o1 Tower
2. Business Class Flug mit dem Airbus A380. Dann ist die Open Bar inkludiert.

Tansania – Sansibar Relaxation

Country Point Tansania. Was soll es denn bitte sein auf der reichlich gedeckten Speisekarte des Landes? Wildbret bei einer Safari durch die Steppen Afrikas mit den Big 5 animals, oder doch lieber die Besteigung des höchsten Berges des Kontinents. Kilimandscharo? Natürlich können die sportambitionierten unter uns auch eine Kombination buchen aus Kilimandscharo Climb und Marathon. Wer hat, der kann. Für den ersten Trip als Appetizer zog ich jedoch die Trauminsel Sansibar vor.

Hakuna Matata – Das Lebensmotto in Ostafrika

Als deutscher Hobbyhistoriker wusste ich ja, dass meine Vorfahren da mal ihre Hand drauf hatten. Doch bei Spurensuche in den Museen vor Ort oder bei Gesprächen bei den Inselbewohnern fehlen davon jegliche Zeugnisse oder die Leute haben keinen Schimmer. Nun denn. Hakuna Matata – Kein Problem. Der geläufige Begriff vor Ort. Denn am Strand Sansibars ist am schönsten. Besonders wenn man eines der zahlreichen Beachhotels bucht. Dann eröffnet sich einem der Blick auf Beach-Partys, Badenixen, Kite Surfer am Strand, sowie dahinflitzenden Kanus der Fischer.

Tipps Tansania:

1. Kilimandscharo Climb mit Marathon in Kombination.
2. Safari durch die Steppen Afrikas.
3. Beach Relaxation in Sansibar und versuchen deutsches Kulturgut zu finden.

Thailand – Das Land des Lächelns und des Putsches

Indien ist ganz schon billig – was die Massagen in der Off Season angeht. Doch in Thailand gibt's es selbst auf der Vergnügungsstraße Khao San Road in Bangkok zur besten Jubel-Trubel-Heiterkeits-Zeit noch super Schnäppchen. 3-4 Euro: Da stimmen Preis=Leistungs-Qualität-s Verhältnis. Mann aber auch Frau liegen dann zwar wie in Hühner-Legebatterien artig nebeneinander, während die Thais, kneten, walgen, wickeln. Manchmal auch mit Happy Ending.

283

Eierklau im Dschungel

Doch neben der Partystimmung hat Thailand noch Mee(h)r zu bieten. Viele Trauminseln von Kao Sok, Kao Lak, Ko Samoui, Ko Lanta bis hin zu Phuket warten auf Honey-mooners. Und wem es am Strand zu bunt und zu heiß wird, findet sich Abwechslung im Dschungel. Dortige Bungalows lassen es sogar zu, dass die Tiere Thailands einem zum Frühstück begegnen. Dann klauen einem Schwupp die Wupp die kleine Äffchen das Spiegelei vom Teller, um dann hinterher noch nach mehr zu betteln.

Heiße Bodys, harte Schlage

Wer auf Sport steht, kann entweder drahtige Fighter beim sogenannten Thai-Boxing sehen und wie sie sich vermöbeln oder als erlebnisorientierter Touri bucht man gleich eine Privatstunde und bekommt hautnah die Tritte verabreicht. Der Schmerz geht und der May Thai Drink kommt. Egal ob im Massagesalon, auf Trauminseln und im Fighting Club: Insgesamt sind die Thai People scheinbar immer freundlich. Das Land des Lächelns so heißt es. Naja mit einem Lächeln putschen die sich in den letzten Jahren durch ihre Regierungen. Der Thai lächelt fast immer, doch er ist nicht immer happy. Im Gegensatz zum Russen. Der scheint nie zu lächeln. Das heißt aber nicht, dass er nie glücklich ist. Es ist halt alles same, same but different.

Tipps Thailand:

1. Ping Pong Show in Bangkok.
2. Thai boxing active and passive followed by massage active and passive
3. Top Destination für den Lebensabend: Günstige Lebenshaltungskosten, freundliche Menschen, Top Food.

Togo – Wenig zauberhafter Voodoo Zauber

Lauf durch die Slums. Oh Mann. Das hatte ich schon in Malawi. Aber einem nackten Mann kann man nicht in die Tasche greifen. Oder denke ich halt nur zu negativ, dass die gesamte Menschheit kriminell ist und mir etwas Böses will? Aber sicher ist sicher. Better Safe, than sorry. Somit Tempo erhöhen und schnell noch mit der Handkamera ein paar Laufbilder gemacht. Klick. Klick. Klick. Nach around 5 Kilometer wieder am Fluss zum kleinen Hotel. Puh. Check. Safe. At home.

Ekelalarm auf dem Einkaufsmarkt

Der Hotel Mann empfahl den Voodoo market. Irgendwann mal im TV davon gehört. In er Tat gehört Voodoo zum Leben in Ghana, Nigeria und Benin. Aber in Togo erlebte ich zum ersten Mal einen solchen Market. Es handelt sich im eigentlichen Sinne um eine Religion oder Zauber. Generell weiß ich nicht was schlimmer oder ekliger ist: Fischmärkte in Westafrika mit stinkender alter Ware oder verdorrender Tierkadaver, ausgestellt auf diesem Markt in Togo.

Andere Länder, andere Sitten

Aber wie so oft in der Welt finden diverse Leute so etwas gut. Die Aussteller frohlockten und priesen ihre Ware an als würden sie Goldringe, FC Barcelona T Shirts oder den neuen Tesla verkaufen. Andere Länder, andere Sitten. Aber das ist ja das Schöne am Reisen. Immer wieder lernt man etwas Neues kennen und immer wieder weiß man wo man zu Hause ist. Und das ist jedenfalls nicht auf dem Voodoo Markt in Togo.

Tonga – Buckelwale und schwimmende Schweine

In der Beschreibung des Reiseprospekts steht, dass man in Tonga nicht nur Buckelwale sehen kann, sondern sogar mit ihnen planschen. Es gibt Tour-Anbieter die kleine Gruppen zu den Kolossen raus aufs Meer bringen, um dann friedlich nebenher zu schwimmen. Da wäre man natürlich mittendrin im Walfischbecken, als nur dabei. Doch Obacht bei stürmischer See ist ein solches Unterfangen natürlich nicht möglich. Die Bedingungen müssen schon ideal sein.

Hier bin ich Schwein, hier will ich bleiben

Egal ob bei rauer See oder bei ruhiger Brise, andere landestypische Tiere lassen sich in ihrem natürlichen Habitat beobachten. Die wilden Hausschweine sind ähnlich wie in anderen pazifischen Inselstaaten, aber auch auf den Bahamas an die Menschen, den Verkehr und das bunte Treiben gewohnt und lieben es im am Strand herumzutollen sowie im seichten Wasser sich zu vergnügen. Hier ist nicht nur das Paradies für die Menschen, sondern auch für die Schweine. Der Begriff – Schweineleben- erhält beim Anblick der Miss Piggy Familys eine ganz andere Bedeutung.

Viele Einheimische und Touristen haben dann nach einem stressigen Beach Day auch noch Lust auf weitere Schweinerein. Dann gibt es für die Nichtvegetarier vor Ort gebrutzelter Schweinslende zum Abendessen. Den Pflanzenessern bleibt dann die Beilage.

Transnistrien – Bonsai Sowjetunion

Keine Sau kennt richtig Moldawien und dann noch nach Transnistrien? Genau. Breakaway Country von Moldawien. Eigentlich wollen sie zu Russland gehören. Aber Russland machte da keine Anstalten. „Na da müsst ihr nur sagen, ihr wollt in die EU und schon ist Putin zur Stelle", meinte ich flugs zur rothaarigen Touristen-Führerin. Unsere kleine Truppe hatte einen Tagesausflug von Moldawien aus geplant und erlebte den Ostblock beim Wiederauferstehen.

Das Lachen im Keller gelassen

Weite Straßen, aber kaum freundliche Menschen. Alle gucken ein wenig mürrisch. Das hatte ich schon in Russland erlebt. Somit wären sie ein geeigneter Kandidat für die Einverleibung in das russische Großreich. Die Mentalität stimmt. In der Hauptstadt erinnerten viele Denkmäler an Panzer und Heldensagen wie zu besten Sowjettagen.

Der Ritt auf der Kanonenkugel

Touristisches Highlight ist die Festung Bendery. Hierbei handelt es sich um eine mittelalterliche Burg samt Wachtürmen, dicken Mauern, und vielen Kanonen. Überraschend ist hier auch eine große Kugel zu Ehren des Lügenbarons von Münchhausen zu sehen. Denn angeblich flog er auf einer Kanonenkugel über ein feindliches Soldatenlager, um dieses auszukundschaften.

Monopolygeld im Zahlungsverkehr

Eine andere Besonderheit liegt beim Geld. Es besteht aus Plastik. Nicht wie bei Monopoly, sondern in echt. Die Münzen sind rund, eckig, Dreiecks-from oder auch als Viereck. Sehr leicht, da nicht aus Metall. Einmalig. Sicherlich mit Sammlerwert.

Tipps Transnistrien:

1. Auf alle Fälle die Geldstücke als Souvenir mitnehmen. Die sind aus einer Art Plastik und eckig. Da trumpft man zu Hause groß auf.

Trinidad & Tobago – Haifisch Brötchen ohne Alkohol

Zum Haifisch Brötchen dachte ich mir ein Bier zu genehmigen: Fehlanzeige. No Alkohol on Elektion day. Das klingt vernünftig.

Bei so mancher Wahl in den letzten Jahren stellt sich die Frage, ob denn ein generelles Alkoholverkaufsverbot nicht auch in anderen Ländern gut wäre. Denn sicherlich mussten die einen oder anderen Wähler sich Mut antrinken, bevor es an die Urne ging. Trump, Brexit, usw. lassen grüßen.

Tschad – 3000 Meter Sicherheitsschwimmen

Mali, Tschad, Somalia – Drei Top Hot Spots in einer Woche. Und parallel Training für einen Ironman, Hauskauf in Dubai, und wieder ein Event organisieren in Saudi. Live life to the max, they say. Pures Sightseeing geht mir ja schon lange auf den Keks. Deshalb gibt es ja immer wieder Sight-training.

Bier und BBQ Chicken – Das ultimative Travel Dinner

So auch im Tschad. On Arrival kleine Spannung: 100 Dollar extra für die Immigration, da Visa mit falschem Datum. Mit Lächeln und US-Dollar kommt man immer weiter in der Welt. Oder zumindest erstmal rein in den Tschad. Um nicht noch mehr Dollars zu lassen und irgendwelche Sicherheitsfirmen anzuheuern, Mittelklasse Hotel samt Pool gebucht. Am späten Nachmittag bei Ankunft erstmal was zu futtern. Am Nebentisch irgendwelche britischen Expats oder Militärs in Zivil. Sie tauschten sich beim Bierchen und grilled Chicken über die Sicherheitslage aus und wohin es denn in den nächsten Tagen gehen sollte.

Kurz und schmerzlos

Sie rieten mir nach dem ersten Cheers zum Bier von irgendwelchen Sightseeing Unternehmungen ab. Zu gefährlich. Ok. Dann also nur am nächsten Morgen 3000 m im Hotel Pool, ein wenig Yoga Session, und mentales Vorbereiten auf den Trip nach Somalia. Wieder kurz und schmerzlos. Aber Sicherheit geht vor. Auf dem Weg zum Airport noch knips, knips einige Bilder gemacht, die E-Mail Angebote vom property Management in Dubai gecheckt und die Preise verhandelt. Ah ja. Der Airport. Wo geht es hin? Ja richtig. Somalia. Der nächste Länderpunkt wartet.

Tschechische Republik – Alles nur geklaut

In Deutschland meint man, dass man nicht mit dem Auto nach Polen fahren müsste, weil es angeblich schon dort

sei. Deshalb dachten wir, wir können getrost mit dem Auto in die Tschechei nach Prag fahren. Mitnichten.

Denn am Abreisetag. Bums! Beifahrerscheibe kaputt. Autoradio weg. Super. 3 Stunden Fahrt bei Temperaturen um die Null Grad zurück nach Deutschland, Dresden. Die Heizung volle Pulle. Aber trotzdem frisch, fromm und gar nicht fröhlich.

Die tollen Tage mit billigem tschechischem Bier, Schweinefleisch und Sauerkraut, Karlsbrücke, Hradschin Burg, vielen Kirchen wurde natürlich ein wenig getrübt, zumal sich hinterher eine Erkältung einstellte. Das nächste Mal dann im Sommer hin.

Tunesien – Drei mal Wüstenschimmer am Horizont

Die Sonne kriecht langsam über den Horizont. Stetig über die silberglänzende Ebene der Salzwüste. Ein langer Tag steht bevor. Für die Wüste, für uns und für die anderen Touris. Drei Wüsten an einem Tag. Und sehe ich dort im Hintergrund Luke Skywalker oder handelt es sich nur um eine Fata Morgana?

Wo ist Luke Skywalker?

In der Tat wurden die Aufnahmen für Tantoine, dem Heimatplaneten von Luke von Krieg der Sterne dort gedreht. Als Tourist und Star Wars Fan sollte der Trip dorthin ganz weit oben stehen. Mit dem Kleinbus unterwegs. Stundenlang rechts und links flache Ebenen in unterschiedlichen färben: Gelb für die staubigen Sandwüsten, dann grau-weiß für die Salzwüste und dann schließlich bräunlich für die Steinwüste. Doch von

Luke und Leia keine Spur. Auf Nachfrage meinte der Touristenführer, dass diese womöglich mehr im Süden anzutreffen sind. Doch soweit sollte es heute nicht gehen.

Tipps Tunesien:

1. Star Wars Filmsets.

Türkei – Mehr als nur Döner mit allem

„Ich bin stolz, ein Türke zu sein", sagte der Vater aller selbiger Mustafa Kemal. Und selbst wenn sein Vermächtnis langsam bröckelt, tragen die Türken ihren Nationalstolz sehr stark zur Schau. Meistens fahren sie diesen im 3er BMW durch Berlin Kreuzberg in Deutschland vor.

A la turka Türkei

Was können Türken am besten? Döner produzieren, Haare Maaß-schneidern (samt ohrenhaar Burn-out) und zwei Mal vor Wien scheitern – jedoch Kaffee dalassen. Deshalb darf bei einem Türkeiaufenthalt ein Genuss selbigen dunklen Gebräues nicht fehlen. Zweites Top Getränk ist die sogenannte Tigermilch: Raki. Ein Schnaps, den die Türken gern nach dem Essen kredenzen.

Liebe auf den ersten Blick

Und was ist die beste Stadt zur Besichtigung? Genau. Istanbul. Ein quasi Stadtstaat für sich. Ca. 20 Millionen Leute leben am Bosporus, der Meerenge zwischen Asien und Europa. Es heißt ja immer Orient trifft Okzident in Istanbul. Doch davon wollte mich selbst überzeugen. Bam hat es gemacht. Beim ersten Besuch traf mich gleich der Schlag: Istanbul – entweder habe

291

ich mich in die Stadt verliebt, oder die beste Ehefrau von allen? Jedes Mal wenn es an den Bosporus geht, denke ich das. Im Endeffekt war es eine Mischung von beiden, als ich damals auf dem großen Taxim Platz in Istanbul stand.

Essen, Trinken, Trallala in Istanbul

Nichtsdestotrotz hat es mir das Land angetan. Freundlichkeit der Türken, die Sprache, die zahlreichen kulinarischen Köstlichkeiten jenseits vom ‚Döner mit allem‘, die Geschwindigkeit, der Lärm. Einfach alles. Dank meiner Liebe zur Stadt kannte ich Istanbul schon aus dem Effeff. Besten Boerek gibt's in Beshiktas, Kumpir – eine mit leckerem Allerlei gefüllte Kartoffel im Ortsteil Ortakoey. Romantik erlebt man auf der Maiden-Insel. Einen tollen Blick gibt's vom Galata-Turm. Europäisch geht's im französischen Viertel zu, und zum Bummeln startet man am Taksim-Platz mit der Istikal-Straße. So weit, so gut.

Tipps Türkei:

1. Es gibt Döner, Baklava, etc. und es gibt Kumpir. Eine große Kartoffel mit Veggie-Content. Lecker!
2. Istanbul: Maiden Inseln, Galata Turm, Bosporus Rundfahrt, Nachtclubs, und, und, und.

Turkmenistan – Gate of Hell

Es ist Sommer 2018 und das deutsche Fußball Team verlor bei der Fußballweltmeisterschaft gegen Süd-Korea – very shamefull very lame. Deshalb habe ich gedacht: Fliege ich doch schnell mal nach Turkmenistan. Denn dort gibt es das Gate of Hell – das Tor zur Hölle. Ich wollte checken, ob die

Deutschen bereits dort sind als Strafe. Aber da gab es nur Feuer. Die Deutschen waren schon gar nicht mal mehr da. Vielleicht sind sie schon zur Hölle gefahren und im Erdboden versunken? Man weiß es nicht.

Es leckt, das Gas

Eines ist aber sicher: Das Tor zur Hölle zählt nicht nur in Turkmenistan zu den beeindrucktesten Sachen, die man als Reisender erleben kann. In den 1960igern Jahren haben die Turkmenen im Erdboden etwa drei Autostunden weg von der Hauptstadt ein offenes Gasleck entdeckt. Sie dachten, es einfach anzuzünden und schwupp würde das Ganze binnen kurzer Zeit erloschen sein. Weit gefehlt. Seitdem brennt das Feuer. Das ganze sieht aus wie ein Krater eines Vulkans. Viele Touristen kommen hierher, um Fotos zu machen und verbringen beim Camping ein oder zwei Nachte hier.

Whitewashing

Ich hatte jedenfalls einen 2 Tagestrip gebucht mit Sightseeing der Hauptstadt und Umgebung. Alles via Tour Operator. Die Stadt – alles in Weiß. Der Landesvater wolle das so. Sieht irgendwie sauberer aus. Zum Glück gab es on top noch das Gate to hell etwa 3 Stunden weg von der Hauptstadt. Das ist der Camping- tipp schlechthin.

Tipps Turkmenistan:

1. Eine Übernachtung beim Gate of Hell ist eine Wucht. Was gibt es besser als bei einem kühlen Bier im Zelt sitzend, den Sonnenuntergang zu bewundern und gleichzeitig von der Schönheit des lodernden Gasfeuers geblendet zu sein.

Tuvalu – Party crashing im Atoll

Dieser kleine Inselstaat befindet sich auf einem fast kreisrunden Atoll. Theoretisch besteht die Möglichkeit einmal um das Atoll herumzulaufen – mit Schwimmunterbrechungen versteht sich. Alles ist relativ dicht am Flugfeld. Selbst die gängigen Hotels sind nur einen Steinwurf weit vom Rollfeld entfernt. Vor Ort hatte ich mich mit einem englischen Reisekameraden verabredet und wir machten zusammen die kleine Insel unsicher. Zuckerstrand, Palmen, freundliche Bevölkerung.

Land unter in Tuvalu

Top! Noch während des ersten halben Tages organisierte ich für uns einen festlichen Abend der taiwanesischen Botschaft, die just in meinem Hotel ihren Nationaltag feierte. Ernster Hintergrund dabei: Der Premierminister von Tuvalu meinte an die Gäste in seiner Rede gerichtet, dass der Meeresspiegel ständig ansteige und das kleine Land bestimmt 2050 nicht mehr existieren würde. Deshalb: Save the Planet, save Tuvalu!

Uganda – Nilpferd im Wald

Uganda, Ruanda, Burundi – 3 Länder, sieben bis acht Tage. Abhaken der Länderpunkte und dabei mit den Gorillas durch den Wald ziehen. So der Plan. Deshalb scheinbar alles richtig machen: 2 Tour Agenturen pro Land angeschrieben und Kosten und Zeitpläne erfragt. Eigentlich richtig. Eigentlich.

Doch die Zeitfenster für jedes Land waren halt zu kurz. Die begrenzte Urlaubszeit nötigte zur Einschränkung. Aber im

Nachhinein stellte sich heraus, dass es auch landesüberschreitende Touren gibt. Deshalb aufgemerkt: Next time diesen Umstand bei der Reiseplanung berücksichtigen und die Tour-Anbieter darüber informieren.

Fake Gorillas im Studionebel

Da ich das nicht getan hatte, hatte ich wieder keine Gorillas Tour. Schwupps ab ins Fotostudio und eine Fotomontage arrangiert. Wie im besten Actionfilm vor Green Screen. Und easy peasy war ich inmitten vom Busch mit einer Family von Menschenaffen. Fake News sind die News des 21. Jahrhunderts. Egal, diese possierlichen Tierchen in Realität zu sehen, wäre klasse. Trotzdem gab es viele andere wilde afrikanische Tiere vor die Linsen. In einem Nilpferdpark war ich dann Auge in Auge mit mehreren solch großer Viecher. Es geht das Gerücht um, dass mehr Leute durch diese Brocken umkommen, als durch Alligatoren oder Haifische.

Tipps Uganda:

1. Gorilla Tour

Ungarn – Mit Sissi in Budapest

Österreich-Ungarn war ein Staat bis zum Ende des Ersten Weltkriegs. Die Viel-Völker-Doppelmonarchie ist sicherlich seit den 1960iger Jahren im deutschsprachigen Kulturraum durch die Sissi filme verklärt. Ein Kurz-Abstecher nach Budapest sollte diesen Eindruck bestätigen. Im Vorfeld war ich natürlich in Wien und hatte diese Stadt als Vergleichsblaupause im Hinterkopf.

Herzschmerz in Budapest

Und wirklich: Schnell entpuppte sich Budapest als das bessere Wien. Budapest ist halt romantischer und lebensfroher. Die zahlreichen Bäder und die Brücken über die Donau lassen eine Herzwärme aufkommen, die es zwar in Wien auch gibt, aber in Budapest wird das Herz mit mehr Passion erstrahlt. Man kommt nicht umhin Sissi in den Gassen der Stadt zu suchen. Natürlich lasst sie sich nicht blicken. Auch nach stundenlangem Spazierengehen nicht. Zum Trost gibt es dann das ungarische Nationalgericht: Gulasch.

Ukraine – Odessa an die Freude

Freude schöner Vodkahumpen
Dewotschki aus Elysium
Wir betreten sturzbetrunken
Himmlische Dein Partytum
Deine Zauber binden wieder
Was der Wüste schon enteilt;
Menschen werden Feierbrüder
Wo der nächste Dancefloor weilt.

Wem hierher der große Flug gelungen
Eines Visas Freund zu sein,

Wer ein holdes Weib errungen,
Mische seinen Jubel ein!

Vodka trinken alle Wesen
An den Brüsten der Natur
Alle Guten, alle Bösen
Folgen ihrem Alkohol.

Küsse geben sie dem Touri
Einen Freund, geprüft im Foto
Wollust ward dem Gast gegeben
Und der Cherub steht vor Gott.

Froh, wie seine Sinne

Saufet, Brüder, eure Glaeser,
Freudig, wie ein Held empor.

USA – United States of Awesome

Die Vereinigten Staaten von Amerika – Inbegriff von Aufstieg und Erfolg in Kombination wird Sendungsbewusstsein und Marketingerfolg. Der Aufstieg zur Welt- und Supermacht ging mit dem Niedergang und dem Selbstzerfleischen Europas Anfang des 20. Jahrhunderts einher. Gods own Country wurde Weltmacht und Weltpolizist für die freie Welt.

Vom Tellerwäscher zum Millionär

Der American dream lebt bis heute fort. Jeder, der sich dorthin aufmacht will es vom Tellerwäscher zum Millionär schaffen. Meist helfen dem scheinbar oberflächlichen Amerikaner sehr gute (Selbst)Marketing Fähigkeiten. Viele Produkte, die in anderen Teilen der Welt erfunden wurden, wurden erst in den USA erfolgreich kommerziell umgesetzt. Beste Beispiele das Telefon, Mondraketen, Hamburger

Safety First

Doch die Größe hat ihren Preis. Sicherheit ist hier erste Bürgerpflicht. Aufgrund des Selbst- Schutzbedürfnisses der

USA gibt es seit dem 11. September verstärkte Sicherheitskontrollen für Reisenden an Flughafen. Unzählige Security Checks weltweit und besonders im Land der unbegrenzten Möglichkeiten (Außer für Mexikaner, da soll es ja eine Mauer geben).

Hey sexy Lady Officer

Als Deutscher gibt's dank der Gnade des richtigen Geburtslandes quasi Visa on Arrival. Doch auch hier warten so ihre Überraschungen. Wenn auch im positiven, aber gefährlichen Sinne. Eine sexy hexy border control woman at Miami Airport. Oh, Mann. Miss United States im Grenzkontrollbereich. Soll man das ihr gleich sagen oder besser Klappe halten? Schließlich sind die Amis ja die Erfinder der Metoo Bewegung und dies konnte ja schon als feindlicher, sprich sexistischer Angriff angesehen werden und ratz fatz wird man da eingebuchtet, landed auf dem elektrischen Stuhl oder wird gleich erschossen. Somit besser nur stille Bewunderung.

Emotionen wie ein Dampfhammer

Ein Ami-Date gab es dann aber doch noch. Und hier wurde wieder einiges gelernt: Während die Deutschen die Autos, die Chinesen das Schießpulver, die Engländer den Fußball haben vermutlich die Amerikaner das Dating erfunden. Denn das machen sie zur Chefsache und lassen dabei nix anbrennen. Wenn es um ein loses Dinner geht, wird keine Miene verzogen. Selbst das kleine Geschenk wird nichtbilligend zur Kenntnis genommen und das Essen wird sparsam mit Bedacht verspachtelt. Das Geplauder über Sinn und Zweck im Leben, der Fortpflanzung und jeglichem Daseins artet in ein Polizeiverhör im Scheinwerferkegel aus. Während sonst der / die Amerikaner(in) sich im oberflächlichen – Everything is Awesome – suhlt, ist es zumindest beim ersten Daten eher frostig trocken. Deutsche Ingenieure hätten ihre wahre Freude.

Kann ja aber auch an der eigenen Performance gelegen haben. Aber ich bin ja bei weitem kein deutscher Ingenieur.

Tipps USA:

1. Natürlich sind die landschaftlichen Highlights der Grand Canyon, Hawaii, usw.

Uruguay – Mit Vollgas auf Eroberungstour

Am nächsten Morgen bugsierte mich Señorita schnell aus meinem eigenen Bett, hatte ich ihr doch von meinem ehrgeizigen Plan erzählt, nach Uruguay eine Tagestour machen zu wollen. „Hey, Muchacho, los geht's. Die Fähre wartet nicht." Nun denn, langes Kuscheln – Fehlanzeige. Auf zum nächsten Land. Dort fühlte ich mich wie in einer mexikanischen Grenzstadt aus dem Fernsehen. Sehr ländlich, spanisch, rustikal.

Das kleine Argentinien

Ich mietete einen Buggy und fuhr etwa zwei Stunden kreuz und quer durch die Lande. Doch ich musste höllisch aufpassen, dass ich mich nicht verfahre. Schließlich bin ich ein Schwachmat, was das Orientieren angeht. Ohne GPS bin ich aufgeschmissen. Ich fahre selbst noch in Riad mit Navi zur Arbeit. Sicher ist sicher. Schnell noch einen Happen zum Mittagessen mit Pisco Sour und Ceviche. Und dann husch, husch wieder zurück nach Buenos Aires. Beim nächsten Besuch wird es sicher Montevideo sein. Doch Vorsicht Montevideo sieht aus wie Buenos Aires.

Usbekistan – Geburtstagslandung

Termez ist die Drehscheibe für alle deutschen Afghanistansoldaten. Das Nadelöhr in Mittelasien. Mehrmals flog ich rein. Meist immer die gleiche Prozedur. Mit ruckeligen Militärflieger von einem süddeutschen Militärstützpunkt runter.

Das Sommerärchen in Termez

Eine Nacht blieb mir dabei besonders in Erinnerung. 2006 Fußball WM. Deutschland – Ein Sommerärchen. Ich sollte zu meinem ersten Kriegseinsatz nach Afghanistan so um den 10. Juli fliegen. Vorab noch trautes Heim mit Weib, Wein und Gesang und Geburtstagsfete inklusive beider Halbfinalspiele u.a. auch mit deutscher Beteiligung. Vor dem Ernst des Hindukuschs, an dem Deutschland ja verteidigt wurde, sollte es noch große Abschiedsfete geben. Man weiß ja nie, ob man denn in ganzen Stücken wieder von der Front heimkehrt.

Abflug vor Anpfiff

Da hatte ich aber die Rechnung ohne die deutsche Armee gemacht. „Wir buchen, sie fluchen" – das ist ein gängiger Spruch in der Truppe. Und so fluchte ich denn auch, da der Flug vorgezogen wurde. Verdammt. Reinflug zum Geburtstag. Erster auf Zweiter Juli. Beide Halbfinals im Eimer bzw. im Einsatz.

Dann kam Grosso

Ankunft spät abends in Termez im kleinen Camp mit anderen Haudegen der Truppe. Parallel lief Frankreich-Brasilien. Sollte es ein neues Finale Brasilien-Deutschland geben wie anno 2002? Noch mit Ärger im Bauch ging es über den Äther, dass die Franzosen die Elf vom Zuckerhut entzauberten. Das war zumindest ein kleiner Trost im Hinblick auf den verfrühten Einsatz. Doch die Ernüchterung folgte während des Geburtstages. Dann kam Grosso. Und Deutschland verlor. Der Rest ist Fußballgeschichte. Enough said.

Tipps Usbekistan:

1. Samarkand, Bukhara, Tashkent – Die Top Städte der Seidenstraße sind reich an Geschichte und kulturellen Bauten.
2. Im türkisch-russisch geprägten Usbekistan gilt es Manti zu essen. Auf Deutsch: Gefüllte Teigtaschen.

Vanuatu – Tanz auf dem Vulkan

„Stell Dich mal ein wenig weg vom Grill", schrieb mir Vladimira in den Sozialen Medien, nachdem ich ein Foto hochladen hatte, bei dem ich am Kraterrand des aktiven Vulkans auf Vanuatu posierte. Rund um den Erdball gibt es sicher nur eine Handvoll halbwegs sicherer live Feuer Plätze. Im Pazifik hier gibt es einen davon: Auf Vanuatu.

In der Nacht ist das wahrlich ein Spektakel, nachdem die Reisenden an den Vulkanhang herangekarrt worden sind. Dann kraxeln die ganzen Leute im Dämmerlicht zum Kraterrand hoch. Dann: In alternierenden Intervallen spuckt der Vulkan Feuerbroken. Der Tanz der roten Lichter ist eine Augenweide für jeden Touristen.

Baumhaus Sleepover

Hier besteht natürlich auch die Möglichkeit sich die ganze Sache bei Tageslicht anzusehen. Am besten bei einem Helikopter-Überflug. Dann sieht man zwar mehr und erspäht die

301

Abgrenzungen des Lavaberges besser zum umkränzenden Landschaft bzw. Ozean, aber in der Nacht wirkt der Licht-Dunkel-Kontrast sehr gewaltig. Es besteht sogar die Option in benachbarten Baumhäusern zu Übernachten. Hin und her in den Schlafgewiegt sieht man gerade so noch die roten Funken des Vulkans bevor das Licht ausgeht und der Schlaf einen übermattet.

Tipps Vanuatu:

1. Tanz auf dem Vulkan mit Postbriefkasten am Rande des Feuerherdes.
2. Die Übernachtung in einem Baumhaus mit nächtlichen Blick auf den feuerspeienden Vulkan bei Sonnenuntergang – was gibt es Romantischeres?
3. Von hier aus kann man seinen Lieben zu Hause eine halbwegs wasserdichte Postkarte zusenden, eingeworfen im Unterwasserpostamt in Vanuatu.

Vatikanstadt – Schaukelei mit Ragazzi

Weiterflug nach Rom von Berlin. Ryanair-Maschine. Der Flieger voller Italiener. Parallel zum Start der Maschine Anpfiff Deutschland–Italien. Schon beim Abflug lagen die Deutschen mit 1:0 hinten. So ein Jammer. Bei Landung waren wir nicht nur am Boden. Auch die deutsche Elf hatte mal wieder gegen die Squadra Azzurra verloren. Trotzdem tolle Nacht in der italienischen Hauptstadt: der Mond scheint. Der Himmel sternenklar.

Mein libanesischer Kumpel Jo aus Beirut-Zeiten erwartete mich schon – wie abgesprochen. Sofort düsten wir an den siegestrunkenen Tifosi vorbei zur Vatikanstadt. Mist, abgesperrt. Egal. Die Absperrung war kein Hindernis. Somit kassierte ich auch dieses Land. Check! Der Aufwand ist hier Beweis genug. Das Foto mit drei feschen Italienerinnen obendrein. Immerhin: Sieger der Herzen.

Tipps Vatikanstadt:

1. Die Sixtinische Kapelle ist nicht nur für Kunstliebhaber auf der To-Do-Liste.

Venezuela – Pleitetrip mit Beachfeeling

Arm, aber sexy – so der Wahlspruch in Berlin. In der Hauptstadt von Deutschland ist zwar fast alles billig, aber die Sexiness versucht man vergebens. Nicht so für Venezuela. Die Frauen dort gelten als die hübschesten der Welt. Zumindest haben sie viele Beauty-Contests gewonnen. Viele Miss Worlds stammen aus dem südamerikanischen Land.

Cash is King

Von dieser Schönheit ist dieser Tage wenig zu spüren. Am Airport beim Geldtausch braucht man eine Schubkarre um die mitgebrachten Dollars in die lokale Wahrung zu tauschen. Selbst nach mehrmaligen Fragen, ob ich denn wirklich Geld tauschen wolle, werde ich misstrauisch. Doch egal. Cash ist cash. Erst im Hotel wird mir offenbart, dass ich etwa 50% Verlust gemacht habe.

Safety First

Um möglichen Protesten aus dem Wege zu gehen, bzw. zu fahren, hab ich mir ein eher ruhiges Strandhotel gebucht. Von dort dann die wunderschönen Sandstrände abfahren. Ab und zu gibt es dann noch ein Läufchen. Immer im Hinterkopf nicht zwischen den Protestlern zu geraten. Denn Sicherheit ist erste Bürgerpflicht.

Tipps Venezuela:

1. Schöne Frauen gibt es hier gemäß den Ergebnissen diverser Schönheitswettbewerbe zu Hauf.
2. Um dem Jubel und Trubel der Demonstrationen zu entgehen, empfiehlt sich eine Absteige außerhalb der großen Städte an der Küste.
3. Geld am besten im Hotel tauschen und nicht am Airport. Dort gibt es zu schlechte Kurse.

Vereinigte Arabische Emirate – Bike Porno in Dubai

Nach meinem Fast-Debakel an der saudischen Ostküste beim lokalen Triathlon hatte ich ja noch die halbe Ironman-Distanz in Dubai auf der Agenda. Mit einem philippinischen Kollegen wollte ich mit dem Auto rund zwölf Stunden von Riad Richtung Osten fahren. Der Kompagnon sollte nur als verbaler Punching -Bag dienen, um nicht beim Fahren einzuschlafen. Das Fliegen mitsamt Verladung des Fahrrads war mir als Triathlon-Anfänger zu kompliziert. Außerdem war ich nicht nur Anfänger in dieser Sportart. Ich war auch ein Technikmuffel. Deshalb lieber im Auto auf die Nummer gehen.

Sehen und gesehen werden

Nach Zwischenübernachtung in einem Grenzhotel nach der Arbeit fuhren wir, vorbei an Kamelen und endlosen Sanddünen, am nächsten Morgen durch die Wüste weiter Richtung Osten.

Durch Abu Dhabi samt den Hochhäusern und gläsernen Bauten Richtung Dubai. Absteige in einem Mittelklassehotel und dann schnell zur Anmeldung. Mann, Mann – die Fahrräder der anderen sogenannten Triathleten haben bestimmt ihre 10.000 Euro gekostet. Carbon, Super-Schaltung. Scheibenräder. Man spricht bei der Registrierung der Bikes nicht umsonst von Bike-Porno. Jeder zeigt, was er oder sie hat bzw. sich zu leisten im Stande ist. Nicht umsonst gilt der Triathlon-Sport auch als Midlife-Crisis-Sport unter Hobby-Athleten. Denn in der Mitte des Lebens hat man sein Leben geordnet: Karriere ist gemacht oder nicht mehr möglich, man ist verheiratet mit oder ohne Kinder, oder halt schon wieder mal geschieden. Es gibt also genügend Zeit zum Trainieren. Die Ausreden, man könne das nicht wegen Kind und Kegel, gibt's bei Top-Athleten nicht. Der Spruch „Ironman-Weltmeister sind die egoistischsten Personen der Welt" gilt auch heruntergebrochen für den Feierabend-Sportsfreund.

Keine Feier ohne Meier

Die Veranstaltung lief für mich wie geplant. Besseres Schwimmen als in Ras Tanurah, da hier das Wetter ohne Wellen daherkam. Kein Wunder. Das Schwimmen fand in einer Bucht statt. Beim Fahrradfahren hielt ich mich zurück, um mich für den Lauf zu schonen. Dort brannte dann die Sonne und gebot mir Einhalt. Aber ein Debakel wie ein paar Wochen zuvor erlebte ich nicht. Mit Tränen in den Augen, voller Freude, beendete ich die Tortur bei Temperaturen um die 30 Grad knapp unter sechs Stunden. Na ja, wie immer gilt: Hätte schneller sein können. Das Belohnungsritual dieses Mal nach dem Sport: erst zur Massage, dann ein neuerlicher Champagner-Brunch, dann Dinner mit einer alten Schulfreundin und dann tanzen bis früh um 4:00 Uhr mit sechs anderen Freundinnen von ihr in der „Music Hall" – einem Tanztheater. Ich hätte hier auseigentlich noch länger aushalten können, doch ich musste ja noch ein wenig schlafen, bevor ich die Heimreise antrat. Diese war dann mörderisch. Jede Stunde entweder ein Red Bull oder einen Kaffee, um wach zu bleiben. Erschöpft, glücklich und am Leben erreichten wir wieder Riyadh.

Tipps Vereinigte Arabische Emirate:

1. Für Kultur ist Abu Dhabi die erste Adresse, für Party dann ab nach Dubai, und für Lokalkolorit auf nach Sharja.
2. Die Vereinigten Arabischen Emirate sind das einzige Land der Welt mit einem Ministerium für Happiness. Deshalb scheinen die Leute dort auch so glücklich.
3. Zwei der besten Airlines der Welt nutzen das Land als Drehkreuz: Etihad und Emirates. Da hat man die Qual der Wahl.

Vietnam - Traumhafte Halong Bay

Bereits nach vier Stunden Schlaf fuhr mich mein Taxi zum Airport nach Vietnam. Ohne Clint. Als Ami hat er für das kommunistische Vietnam kein Visum erhalten. Bei Ankunft wurde ich sogleich von einer lokalen Reisegruppe abgeholt. Es ging zur Halong-Bucht. Mit Rucksack bewaffnet, versteht sich. Denn die Zeit zu verschwenden, erst ins Hotel zu fahren, hatte ich nicht vor. Schon vor Ankunft hatte ich entsprechend einen Fahrer geordert, inklusive Ticket für die Fahrt in der wunderschönen Wasserlandschaft.

Too much rain over Paradise

Leider war der Himmel wolkenverhangen, und leichter Nieselregen kam hernieder. Halon Bay bei Sonnenschein wäre natürlich besser gewesen, ging aber auch so. War schon okay. Das Ganze erinnerte ein wenig an Thailand samt den kleineren Buchtabschnitten. Für abendliche Partyveranstaltungen war ich doch zu müde, und ohne Wingman war die Luft eh raus. Und irgendwelchen vietnamesischen Bezahldamen aufzusitzen – danach stand mir nicht der Sinn.

Ho-Ho-Ho-Chi Minh

Weiterflug von Hanoi nach Hue. Dort zehn Stunden Aufenthalt. Schnell mit Taxi die ganzen Sehenswürdigkeiten abgefrühstückt und weiter im Zug Richtung Süden: Ho-Chi-Minh-Stadt. Von dort ging es sogleich weiter Richtung Kambodscha.

Tipps Vietnam:

1. Besuch der Halong Bay bei eitlem Sonnenschein. Dann gibt es die besten Eindrucke und besten Fotos.

Weißrussland – Catwalk der potentiellen Ehefrauen

„Hey, wenn Du nach Weißrussland gehst, kriegst Du da einfach eine Frau", sagte noch mein russischer Kumpel Sergey vor dem Abflug. Recht hat er, denn in ein paar Handvoll Länder der Welt ist der Männerüberschuss so dramatisch wie in Deutschland nach dem Zweiten Weltkrieg.

Auch in Russland kann man davon ein Lied singen. Aber lassen wir uns überraschen. Schließlich habe ich ja schon die halbe Welt gesehen. Und zum Beispiel Brasilien war eine große Enttäuschung.

Alarm: High Heels im Anmarsch

Schon aus dem Taxi konnte ich gleich sehen: weite Straßen, massive Gebäude und trippelnde Damen. Nach einer Auffrischungsdusche im Boutique-Hotel „Buta" ging's koffeingetränkt zum Sightseeing-Bus. Wie bereits vermutet, nutzten die Damen mit ihren schlanken Gazellenbeinen die breiten Fußgängerwege zum Catwalk und flanierten mit High Heels und Kurzrock bewaffnet, die Gunst der Stunde nutzend, um sich von ihrer besten Seite zu zeigen. Männer: Fehlanzeige. Gefühlt 70 % Frauenrate. Das wünscht man(n) sich bei Partys. Hier gibt es sowas am helllichten Tage. Unter der Woche, an einem gewöhnlichen Nachmittag.

Tipps Weißrussland:

1. Für Männer gilt: Finden der passenden Ehefrau. Da es in dem Land nur so von Beautys wimmelt, hat man die Qual der Wahl. Frauen sind hier in der Überzahl, da die Herren der Schöpfung eher das Zeitliche segnen.

Zentral Afrikanische Republik – Mekka für Ländersammler

Wenn Du in solche Länder fliegst, die ab und zu mal in den Nachrichten vorkommen, wo mal wieder jemand geputscht, ermordet und verschleppt wurde, dann fliegen

dorthin nur Locals, desperate Workers – meist Soldaten – oder Ländersammler.

Allein bei meinem Reinflug waren die typischen Ländersammler einfach auszumachen: Leichtes Gepäck, mittelmäßig gekleidet – weder Business noch zu sportlich noch zu tourimäßig. Man weiß, dass man hier richtig ist, wenn man dann noch angesprochen wird. Nein kein Secret Service, sondern einer aus der Country Collections Riege.

Mit dem italienischen James Bond in Afrika

Ein italienisches Selfmademan aus China. Lorenzo oder so. Sah zwar aus wie aus einem James Bond 007 Agentenfilm aber war ganz handzahm. „Du bist doch der Brackmann?" – Jo, klar. Ich dachte schon jetzt geht es ans Eingemachte und muss gleich in den Knast, abgeführt mit Handschellen. Aber nix da. Noch beim schnellen Stempelabholen am Airport verabredeten wir uns zum Dinner in den einzigen Fünf-Sterne Hotel.

Ali Baba und die 40 Räuber

Am großzügigen Pool sitzend, tauschten wir uns aus, wie schwierig es doch sei die notwendigen Visa zu erhalten, welche Bestechungsgelder in welchen Ländern gelten, wo es denn am schönsten ist und welches Abenteuer nicht fehlen sollte. Peter Scholl-Latour ein berühmter deutscher Reise Schriftsteller beschrieb einmal die Hotellobby im Grandhotel Pristina im Kosovo so, als sähe es so aus wie bei Ali Baba und den 40 Räubern. In unserem Hotel war es ähnlich. Ali Baba und die 40 Expat Soldiers.

Zypern – Torpedo los!

Es ist kurz vor Mitternacht. Der Himmel sternenklar. Der goldgelbe Mond scheint auf das Wasser. Ich stehe verkrampft an Bord eines Schnellbootes. Auf Patrouille im Mittelmeer. Links die Küstenumrisse mit blassen Lichtkegeln Libanon. Vermutlich Beirut. Rechts die Weite des Mittelmeeres. Die Deutschen Marinesoldaten checken hier die Lage im Rahmen der UNIFIL Mission, um Waffenschmuggel zu unterbinden.

Das muss der Landmatrose abkönnen

Mit einem bis zu 40 Knoten machenden Schnellboot fahren wir die Küste hoch und runter. Ich mittendrin, statt nur dabei. Ich stehe an Deck. Denn als Landmatrose bin ich die Chose nicht gewohnt. Schon bei Ankunft auf dem Boot war mir sprichwörtlich zum Kotzen. Der Wellengang, der Geruchsmix aus Öl, Essen, Schweiß führten zu diversen Abgängen. Gegen Seekrankheit helfe angeblich sich zu konzentrieren, abzulenken, den Horizont anschauen, frische Luft.

Cola Medikation

Aufgrund des Wellengangs: Eine Hand am Geländer und die andere halten die Salzstangen fest umschlossen. Denn auch Salzstangen und Cola sollen helfen gegen Seekrankheut. Wieder was gelernt. Doch nach mehreren Stunden der Tortur mit Übelkeit und Dauererbrechen bleibt nur noch der einzige Ausweg: Zäpfchen. Ab in den Po Mexiko. Torpedo los. Analintruder Marsch, marsch. Danach war ein halbwegs normales Leben an Bord möglich. Nur noch Kopfschmerzen und permanente Müdigkeit. Doch auch so erlebte ich den Alltag hautnah. Die metallische Enge an Bord ist jederzeit spürbar. Die

Soldaten essen im Stehen an aufklappbaren Tischen. Schulter an Schulter.

Von wegen lustige Seefahrt

Mit dem Boot geht es hoch und runter. Wie eine Achterbahnfahrt. Ich mache mir Notizen so gut es geht. Denn die Mischung aus Seekrankheit und Medikament lassen die Konzentration in den Keller fahren. Müdigkeit ist ein ständiger Begleiter. Ich schreibe fleißig mit, was der Kapitän seinen Leuten eintrichtern, mache Fotos vom hektischen Hin und Her, von der Befehlsausgabe, vom Lagerraum und immer wieder vom Mondlicht auf Deck. Denn dort bin ich die meiste Zeit und hange mit dem Kopf über der Reling. Eine lustige Seefahrt sieht anders aus.

Tipps Zypern

1. Für Extrem Reisende sollten die beiden britischen militärischen Basen im Süden der Insel auf der Agenda stehen.
2. Eine Kreuzfahrt, die ist lustig, eine Kreuzfahrt, die ist schön. Zypern als Startpunkt für eine Mittelmeertour immer eine gute Wahl.
3. Wer Lust und Zeit hat, sollte mal in den Nordteil der Insel. Türkisch besetzt wird hier natürlich Türkisch gesprochen.

Reise Tipps – Last but not least

So, hat sich nun das ganze Reisen, die Mühe und das ausgegeben Geld gelohnt? Ja. Keine Frage. Definitiv!!! Viele coole Momente waren dabei. Doch bei genauem Hinschauen wiederholen sich einige Eindrücke auch hin

311

und wieder. Doch das findet man meist erst am Ende der Reise heraus. Deshalb hier einige allgemeine Reisehinweise:

Schlaf wird überbewertet

Die knappe Woche in Beirut 2010 hat gezeigt: Schlaf wird überbewertet. Besonders der in der Nacht. Bei Partymetropolen dieser Welt kann 24 Stunden Programm gemacht werden. Na gut, ab und zu brauchen der Körper und die Seele ausreichend Schlaf. Aber zwei Tage strammes Tanzen in den Nachtclubs oder 48 Stunden Durchschlageübungen mit der Bundeswehr funktionieren ja auch. Zur Gegenfinanzierung jeglichen Kulturprogramms immer am besten 1000 USD oder Euro in cash dabeihaben, denn Kreditkarten müssen nicht immer funktionieren. Besonders außerhalb von Europa.

Reise lieber ungewöhnlich

Erst nach diesem Trip reifte in mir die Idee, solange ich in Saudi-Arabien bin, möglichst viele Länder der Welt zu sehen. Im Schnitt reichen drei Tage pro Land. Das macht dann jeweils etwa ein bis zwei Städte. Den Schlaf kann ich auf ein Minimum reduzieren. Kosten für Essen, Trinken, Trallalala sowieso. Fünf Tage ohne Essen, zwei Tage ohne Flüssigkeit samt Schlafentzug. Alles bei der Bundeswehr erlebt. Gelernt ist gelernt. Natürlich muss man da fit sein. Habe noch nie übergewichtige Weltreisende gesehen. Für die eigene Sicherheit lohnt es sich, Selbstverteidigung zu können und ein wenig laufen zu können. Als Schwarzgurt in Judo mit Fitnessambitionen waren die Voraussetzungen mehr als erfüllt. Also, auf geht's in die weite Welt. So viel zu sehen.

Spare, spare, Reise baue

Finanziell war dieser Trip top: Flugpreis Stockholm – Lissabon – Sao Paulo – Paris für schlappe 1000 Euro. Zudem in jeder zweiten Location entweder bei Freunden oder Familie übernachtet. Das schreit künftig nach Couchsurfing. Da geht's dann immer für umsonst zu Onlinebekanntschaften. Sollte ich mir merken. Außerdem bestätigte sich hier erneut: Wenn das Mädel zu 80 % ins Restaurant kommt, dann ist sie zu 80 % mit in einer Bar dabei. Zweisamkeit im Bett ist dann auch bei 80 %. Es soll Leute geben, die es versucht haben, in so vielen Ländern der Welt eine Bekanntschaft für die Nacht zu machen. Ein Buchautor versuchte das mit ‚In 80 Frauen um die Welt'. Doch bei Nummer 20 oder so verliebte er sich und beendete die Tour. Ha. Keine Steherqualitäten!

In einer weit, weit entfernten Gegend

Das Tollste an diesem Trip: wieder einmal der Hammerpreis die Flugkosten. Ungefähr nur 1000 Euro. Das einfache Hin und zurück nach Katmandu. Und dann Dreiecksflug Katmandu – Sydney – Auckland – Katmandu. Bei diesen Preisen muss man(n) und frau reisen, wie es so schön heißt. Da klappt es auch mit dem kostengünstigen Ländersammeln. Egal ob Australien oder Neuseeland: Ich wette, wenn beide Staaten nur eine oder zwei Stunden entfernt von Europa liegen würden, wäre der Kultstatus dahin. Die Ferne spielt halt eine wesentliche Rolle, um einen Ort attraktiver erscheinen zu lassen. Deshalb ist das Paradies auch nicht so leicht zu erreichen.

Dress to impres

Für Hochzeitsfeiern braucht man eigentlich kein Hotelzimmer zu buchen, denn entweder übernachtet man bei einer akquirierten Feierbekanntschaft, macht die Nacht durch oder pennt auf der Tanzfläche ein. Um garantiert jemanden abzubekommen, sollte man entweder besser angezogen sein als der Bräutigam (geht, wenn schon mal verheiratet und einen 1000-Dollar-Smoking dabei. Als Frau gibt's immer eine Lady in Red. Die sticht meist die Braut aus. Denn Rot zeigt Passion und Love. Weiß eher das Unschuldige.

Keine Impfung – kein Abflug-> Schmiergeld 1500 und Gelbfieber Paper

Beim Check-in am Airport kann man schon mal sein blaues Wunder erleben. Denn in verschiedenen (afrikanischen) Ländern sind Impfpapiere vorzulegen. Zum Beispiel, jeder Passagier, der von Sambia nach Südafrika reisen will, benötigt eine Gelbfieberimpfung. Zumindest muss er einen entsprechenden Ausweis vorlegen, der eine solche Impfung nachwies. Kein Ausweis mit Stempel – kein Flug. Ab zum nächste besten Spital. Für ein paar Dollar extra stellte eine Ärztin uns einen neuen gelben Impfausweis aus. Dann schnell zurück zum Flughafen. Einchecken und dann ab zum südafrikanischen Drehkreuz Johannesburg.

Inselspringen von Strand zu Strand

Wer in den Pazifik reist, hat im Durchschnitt schon die Strände von Thailand, Dubai oder den Malediven gesehen. Daher empfiehlt es sich hier, von Insel zu Insel zu springen, um die kleinen Unterschiede auszumachen. Wer es eher geologisch mag, dem ist Nauru zu empfehlen. Kiribati und die Marshallinseln sind für militärhistorisch Interessierte das Nonplusultra.

Finisher T Shirts

Wenn man alleine reist, kann man durch nonverbale Kommunikation auf sich aufmerksam aufmachen. Eine Zeitlang trug ich T Shirts von anderen Ländern oder Rucksäcke mit

314

Flaggen drauf. Dann wurde ich schnell darauf angesprochen und es ergaben sich interessante Gespräche plus weitere Reisetipps. Von Jahr zu Jahr wurde ich jedoch immer effektive und leichter. Ich zog es vor irgendwann nur mit Handgepäck (Rucksack) zu reisen, was Zeit spart beim ein-checken und bei der Ankunft. T Shirts nur noch Finisher- T Shirts Triathlon Rennen oder anderen Laufveranstaltungen. Da diese atmungsaktiv sind kann man diese sowieso auch zum mehrmaligen Tragen mitnehmen. Zudem gibt's da trotzdem Internationalität drauf, z.B. Ironman Malaysia oder Südafrika, Marathon in Australien oder Bahamas. Da kann man sowohl Sports- als auch Reisefreunde indirekt mit ansprechen.

Länder zusammenlegen

Wer schnell Länder abhaken will, Reise-ADHS hat oder einfach nur wenig Zeit der legt auf einem Kurztrip mehrere Länder zusammen. Am besten geht das bei einer Karibikkreuzfahrt, bei der jeden Tag der Dampfer in einen neuen Hafen und sprich Land einfährt. In Afrika eignen sich spannende Überlandtouren mit dem Auto. Uganda, Ruanda, Burundi oder Sambia, Simbabwe, Namibia, Botswana oder Ghana, Togo, Benin, Nigeria. Alles geht geschwind in null-komma-nix. Visum und Fahrer marsch.

One Planet down – Mars to go!

So und jetzt? Alles nochmal? Wäre möglich. Immerhin 55 Länder schon zweimal bereist. Doch jetzt heißt es erstmal auf jeden Kontinent einen Fußabdruck hinterlassen. Im Positiven versteht sich.

Am besten geht das mit einer Charity. Schule hier (Honduras), Kindergarten dort (Mongolei). Dann vielleicht eine Klinik in Uganda und eine Capoeira Sporteinrichtung in Brasilien.

Parallel gilt es auf allen 7 Kontinenten einen Marathon zu finishen. Fehlt nur noch Australien. Ironman Triathlons sowieso. Süd- und Nordamerika sind auch noch offen. Und wenn mich dann die Kletterwut übermannt, gibt es ja noch die 7 bzw. 9 Summits der Welt – die höchsten Gipfel der jeweiligen Kontinente.

Neben den ganzen sozialen Projekten und sportlichen Ambitionen muss ja irgendwo auch die Kohle her. Deshalb das Reisewissen samt der gewonnenen Kontakte in bare Münze umwandeln. Wo gibt es das meiste Cash? Wo kann ich gewinnbringend investieren?

Schließlich wartet ja noch das letzte große Abenteuer: Der Weltraum – unendliche Weiten. Und das wird nicht billig.